易經≠風水，你知道嗎?

林明璽

~~~~~~~~~~東華隱仙風水道~~~~~~~~~~

易經≠風水

看穿理氣風水流派的騙局

華人見到《易經》有低頭便拜的習慣，在《易經》玄學的保護傘下，低級的風水騙局層出不窮！

- 當官、求職、讀書、考試、證照，為什麼不考易經？如果它這麼神奇又重要的話。

- 《易經》可以用在醫學、數學、理化、建築、國防……等等嗎？ 為什麼幾乎只能用在命理風水上？

- 現代科技的發達，是因為“神奇”的《易經》嗎？懂易經你就可以幸福美滿，財源滾滾？國家就可以強盛？

- 學風水、懂《易經》的人，有多數成為社會中堅嗎？

- 用「玄學」來規避常識、理性與科學，會導致什後果？

- 《雪心賦》：「何用九星並八卦。」「要明倒杖之法，即知卦例之非。」
~~~~~~~~~~

◎目次

序

這是一本講真話的風水書！

現在市場上流行的風水術裡面，真正有用的技法，少之又少，上百個風水流派，幾乎都是假貨當道，不管是學的人也好，用的人也好，幾乎都當了冤大頭。

名氣再大的老師，電視上的、出書的、理事長、會長、監事董事、大學教授……，愈多人使用的門派，害的人往往更多。**阿璽老師多年來在全台灣親眼所見的案例，這些害人的事實，罄竹難書，是千真萬確的現況。**到處都是這些大名鼎鼎風水師的手筆，什麼門派都有，只是沒有人把它披露出來而已。

但風水術流傳數千年，而且代代都有賢德宗師傳承，祖師經典猶在，也有很多實證的古例流傳，風水術當然有它的價值，只可惜後代不肖，爲名爲利把真正的風水術扭曲了。

否則，怎麼可能百多個門派，同一坐向同一方位，有的說吉，有的說凶，百多個門派，吉凶各差異，怎麼會出現這種事？這些門派是怎麼出來的？學風水的人不搞清楚這一件事，你能學的安心嗎？劉伯溫說：「**世傳卦例十數家，此吉彼凶行不得。**」說的就是這種狀況。

鐵一般的事實，原因何在？本書會告訴您。

學人在修習的過程中，如何去僞存真，不被眾多門派所迷惑，不被老王賣瓜的風水蟑螂所欺，這是我們自己要留意的。

這本書是林老師多年來在實務上的經驗思考與眾多門派學理研究的總結，講學理、講歷史、講常識、講科學、講邏輯⋯.用淺顯白話的角度，把艱澀難懂的風水講通透，讓人們明白風水的內涵，得到可以自助助人的學理與技術。很慶幸有祖師爺留傳的經典指引，讓我在風水路上可以不致走偏方向。

最後，我要特別感謝我的風水引路人　謝明瑞先生，他提供了我許多可供研究的實例，讓我可以遨遊風土山川，走出自已的風水道，特別在此致上深深的感激與祝福。

也願借此書，祝願世間充滿祥和，良善與真誠被更多人看重，沒有戰亂災禍！中華文化永恒流傳，澤被世界。

西元2022年7月23日，雲天自然序于台灣台中。

P30(彩圖1)

P65(彩圖2)

P78(彩圖3)

P155(彩圖4)

P159(彩圖5)

P160(彩圖6)

P160(彩圖7)

P162(彩圖8)

P229(彩圖9)

☪ 從羅盤的發展史，看風水的真僞

1、北宋奇人---沈括

北宋初期，沈括的《夢溪筆談》中記載：「方家以磁石磨針鋒，則能指南，然常微偏東，不全南也。」這是中國歷史上利用天然磁石進行人工磁化，以及有關地磁偏角的最早記載。

「磁偏角」是因爲地球上的磁極和南北極稍有偏差。指南針的N極和S極，沿磁子午線分別指向北磁極和南磁極，磁子午線和地理子午線是不一致的，它們之間存在著一個夾角，科學上叫作「磁偏角」。西方直到公元1492年意大利人哥倫布才發現地磁偏角，比沈括晚了400多年。

在《夢溪筆談》中，沈括描述了指南針的4種使用方法：

（1）水浮法：在盛水的碗裡，把指南針放水面上指示南北。

（2）指甲旋定法：把磁針放在手指甲上輕輕轉動來定向。

（3）碗邊旋定法：把磁針放在光滑的碗邊旋轉磁針來定向。

（4）縷懸法：將單股蠶絲線用蠟粘在磁針的中部，懸掛於空中指南，但須在無風處使用。

根據試驗比較，沈括認爲這4種方法中，縷懸法最方便使用。因爲指甲和碗邊上很光滑，指南針容易滑落。而水浮法，受水波動影響，針不容易靜止下來。(以上資料參考大紀元文化網· 史海鉤沉。)

2、司南——戰國時期，羅盤的祖先

戰國時期的司南是羅盤的祖先，這是有明確的文字及圖片記載的。司南除了刻有後天八卦符號以外，還刻有天干地支及二十八宿。八干、四維、十二支就構成了後來羅盤中的二十四山。司南是羅盤的雛形，外形是方正的，周圍沒有360度刻度。由於磁針是個勺子，攜帶與使用都不是很方便，當然也還沒有應用到風水上面來。

東漢· 王充在他的《論衡 • 是應篇》中曾說：「司南之杓，投之於地，其柢指南。」這裡的「杓」，就是下圖中的匙形。從戰國、秦漢、六朝以至隋唐的古籍中，都有不少關於司南的記載。(本節資料參考：2019/8/24· 閔不克· 發表於歷史。)

3、最早的羅盤記載-----南宋《因話錄》

對羅盤的最早記載是南宋，曾三異在《因話錄》中記載：「地螺或有子午正針，或用子午丙壬間縫針天地南北之正，當子午，或謂江南地偏，難用子午之正，故丙壬參之。」地螺即地羅，與羅盤、地盤、經盤都是一個意思。主要作用是分度定向。以後人們學會把指南針橫貫著燈芯浮在水面上，這就是最早的水羅盤，水羅盤在南宋時已得到普遍使用。

4、《二十五史‧宋史》的記載：羅盤出現在南宋。

羅盤最早是出現在南宋時期，如前所述。另外，《二十五史‧宋史》記載，羅盤原是南宋時一個名叫羅禹瑒的人，在指南針的基礎上改進所創，命名爲羅盤。這就是說，羅盤最早是在南宋時期發明的，但最原始的羅盤只有廿四山，沒有現代羅盤那些複雜的分金、卦爻、星宿、元運、天盤人盤……，因此那時候的風水流派是單純的，不用羅盤風水師照樣能看風水。

5、宋代「旱羅盤」沒有記載，出現時間應在明朝

旱羅盤是指不採用「水浮法」放置磁針的羅盤，通常是在磁針重心處開一小孔作爲支點，下面用軸支撐。在學術印刷已經相當發達的宋代，記載的是都水羅盤，旱羅盤則沒有任何記載。

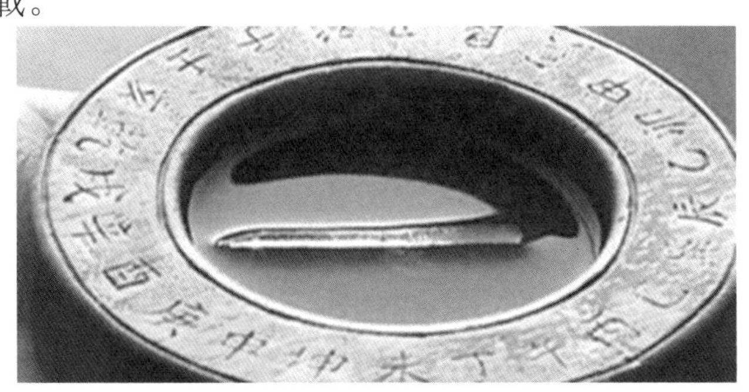

明初隨鄭和下西洋的鞏珍，在《西洋番國志》對水羅盤記載：「皆砍木為盤，書刻干支之字，浮針於水，指向行舟。」可以推測，在明朝初年時，仍沒有旱羅盤的出現。

後來，明嘉靖年間出現一種羅盤，指磁針不藉助水的浮力，而用一個支軸的尖端頂在磁針的中部，使磁針可以平衡

旋轉的裝置，這種旱羅盤是16世紀從國外傳進來的。

1985年5月，江西臨川縣溫泉鄉莫源李村，出土了南宋慶元四年(1198年)朱濟南墓一件陶俑，題名張仙人，手捧一件大羅盤，是南宋的風水師。此羅盤模型磁針裝置方法與宋代水浮針不同，其菱形針的中央有一明顯的圓孔，形象地表現出採用軸支承的結構，有些像是旱羅盤。但是關於旱羅盤宋代沒有明確記載，明朝航海家鞏珍也沒有見過，值得懷疑。現在公認的理論，旱羅盤大約是明朝嘉靖年間，從國外傳入的。(資料參考：2019-01-08　由 占筮乾坤堪輿堂　發表于歷史)

6、明朝中葉之前看風水沒有羅盤

水羅盤是在南宋時才發明的，旱羅盤是明嘉靖年間才由外國傳入的。**漢朝的郭璞、唐朝的楊筠松等風水大師看風水，那時是沒有羅盤的，即使是到了北宋末期的賴布衣(生於公元1101~1126年間，宋徽宗年間)，看風水時也還有沒羅盤可用，後世偽托他的書籍與門派，傳得神乎其神，近乎瞎扯。**

清朝· 欽天監· 數位當代以高大賓爲首的風水宗師在《欽天監地理醒世切要辯論》說：

「地理經書，有可讀者，有不可讀者。可讀者，惟青烏經、葬書、雪心賦、倒杖篇、疑龍經、撼龍經、發微論、穴情賦、九星篇、八式歌、堪輿寶鏡、趨庭經、堪輿管見，此皆地理正宗，不可不讀也。

不可讀者，如天機，金篆，催官，玉尺，海角，青囊，天玉，玄珠等書。一系假名偽造，一系以偽傳偽，此皆地理之邪說，斷斷不可讀也。推而論之，凡言形勢性情者，皆可讀。凡言天星卦列者，皆不可讀也。」

這裡面沒有包涵到的後起流派，如：乾坤國寶、八宅、三元納氣、金鎖玉關、後天派、九宮氣象派、八字派、紫薇派……，也別高興太早，以為沒有被點名到，其實理氣門派的邪說歪理本質是一樣的。

風水師父先自己問問過得滋潤否？再問問子孫出人頭地否？富貴否？扣掉少數一些真的很會行銷、包裝與經營的，太多數如何，自己還能不明白嗎？還在裡面流連忘返的，找機會回頭吧！

《欽天監地理醒世切要辯論》專門批判理氣風水門派，講天星卦列的就是風水理氣學說，這些派別產生時間很晚，都在明末清初以後，是依靠羅盤將風水神秘化，專門編造的唬人理論，沒有太大實際價值，沒有羅盤它們也就玩不動了。**對風水術有興趣的人，入門之前最好有這些基本的認識。**

說實在話，這一本書或者這一篇文章，並不能打醒那些理氣門派的學人們，因為這中間還牽扯了許多的名、利、面子因素，誰能放得掉呢？只能繼續瞎扯下去！

但阿璽老師至少留下一根線索，讓以後有緣或有心的人，可以看到這樣的一本書，讓這些善緣可以在這許多福德人的身上傳承下去，不使真學被劣幣驅逐，可以留得一絲真氣在人間，可以使受害的人減少一些，受益的人多一些。

這本書的目的也就達到了。

☪ 從決定火化邊緣改土葬，大發！

☞《葬經》：氣乘風則散，界水則止，古人聚之使不散，行之使有止，故謂之風水。

☞正文：

峰廻路轉的一個決定，改變一生，是福報也是機遇。

二ＯＯ七年的年底，阿璽老師的二姐夫因病去逝，因著現代人的慣性，二姐及外甥找了殯儀館的人來協助。殯儀館的人員也是依照現時的社會狀況，建議外甥採用火化的方式來處理，預備找個火化用的簡單棺木入殮，待火化後將骨灰安置在公立的靈骨塔位中。

以一般而言，這樣處理是沒有什麼爭議的，反正大家不都這麼做嗎？所以，二姐及外甥也都同意了葬儀社的建議，準備火化相關的後續事宜。

但是因著外甥對我的信任，又瞭解我對這方面有專精的研究，所以就特別打電話給我，詢問我的意見。我記得當時對外甥說：「這是一個機會，做好陰宅，讓沒有背景的老百姓得到助力！」「子孫興旺對往生的仙人也大有好處，往生的仙人過得更好。」

外甥聽從我的建議後，就通知葬儀社要將火化改為土葬的決定，葬儀社剛開始還極力反對，因為對葬儀社而言，火化比較輕鬆好賺，因此說出許多理由，試圖挽回土葬的決定。

說到這裡頗有感慨，現在台灣的葬儀社良窳不齊，大多是在搶死人生意，因爲一般人遭遇家喪時，一沒經驗二沒心思，大多任由葬儀社宰割。葬儀社人員能在專業上用功夫的，真的很少見。在實務上阿璽老師看過不少葬儀社光怪陸離的現象，例如，開出來的葬課犯重喪日、犯三煞、沖到主人…，選擇的塔位或土地犯了「夫妻傷剋路」，或因爲專業不足選擇的塔位犯了種種的沖煞，導致主人事後家運節節敗退，這些害人事跡數不勝數，太多太多了。

因爲我對外甥說了許多風水真實應驗的事蹟以及實證的案例，外甥因此對堪輿抱持著一份期待，希望能爲二姐夫點得一塊吉地，讓老父可以入土爲安。就不理會葬儀社的勸說，堅持使用土葬的方式來進行。說來也是外甥孝順忠厚的福報吧，讓外甥一生的命運翻轉過來，從一個平凡的上班族，變成爲事業有成的老闆，而且子女更是優秀到讓人讚嘆。

後來，爲求慎重，阿璽老師還連絡謝師來幫忙爲二姐夫尋龍點地，兩天內走遍了桃園、中壢、楊梅地區。這兩天時晴時雨，相當的辛苦，爬高走低翻山越嶺的尋找吉地。過程中雖然有找到幾塊還可以的寶地，但取得的條件因緣不足，有的是私地價格昂貴，有的是已經禁葬的公墓，都沒能成就。最後，總算皇天不負苦心人，在楊梅地區找到一塊吉利的葬地，雖然不是正局的龍穴寶地，但也了卻二姐夫的身後之事，對後代也能小有助力。

此地穴場位置較高，龍虎彷彿而已，不能藏風，案朝略低，但剝煞已淨，故而在剪裁時須造葬較深，乘其氣避其風。

葬事圓滿後隔年，外甥的事業開始向上攀升，原本是平凡的上班族，每月領著固定的薪水，在姐夫過世之前因為公司裁員，正面臨工作不確定的窘境。但自二姐夫葬後不到一年，事業發達，短短幾年內就買了兩棟漂亮的房產，成為一間賺錢公司的總經理兼股東。兩位子女更是爭氣，都考上頂尖大學，一位畢業後打敗北大、清華、港大等對手，任職於大型國際投顧公司，薪資超乎一般；一位保送英國皇家藝術學院研究，該研究所給台灣藝術類學子每年只有兩個名額，難度之高可以想見。

墓穴的明堂，「高要齊眉低齊心」，此地岸朝較低，但寬敞清秀，可稱得上平安局。

寫此書不久，我特地又跑去了二姐夫的墳前，實地再勘察了一遍，陰宅坐乾向巽丙戌分金，四勢完整，開濶清秀，若以其它常見門派而言，這未必是吉利的局，但事實是葬後一年不到東家就發展上來。**風水門派百端，多的是理論漂亮迷人，易經來易經去的流派，但不能精確的助人改善，提升運勢，理論再美也都是玄學騙術而已，風水師與神棍也沒差別。**

想要學習風水或想要利用風水招財招貴的有心人，真的要睜亮眼睛，才免得花錢又敗壞家族前程。

附帶一提，阿璽老師二姐夫的佳城附近恰巧是台灣政壇名人~~~吳伯雄家族的祖塋所在(如下方附圖)，此處的確是難得的大吉龍穴，如《葬經》所言：「天光發新，朝海拱辰，龍虎抱衛，主客相迎，四勢端明，五害不侵。」《雪心賦》：「水口則愛其緊如葫蘆喉，抱身則貴其彎如牛角樣。」「須知移步換形，但取朝山證穴，欲識真的，遠朝不如近朝。」

這一個穴場在北部地區而言，都能算得上是上吉的佳穴，無怪乎吳氏家族能在桃園地區成爲一方之霸。觀看吳氏佳塋的建造剪裁方法，有不少的講究，整個墳塋彷如一間廟宇，飛簷柱石點綴其間，這是家族中出過大官員才能有的墓式作法，一般的平民老百姓是不可以如此作的。

二十餘年來上山下海，足跡走遍了全台灣，包括外島，踏遍四方山山水水，見識考察了台灣全島有名的政壇要角、商界精英、藝壇明星、地方鄉紳……的陰陽宅，也見過了許多高官大賈家族的墓園。這些名人的家族墳塋，有些耗資數億興建，美侖美奐，雕樑畫棟，相較於吳氏祖墳的規模而言，吳氏墓園算得上是相當簡樸親民了。

但很可惜，雖有大地，但重新修造後，卻剪裁非宜，錯犯了《葬經》「**天光發新**」、「**天光下臨，地德上載**」，《雪心賦》：「**葬乘生氣，脈認來龍**」的原則，用墓厝型式來造墳，又偏了脈線，造成了吳氏家族在桃園地區的逐漸勢微。

吳氏祖塋氣勢不凡，由鋼筋水泥建造，墓式的建築型式違反葬經：「**天光下臨，地德上載**」之訣，內氣隔斷，外氣阻生。

☞ **風水的智慧：**

阿璽師曰：「現代在是“黑板派”風水師盛產的時代！」

對風水學有興趣的人士古往今來不可勝數，但是能得其堂奧的少之又少，一整個朝代裡恐怕也不過聊聊數人，而且不小心就成爲朝廷追殺的對象，例如楊筠松、賴布衣、劉伯溫等都是。風水真的那麼難嗎？是的！讀者有興趣，可以去阿璽老師的著作『風水有真有假，你知道嗎？』一書來參看，你就會對3000年的中華風水文化的傳承及發展有所瞭解。

以3000年的中華風水歷史來看，每一個時代能出現幾個風水宗師呢？真的如鳳毛麟角。風水明師的養成既要找對老師傳授，投入多年心血苦讀，又要有跟前跟後「三年尋龍，十年點地」的耐心，用雙足踏遍大江南北，走過坎坷山路，忍受風吹雨淋、炎日暴晒與寒氣凍身，並投資相當資金，能成就這些條件，才能養成一位真正的風水明師，當真是鳳毛麟角。

現代風水師們幾乎是沒有這個耐心了，現在的風水師在黑板上學個半年幾個月，頂多一年，就出去掛牌當大師開始撈錢，如此這般的地師佔市場的多數，這已經是現代風水界的普遍現象。

現在社會資訊流通，學風水或運用風水結果反被風水所害的人不計其數，一查便知，爲什麼哪？就是前述現象所導致，但這種情形是回不了頭的，因爲風水老師從事這個行業很多是爲名利，誰還能夠「**三年尋龍，十年點地**」呢？

再加上風水流派多達百餘個，互相攻擊，各是其是，各非其非，誰對誰錯呢？不管是想學的，或想運用的，於此也都是完全沒有辨別能力，只能任由騙子橫行，爲人宰割。

這是鐵一樣的事實，學風水不要當駝鳥！

詐騙案全世界開花的年代，想找好的風水師來幫助或學習，功課要好好做一下。老實說，搞錯了以後結局可能很嚴重，不見得你能承受，如果只是損失財產都算輕的，被風水師所害而致家破人亡、事業倒閉、婚姻離散、子息變故的，實在是看太多了。阿璽老師決非危言恫嚇，因爲在上千個實例中，這都是我親自見證過的，許多都是電視上的名師或者各協會理事長、會長類的名師、著作等身的作者，現代消費者們還能相信什麼呢？所謂「**風水師殺人不用刀**」也！

☞ **經典幕後之森：**

風水中的~~~氣、水、風，是一樣的東西嗎？

《葬經》是中華風水傳承的瑰寶，它同時是風水領域的第一本祖師級的專著，並且在書中明確定義了『風水』的辭意及它的內涵。《葬經》：「“氣”乘“風”則散，界“水”則止，古人聚之使不散，行之使有止，故謂之風水。」這一段地學祖師的真言，是風水一脈的重寶，它爲風水學指出了方向，同時也成爲僞風水門派的照妖鏡。

在該段文字中，郭璞祖師明確的告訴了我們幾件事：

1. **氣、風、水三者是不同的東西，雖有相交集的性質，但並不完全一致。**現代理氣風水門派中，常把這三者混爲一談，或糾纏不清，如：玄空挨星、三元納氣、金鎖玉關、三合派、後天派、紫白飛星、乾坤國寶……等等皆然，氣水風甚至還有路，在這一點上，幾乎所有理氣門派都犯了這個錯誤，清朝.欽天監.高大賓等人合著的《欽天監地理醒世切要辯論》對此有直接的答案。
2、陰陽宅的好壞會被“風”“水”“氣”所影響。
3. “氣”決定了風水好壞，但“風”與“水”二者決定了“氣”的好壞。
4. “風”“水”兩個元素，就是堪輿學的核心。這兩個字也成爲了這門學問的代名詞。**祖師爺定義這兩個字，是直觀的內涵，沒有那些三元九運、先後天、命卦、仙命、分金、卦爻、內巒頭外巒頭......等等扭曲的理氣東西。**

5.古人操作風水的方法是「止」「聚」二字的應用，其法變化萬千，但就是要讓氣緩止結穴，外氣聚集堂前。但卻常被誤會爲有水氣就停，**許多風水師佈局時喜擺水缸、水桶就是因為這個，真的是天大的誤會，也與事實不符，難不成海島國家氣就進不來了嗎？**

根據《葬經》的真意，我們很輕易的就可以知道，講究命的八宅派、三合派、八字派；講究元運的玄空挨星、紫白飛星、三元納氣、玄空六法；講究廿四山砂水吉凶的金鎖玉關；講究淨陰淨陽納甲輔卦的九星派；講究先後天的乾坤國寶；用文公尺看風水的後天派、巒頭還分內外的形家……，這一大串理論相互打架的流派，都違背了祖師精神，不是真正的風水術，都是爲了名利創出來的騙人把戲而已。

要揪出這些問題其實不是很困難，僅僅只是使用最普通的生活常識，就可以看破這些理氣家的滿口謊言。例如，如果讓你家住在養豬場旁邊，而你要的那些理氣門派的條件都滿足你，合你的命、也合你的運，請問風水老師像這樣你願意住嗎？

這不過稍微了解一下“風”的內涵，就可以搞定的事。**簡單的來說，如果風裡有氣味，而且是不好的氣味，管你是什麼命？什麼元運？什麼五行？什麼廿四山？什麼陰陽？什麼內外巒頭？什麼卦位卦爻？什麼先天後天？......統統都是垃圾！這些理論都救不了你陽宅旁邊傳來的豬臭味。**

這是一個風水的亂世，一般的風水學者於古籍絕大多數沒有探究，因爲現代人看到古文多望而生畏，有解讀古文能力的人並不多，更何況是堪輿古籍裡的古文，特別艱澀難解，沒有實務經驗的人想要讀懂風水古籍幾乎是不可能。

這也造成了僞風水門派橫行無忌，當代所謂理氣門派者，幾乎都是借著易經的名義來欺人，把天干、地支、五行、陰陽、八卦、卦爻、納甲、九宮、廿四山、元運、先後天…等，取其中部份，重新排列組合或定義，就能夠創出一個新的門派，自己過祖師爺的癮，並且廣收門徒攫取利益。

希望這些祖師爺的金言玉語能被更多的人理解，也讓有心學風水及運用風水的人，不再爲人所欺所害，爲所至願。

☪ 先試試老師你的功夫

☞《雪心賦》：**入山尋水口，登穴看明堂，……右必伏，左必降，精神百倍；前者呼，後者應，氣象萬千。**

☞**正文：**

大約在2010年夏天某日下午，接到一通陌生的來電。電話的大意是這樣，這位太太因為在報紙上看見阿璽師當時的風水命理招生廣告，她心想說登報開課的風水老師應該是有實力的吧，於是就主動打電話給我，邀請我去看風水。於是就在電話中敲定了時間，找一日去勘察她家的陰陽宅，也就是這一通電話，為他們日後家業興盛埋下了種子。

約定的時間，來到主家陽宅，為主家勘察陰陽宅，我勘察陽宅的習慣是先把週圍環境了解一遍，然後再下羅盤，精確的量出陽宅的坐山立向，下完羅盤後會再把環境四週再走看一次，確認相關的方位，並檢查還有沒有漏掉的地方。

這樣子的勘宅流程是阿璽師多年來養成的習慣，如此才能有效而且準確的找出宅主人家中的風水問題，找出問題才能有效的解決問題，給出正確佈局建議，真正為主人家營造出趨吉避凶、催吉助旺的好宅局，幫勵宅主人一家能夠平安、發展、健康、吉祥。

在來到宜蘭五結鄉勘察陰陽宅的時候，發生了一段有趣的插曲。男主人首先邀請阿璽師去看他家的陰宅，但好玩的是宅主因為與阿璽師初識，對老師專業並不瞭解。於是在勘察陰宅時，他主動要求先去看他同在附近的一位親戚的家族墳，以及一個認識的同村的朋友的祖墳。

我當然知道宅主人想法，這也很好，可以增加案主的信心，而且當天並沒有其宅的個案，時間上沒有壓力，就一口答應下來。實在講，類似的情形碰過不少，讓宅主試試老師的功夫，其實是有好處的。

一則可以建立宅主對老師的信心，樹立老師的專業權威，這樣後續才好配合。二則老師也因此獲得好的口碑，跟做廣告一樣，何樂而不爲呢！所以除非時間來不及或緊湊，一般都可以的。所謂：真金不怕火煉。

看了東主親戚的家族墳後，我直接斷言說，此墳完成後，家族可以小發，旺財丁。而實際上也確是如此，在此墳葬後，家族後人的事業轉旺，著實發了財，而且人丁也變旺；接著再看附近另一宅主人朋友的祖墳，勘察後，又直接斷言：「**大房出事，財運不濟，子女沒前途，但二三房沒事。**」此時，宅主人以及同行的一位友人，大呼驚奇「**這是怎麼看出來的，真的太神奇了！**」

因爲這段小插曲，令宅主刮目相看，後來勘察他家母墳後，發現宅主母墳狀況相當不好，明堂窄而雜亂，濕氣又重，而且從墓碑上的漬痕觀察出有部份蔭屍的現象，但已經可以撿骨。斷言此墳對子孫的事業有不利的影響，事實證明案主的事業就是在此墳完成後，開始逐漸走下坡的。於是，就建議宅主人遷墳，另尋吉地，這樣對宅主人的生意事業才會有所幫助。

有德之人自有有德之路，人生有貴人，多因福德因緣而來。相片中爲阿璽老師爲有緣有德的主人家主持謝土儀式，完墳後，東主具預知力體質的母親當晚夢見祖墳發出燦爛的光芒。

另因爲宅主母親命帶破骨，這個狀況過去阿璽師也有好幾次的經驗及驗證。凡命帶破骨者，撿骨時會發現左腮骨有一道裂痕，若在第一次撿骨時沒有同步做祭破骨的法術，不是傷到地理師，就是傷到往生仙人的下一代，會在短短幾年內就把子息全部抓走。例如客戶好友的祖墳就帶有破骨，撿骨時風水師沒有注意到，結果一連死了三個風水師父，最後才搞定，這是真實的事件。再如，一個朋友家的個案也是，撿骨時風水師沒有注意到亡者命帶破骨，就真接挖墳啓攢，結果後代四個男丁在短短數年全數往生……。

阿璽師把破骨的嚴重性一併告知宅主，提供宅主做決定時參考。獲得宅主人信任，決定委託來處理，於是我開始積極的在宜蘭地區尋找好風水的吉地，爲有緣的仙人服務，並且自占一卦，詳問是否有應特別注意的事，務求處理上的周全，能夠冥陽兩利。

在這個個案裡，還有一個插曲中的插曲，也一併分享給讀者。林姓宅主一家都是性情中人，男女主人都虔誠的信仰頭城山上的三位修行師父，據他們口述，這三位師父會輪流閉關，一閉就是數個月半年。講經說法時，可以全日不下座、不飲食、不喝水，不上廁所…..，在說法時隨口就能點出信眾心中的憂疑，因此倍受有緣信徒的敬愛。這三位師父的寺廟並不經常開放，不是隨時都可以去參訪，他們也不廣招信徒，想去結緣的話，要先請示過，還不定能有這個緣份去拜訪呢。

宅主爲了母親撿骨一事，夫妻兩個人特別上頭城山上去拜訪師父，向師父們請示這一個事件的吉凶，並請示交給阿璽師處是否適宜？

山上師父們回覆說「這個老師很厲害，而且正派，帶使命來的，可以交給他來處理。」還邀約可以上山參訪師父們，真的是奇妙的緣份。

後來的處理過程相當順利，當啓攢師打開棺木時，他嘖嘖稱奇。因爲棺木中的情況就如同事前說的一樣，大體幾乎已經都化開了，只有腿部稍微蔭屍，但撿骨沒問題。

完墳之後，案主在短短時日內，生意迅速變好，還掉原本積欠多年的債務，事業也漸漸亨通，東主全家善良正直的特質，老師非常欣賞，也與之成爲了好友。

這一個案例，其實也是台灣陰宅的一個通例，怎麼說呢？這個案例的造作地師，是當地有名的三合師，台灣風水界三合地師佔了九成，此案也是他依學理造出來的，何以

會害慘了別人家族呢？讀者不妨想想！為何台灣人老是在遷墳？遷了又遷，問題還是在，這是台灣地區陰宅的共同現象，因為換來換去還是在三合師手裡，換湯不換藥。

似這樣的事例，多年來已司空見慣，所以說**風水是真的，可惜大多數的風水師是假的**，這是事實，也是當今風水五術界的悲哀。五術從業人士利之所在，不問是非，強拗到底，管它會不會害到人呢！現今的五術從業人員，心中還存有因果觀念的人，已經很少了，因果都只是口上講講，嚇別人用的，這輩子只管撈錢，那還管它來生如何呢？實在講，是整個台灣的道德淪喪了，成了詐騙天堂！生活在這塊土地上的人們要想想，從純樸走向欺僞，到底過程發生了什麼事？

(彩圖1)陰造宅葬時，如能點對龍穴，就會看到如相片一般的五色土，似濕又乾如狗鼻，綿細如黃豆粉，裁切面又如玉脂一般。。

☞風水的智慧

★★★ 阿璽老師曰：「易經 ≠ 風水 ！」★★★

這樣講大概會被傳統理氣風水家們罵慘了，因爲直接抵觸了他們的利益，影響到了他們的飯碗，怎能不大聲反對呢？

但對與錯不是全憑個人好惡或立場去決定的，凡事總有個道理，就算是玄學也有他的邏輯，要有證據與事實才能認定。

說對也好，說錯也罷，證據是什麼？有效度多少？這個才是重點！不能因爲風水師你想成名、想賺錢就可以躲在「易經、玄學」的保護傘下，去做一些不合常理，有時離譜到極點，甚至會害到人的勾當。

得出這一句話，我用了13年的時間去研究，寫成了一本書：《風水有真有假，你知道嗎？》，爲求真實，全書以論文的形態呈現，綜觀3000年中華風水文化的演進，詳細探討風水的元素，列舉歷代風水祖師的著作與學理，佐以科學觀念與生活常理，去探討目前風水界十大主要流派的真僞，有興趣可以上網去買來參考，必會對現今風水界的亂象有深入的了解。

何以如此說呢？**一直到目前為止，不管是內行的、外行的，講到風水大家都直覺認定，風水是易經的運用。就因為是「易經」，而「易經」是群經之首，是玄學經典之首，包羅象，天人合一，神秘無比，所以再不合理也是合理，再無邏輯也是要接受，你想不通是你沒搞懂，問老師則是：**「天機不可洩漏」**的神盾級答案。**

千年以來，沒有人敢去質疑易經，自然也就沒有人敢去質疑風水術。千百年下來，風水術掛在「易經」的保護傘下，出現200個以上的風水流派，理論互異，吉凶相反，又多不合學理邏輯，真是豈有此理！

用的人與學的人都只能全憑運氣，碰到誰是誰，找到誰是誰，倒霉的家破人亡，輕點的破點小財，其它出現大大小小事故的則是罄竹難書。這些不堪的事實，絕無虛言，想學風水的人細思吾言。

★★★這些全是實情，存在久遠，還在進行中。★★★

其實易經用在思想層次上，或應用在占卜上是合宜的，因為易經的卦爻本來就是占卜用的。卦爻以陰陽爻表示，也有其對宇宙的比擬，但易經決不是全能的。以事實來看，易經除了用在風水命理玄學上，用在談玄說妙上，用在談做人修為上，幾乎沒有什麼實際的用途，尤其是在科學領域。若易經那麼厲害，中國數百年來何致遭受列強欺辱，工業革命也輪不到不列顛島國盎格魯-撒克遜族，哪還輪得到老美現在囂張為禍。

現代這些風水師們，無理說理，把易經捧上了天，彷彿易經無所不能，所以這些風水術也就神奇無比，要富得富，要貴得貴，寅葬卯發，說那房就旺那房。讓信仰風水的人看到風水師就像看到神。我想理性一點的人，稍微統計一下，或觀察一下事實，應該就可以得到答案，真的不難。例如：

1、社會上當官、求職、讀書、考試、證照，爲什麼不考考易經？既然易經那麼神奇又有效。

2、易經除了用在風水命理之外，可以用在醫學、數學、物理、化學、工程、藝術、音樂、電腦……..等等嗎？用了會如何？例如醫學，生病時用易經八卦五行學說來幫風水師您開刀或治療，風水師您敢接受嗎？

3、歐美先進國家，科技領先，盛國強兵，是因爲易經嗎？中華科學要強大起來，是要靠易經嗎？如果不是，那想要國富民強，最先須要的是什麼？

4、易經那麼厲害，學校爲何不教？爲何不列入通識必修？

5、那些風水師們把天干、地支、五行、八卦、64卦、384爻、三元九運、二元八運、納音、納甲、河圖、洛書…….，選擇性重組，創出200個以上流派，理論差異，此吉彼凶，都說是「易經」？　易經是鬼打牆的嗎？可不可以智商不要那麼低？

6、號稱易經應用的風水門派多達200個以上，而且各不相同，你認爲合理嗎？這個現象怎麼來的？

7、風水師的後代得富得貴的，比例有比較高嗎？如果沒有，這些風水師的話你如何能夠相信？

8、風水門派中「玄空挨星」，要你得當運之氣，旺山旺向；「三合派」要你符合仙命，什麼仙命什麼向；「八宅派」依東西四命，不同命卦不同坐向；「三元納氣」要你得元運之氣，避失運之氣；「紫白九星」要你得吉星、吉運之助力，避開凶星凶運的煞氣；「金鎖玉關」以廿四山配合砂、水格局來論斷吉，稱「過路陰陽」；「玄空大卦」以384爻納流行之吉，每爻不到1度；輔卦九星派分山法要吊三吉六秀，水法符合淨陰淨陽；乾坤國寶有水法無山法，依先後天八卦，區分來去水吉凶……等等。

如果，你要的理氣派條件都都滿足你，但房子蓋在沙漠、高山、沼澤、南北極、地震帶、土壤液化品、淹水區，或前方有大壁刀、有路沖......，你要是不要？

如果不要，那說明了什麼？一大堆風水師們把易經風水說得飛天遁地，結果只是如此而已。證明，90%以上的風水師是有問題的，理論與技法是錯的！

切記！ **易經 ≠ 風水 ！**

雪心賦：「水口則愛其緊如葫蘆喉」，使堂局聚氣，氣不急洩而出。相片中河轉彎處有大型巨石，稱爲「羅星鎖水口」，乃地戶緊鎖聚氣之吉。

☞經典幕後之森

尋龍點穴的關察重點：水口 與 明堂。

在風水學的經典名著中，《雪心賦》論山巒水法的意蘊，以及其文辭的精彩，可以說是無出其右的。如果讀者能得明師指點，精讀《雪心賦》，並且多觀古格，與實務操作，於山巒水法的實力必能大幅的提升。

分享其中重要的一段內文：

「入山尋水口，登穴看明堂，……右必伏，左必降，精神百倍；前者呼，後者應，氣象萬千。」

這短短數句就已經把風水的精要淋漓盡致的指了出來，把風水的重點與風水的範圍都做了概括，能得明師指點透徹理解此句，於風水之術思過半矣！

前篇中提出了《葬經》「止、聚」重要觀念，本篇裡則提出「水口、明堂」。結合起來，就點出「龍要止，氣要聚」的觀察重點。

要確認有沒有好地理，首先要觀察此間水口有沒有關鎖，關鎖的緊堂局氣不洩，就做到了「聚」的基本條件。另外，在明堂上四方一望，左青龍、右白虎要有情彎抱向我，不可以背弓向我，正是「左必降、右必伏」之意；再配合上「前者呼、後者應」，案朝亦彎抱向我有情，而玄武來龍垂首落脈止氣。剛剛好形成了青龍、白虎、朱雀、玄武四方，360度的團團包覆住穴場，則整個堂局就如同一個仰巢，天地間的能量盡皆匯聚，爲我所用，此郭璞祖師所言：「乘生氣也。」

高雄六龜著名的佛教妙崇寺，是香火鼎盛的佛寺，寺院中建築群廣濶錯落，金碧輝煌，寺後的文殊殿是其發跡的祖廟。當初的起家師開車行至此處山下，兩次無故息火，並得信徒慨捐此地，乃有今日之盛。

☪ 十子登科，關西范朝燈「餘慶室」風水佈局

☞劉基《龍穴砂水歌》：**水法最多難盡述。略舉大綱釋迷惑。**
世傳卦例十數家。彼吉此凶行不得。
自然水法君須記。無非屈曲有情意。

☞ **主文：**

2022年6月，1930年興建的關西范朝燈故居「高平堂」，被新竹縣文化局評定爲古蹟，地方上蔚爲盛事，也讓范朝燈家族的興旺故事，再次出現在台灣人的面前，而在風水界中更是再次引起注目，以各種各樣的角度流派來探討范宅的興旺原由。古蹟範圍包括前堂左右橫屋、正前方半月池和模仿東京皇居二重橋的涵碧橋，以及1926年興築的范氏佳城，1936年由日本技師保坂氏設計的日式庭園，整體環境反應漢人風水觀念與自然庭園結合的特色，是日治時期台灣建築史的代表作品。(資料引用~新竹文化局新聞稿)

范氏家族世居關西坪林，范朝燈爲大陸來台第十七世，早期先祖落腳在桃園新豐附近，范朝燈七歲時父親早逝，由四叔公撫養長大，只念過三年私塾。范朝燈於廿二歲那一年娶劉玉英爲妻，但結婚八年懷孕八次都流產，到三十歲才順利生下長女范素菊，後再娶陳對妹爲二房，再生了十子一女。十兄弟三個留學日本，六個留學美國，且在各自領域都有傑出成就。1975年蔣經國先生曾經登門拜訪並大爲贊揚。

范老先生活到九十三歲，高壽辭世。范朝燈先生十個兒子及兩個女兒的簡介如後：長女范素菊，商校畢業，已逝；長

男范光霂，日本京都大學醫學院畢業；次男范光宇，台大醫學系、日本金澤大學學醫學博士、甲等考試、高考及格；三男范光宙，台灣大學農經系畢業、高考及格；四男范光遠，東京大學法學系畢業、日本高等文官、法官考試及格,；次女范翠霞，台北第四高女畢業，嫁北埔實業家；五男范光銘，台灣大學農化系畢業、高考農化科及格；六男范光煥，美國紐約大學政治學博士；七男范光燿，美國天主教大學碩士，已逝；八男范光棣，美國夏威夷大學哲學博士；九男范光群，台灣大學法律系、美國哥倫比亞大學法學碩士、高考及格，萬國法律事務所主持律師；十男范光兆，台北醫學院醫學系畢業，現任美國華盛頓豪佛醫學院教授。(以上資料載自~世界客報)

台灣風水界的人多數以爲關西范宅高平堂與其陰宅的風水是庇蔭范氏一族興旺的原因，但瞭解了范氏家族的歷史以後，不難發現范氏祖墳並不在龍脈線上，而范氏在故居餘慶室時就已經興旺，否則那有能力去興建高平堂。范朝燈後來興建高平堂，並搬遷了過去，只是延續了原本餘慶室祖宅的庇蔭，並非是高平堂的故居得到了什麼大的地理。這由書中所附的照片中窺知一二，高平堂的故居以地理形勢而言，既無青龍蜿蜒，也無白虎馴伏，朱雀遠方是一條大反弓的鳳山溪，而玄武方並無來龍垂首，要說得到什麼大地理，是談不上的，但可算得上是平安的格局。《雪心賦》曰：「右必伏，左必降，精神百倍；前者呼，後者應，氣象萬千。」高平堂是談不上的。(另有一說係受蔭於新竹明新工專內的范大媽墳，但實則該墳與范朝燈並無血緣關係，何來受蔭之說。)

關西范朝燈家族發跡的祖厝餘慶室，後來的高平堂是在此地發跡後另外斥資興建的，餘慶室收盡鳳山溪金魚嘴之聚氣，宜乎小有富貴。

反觀祖居餘慶室地理，左右側來水會聚前方形成了風水學上所謂的「襟帶水」，又稱「金魚嘴」，出水彎彎曲曲可謂有情水，後方又有玄武來脈餘氣，整個堂局開濶，藏風聚氣又正穩平衡，《雪心賦》：「**辨山脈者，則有同幹異枝；論水法者，則有三叉九曲。**」雖然不是帝王將相的大格龍局，但在平洋風水局中也算得上小而美了，故能一門十傑，小有局面，對一般人家而言，已經是難能可貴。

范朝燈祖厝餘慶室前方水局滙聚，氣勢團結，後有來脈餘氣，范氏在此興家奠基，風水助力是因素之一。

☞**風水的智慧：**

阿璽師曰：「只看陽宅而不看陰宅，叫“做半套”。」

現代的風水師真的跟以前很不一樣，除了前面提到過的，現在的風水師絕大多數是黑板派之外，還有一個很大的不同，就是風水師只會看陽宅，不會看更不會做陰宅。

也就因為這些風水師只懂陽宅不懂陰宅，所以去為東家勘宅的時候，他就只能談陽宅，就算是陰宅出問題了也只能死活賴給陽宅，誰叫他只會陽宅呢？但是，台灣或華人地區，甚至是海外的馬來西亞，都還有數量極多的陰宅，尤其在台灣，從北到南，從東到西再到外島，公私墓園到處都是，每年掃墓時依然是人山人海，這是很多台灣人共同的生活經驗。

陰宅還包括火化用的靈骨塔，**可以這樣說，沒有一戶人家的家中沒有陰宅、祖先的，這些不懂陰宅的風水師，風水搞半套，就想著要去為人看宅收紅包，真的是**「瞎子不怕槍！」！置主人家家族的吉凶於不顧，風水師如此不畏因果，能有多少實力？看倌自行去評斷吧！

爲什麼現代風水師不愛或不會看陰宅呢？

1、因爲現在火化盛行，愈來愈少人用土葬。

2、一些人以爲靈骨塔不算是陰宅。這其實大錯特錯，事實上沒有人規定陰宅一定長成啥樣子，只要放祖先骸骨的地方，就算是陰宅，所以墓厝也是陰宅。

3、有愈來愈多的女姓來學風水，女生一般膽子較小，叫她去墳墓堆上跑來跑去，大多數女生做不到。

4、另外女性有生理期問題，民俗上多認爲不潔，做陰宅少有人會找女性風水師來主持。

5、公墓多在野外人煙稀少的地方，地形坎坷難行，草長蛇多，不說女生體能與膽量受不了，多數男姓學員，對此也是能免則免。

6、看陽宅速度快，還有茶水招待，看陰宅要到荒郊野外，耗費的時間多出很多，而且不少人家陰宅有的土葬有的火化，跑的地方多且遠，不少風水師視爲畏途，當然不想學陰宅了。

7、 怕容易卡到陰。

8、錢財問題。學習陰宅要花的費用比起陽宅要多，而回收較少，因爲現在很少有土葬了，不符成本效益。

9、會教陰宅的老師，或有在教陰宅的老師已經愈來愈少，就算想學也不見得找得到好老師。

10、做陰宅的風水師經常要接受風吹日曬、雨打寒凍的考驗，尤其在台灣的夏天要主持一個土葬，那真的是辛苦。對現代人而言，少有人會想去做這個。

由於以上種種的因由，造成現在學習風水的人，幾乎只會陽宅而不會陰宅。如果你只是業餘好玩而已，這倒無妨，但如果想從事風水這個行業，那風水只會半套，陰宅的問題您怕東怕西無能爲力，是否還要從事這個風水行業？最好用良知仔細想想，莫要造業又害人！

阿璽老師認識不少風水師，有不少一招半式闖江湖者，例如：不會風水的命理師、只會陽宅的風水師、黑板派的風水師、專搞符咒的風水師、抓鬼的道士也看風水、搞奇門遁甲的風水師、玩塔羅的風水師、觀元辰的風水師、做墳的土水師兼職...，都來撈一把，這些老師風水精不精，客戶那知道呢？

這許多半桶師都出來掛牌了，不只為人服務，還開班授徒呢！台灣俗話：「賊仔狀元才。」這些同行實力不佳，專業不足，但搞行銷很行，這類型的所謂風水老師，學生滿滿，害了一群又一群，要找到好老師也是要很有福報的！

☞ 經典幕後之森

《龍穴砂水歌》：**「世傳卦例十數家。彼吉此凶行不得。自然水法君須記。無非屈曲有情意。」**

《龍穴砂水歌》相傳是劉伯溫所作，從行文中多見引用葬經、雪心賦、撼龍經、歸厚祿……等風水名著，很清楚的這是形巒一派祖師的風格主張，郭璞、楊筠松、劉伯溫等祖師一脈相承，也是最符合風水的真訣。

以阿璽老師多年對風水文化的考究，雖然作者及成書年代不敢十分肯定，但也不難推出這個歌訣出現在明朝。何以得知？因爲這首歌訣被收錄在清初蔣大鴻的《水龍經》當中，蔣氏的玄空技法其實與《水訣歌》八竿子打不著，爲了補充玄空缺失的內涵，他編輯了前人文章，故此文並非是他所創作。另外，理氣派因羅盤的演進從明朝中葉時起，開始如雨後春筍般出現，而此前也已有不少理氣門派的發揮，元朝時期因爲朝廷明令禁止堪輿，因此並無風水著作出現，故而不難推知此歌訣出現的時期會是在明朝前期，當然就有可能是劉基所作。

自然水法歌一開頭就打了蔣氏一巴掌，「世傳卦例十數家。彼吉此凶行不得。」講的就是如同玄空挨星這類專搞卦理的風水門派，玄空派的水法稱爲「零神.正神水法」，蔣氏編輯與他玄空不對路數的書留傳，目的何在？清.玄空大家.馬泰青在《三元地理辨惑》中說：

「看地之法，先以形勢為體，理氣為用，形勢一錯，則體非其體，用非其用，無往而不錯矣。」

蔣氏早知他自創的玄空法有問題，在他生涯的前中後期裡邊教邊修，也開始融合形巒理論，而其後傳學玄空的高明之士，也早已發現問題不小，故而出現了如此這般詭異的論調，牛頭馬嘴也能對得上，治絲益棼，也是其來有自。

蔣氏是腦袋很靈光的人，他自創三元玄空法，以易經爲宗，吸引了很多嚮往易經的人。**他看準華人有見易經倒頭便拜的習慣，都搞不清楚做啥用，只要扯到易經就認為神奇無方，就照單全收，因此易被心術不正之人利用，這是蔣氏善於利用人性及應變的事實 。**

蔣氏將三元玄空邊做邊修改，所以早中晚期所教弟子的技法不盡相同，造成玄空的支脈多達百餘，皆宗蔣氏，卻各自差異，互相攻訐的很厲害，也都以正宗自居，真的是奇觀，何以致此？因爲都是蔣氏教出來的，只是時期不同，當然都以正宗自居。

蔣氏一生失敗案例太多，根據鄉縣史實記載，根本沒有成功的個案流傳下來，家破人亡絕子絕孫的案例倒是不少。照理而言，一個高明的風水宗師，成功個案當比比皆是，怎麼他卻比比皆「不是」呢？

他自己三次遷母墳，冀求功名卻一生無成，也無子嗣，網路上有高明直接就稱蔣氏的玄空法爲「絕子絕孫的風水」，也是一種提醒，可惜看見或看懂的人太少，故意裝睡的人居大多數。(請參考拙著《風水有真有假，你知道嗎？》)

他其實最知道自己的玄空法是什麼，無奈爲了糊口只得一路編下去，回不了頭，可憐了這些誤以爲「易經　＝風水」的後學。但蔣氏玩了一輩子堪輿，感知風水的真學何在，並不奇怪，他在贖罪爲後學留一條路，也算是有心了。

「自然水法君須記。無非屈曲有情意。」在本歌訣的一開始，先賢真知灼見的就點出了核心~~~「自然」！什麼是「自然」？天生地成的環境叫「自然」，人爲編造的就「不自然」，**「屈曲有情意」**就是一種自然。反過來說，把河截灣取直就不自然，那些講究理氣的~~~~看命、看元運、看廿四山納氣、先後天、自創陰陽……等等，只問理氣公式，或用理氣公式套自然環境，忽略真實的環境不顧，都是「不自然」。

瞭解這些以後，不論是找風水師協助，或是想找對老師學習，才會有一個正確的方向，不會花錢花時間卻最後受害結局。別不信邪，這種情形真的很多很多，搞錯機率達90%以上，絕非虛言。

阿璽師經常到各地尋龍點地，考察風水吉地，相片阿璽師所站的穴場，就是一塊龍穴大吉地，相片中所呈現的乃是明堂及朝案。

☪ 我找過港中台20幾個風水大師來看過了。

☞《葬經》：丘壟之骨，岡阜之支，氣之所隨。………地有吉氣，土隨而起。

☞ 主文：

2018年10月，經由一位好友的介紹，到青島爲一個企業家勘察陰陽宅，因爲陰宅部份在上海，已經火化處理，靈動力不強，吉凶較無應驗，所以就專注在陽宅的選吉避凶催吉助旺的處理上。

這是一個值得記錄的個案，因爲過程頗有些曲折離奇。初到青島時見到該大企業家的案主老董，有趣的是雖是案主特別邀請我由台灣大老遠飛過來，案主見阿璽師的第一句話卻是：「林老師！我是不信風水的！」「風水我也懂一些，我已經請過中港台20多位風水大師來看過，都是吹牛而已，沒有用。這樣講您別介意，如果不是o o介紹，我根本不會再找風水師。」

我聽了微微一笑，回說：「可以理解，既然來了，您就參考參考！」事實上這種情形過去也碰過一些，誰叫我們這行業的騙子太多呢！幾百個莫名其妙的門派，此吉彼凶，學錯了也不知錯在那裡，怪到極點的一個行業。

勘察陽宅的第一站先來到公司總部，在這裡瞭解案主目前的狀況，公司雖大但已經半年發不出薪水，目前靠著賣不動產在勉強撐著。

我先在該辦公大樓附近繞了一會，觀察附近大地的情勢。

因爲這是一座Ｓ型的大樓，座向並不容易界定，待確認坐向後上到案主的公司。真是大開眼界，案主的辦公室擺設著各式各樣的風水用品，都是以前20幾位風水大師的手筆，還有一種兩米高的超大花瓶數個，放在各個角落，每個價格就多達幾萬人民幣…………，還有各式各樣的石碑、水缸、彫像、聚寶盆、神佛金身塑像、檀香………。

案主老董問：「林老師！你看怎麼樣？該怎麼改？」

我沒有回答，反問：「右前方那棟大樓什麼時候蓋的？」

在旁邊的特助幫案主回答說：「3年多了！」

我接著說：「房子開始蓋，你這公司就開始出問題，開始破財走下坡。是不是？」

案主及特助想了下說：「真的耶！差不多！的確是如此，林老師！怎麼會這樣？那要怎麼辦？」

我回答說：「那棟大樓恰好動在你的要命方位上，實話跟您說，沒辦法改，唯一的方法就是換地方。那些擺設的風水佈置，沒有作用，風水師發財而已，真有作用的話你就不用再找我來了。」

案主老董很有魄力，見阿璽師精準的點出問題，當場下達指令給特助，要求協助在市區內找出合適的辦公室。於是，在接下來的幾天，開始全天候的尋找新辦公室，看了一間一間又一間的辦公大樓，想在這麼短時間內找出好風水的辦公樓，這真的是一件困難的事。但是最後還是不負使命，在找過二十幾戶後，第五天時找到兩戶辦公室，將之打通使成一戶，配合周遭環境，形成了很好的風水局，隨之我將樓面配置圖的佈局畫給公司特助，請他依擇日時辰，及相關注意事項，準備搬到新辦公室。

除此外，爲了加強調整風水的效果，還幫忙處理一個相當嚴重的無形界問題，讓無形的助力增加，事業更順。

無形界的問題，就用無形界的方式來處理，阿璽師爲公司安座了土地龍神廟，保佑公司事業順利。廟坐艮寅兩山交界，廟成後香火頗盛。

此外，在這個個案中我衡量狀況，向案主老董說：「光是辦公室出問題，不會如此嚴重，你是不是近年換過住處，或是搬過家。」(因爲案主原本發展的很好，會開始破敗，必定是這幾年做過重大改變。)

案主回答說：「沒錯，我是在兩三年前搬到現在住處。」

我回答：「陽宅比辦公室還重要，麻煩帶老師去看看。」在這裡時還發生了一件事，也令得案主老董對阿璽師更加的信任，配合度也更高。

事情經過是這樣，阿璽老師明白一些聰明客戶的心理，一

方面想得到風水助力，一方面又懷疑風水老師是否夠力。這次來看案主的陽宅，因爲之前已經在辦公大樓瞭解了案主的大部份狀況，所以勘察陽宅時，就算斷驗對了案主也會暗想其實你早知道答案了……。

怎麼破這種局呢？

當來到案主老董的陽宅時，那是一棟氣派的豪華大樓，一層樓有兩戶一電梯，在過程中其實已經習慣性的勘察起了附近的狀況及大樓的環境，當站在大門前等待開門時，我開口說：「你們對門的這戶鄰居，家裡的女主人很凶悍啊，而且身體不大好，有呼吸系統方面的毛病，筋骨也出問題。」

當下，案主老董瞪大了雙眼：「真的是這樣，你怎麼看出來的？鄰居太太真的很凶，而且身體不好。」

我微笑妙答：「我看就知道。」接著簡單的回答說：「這跟電梯方位與大環境有關係。」

這一招是阿璽老師經常使用的招式，能夠快速建立客戶朋友對我的信心，信心建立了，後面的互動及幫助才能給的到位，客戶朋友也才願意大力的配合。當然，這個絕招也不是隨便風水師可以用的，否則畫虎不成反類犬，那就糟了。說到底，想要成爲一位真材實料的風水師，明師、努力、練習是缺一不可的。

看陽宅時我也把案主這個陽宅的問題說了出來，建議他另尋其它良宅。這當下案主突然問了我一個問題：「林老師！我孫子天天晚上睡覺都哭，做惡夢，醫生也找了，法師也找了，都沒有效，到底為什麼？你有沒有辦法？」

我問案主孫子睡那裡，案主帶我到孩子房間裡，阿璽師看了一下，拉案主及其它家屬過來，讓他們把耳朵貼在小孩床邊的窗戶上，問他們有什麼感覺。大家都說：「風切的聲音好可怕，鬼哭神號。」

便吩咐把床放到另一邊，當天孩子就安心入睡，一覺到天亮，都沒有哭喊過。可笑還有法師硬說是什麼前世冤魂呢！其實物理學也是風水學的一環，不要搞不懂的事動不動就賴到鬼神身上。

案主領教功夫後，全力配合給他的建議，於是，我給自已找了大麻煩，要在短短六天內幫案主找出陽宅及辦公樓，接下來每天看房子從天未亮看到天入黑。辦公室先找到，也完成規劃，但陽宅找到了第四天都還是沒有著落，眼看回台灣的時間步步逼近，大家都想著可能我可能要延後飛機了。

☞　當爲土地龍神廟完成動土儀式後，阿璽老師現場爲廟宇題了一幅對聯「傳盛名風振興業，漢威四海廣財源」，祝福該機構接下來的發展能夠大展鴻圖，大發利市。廟成成後案主也渡過了最大的經營危機。

找房子期間，案主老董幾乎是有空就會來陪同，可能因爲心急，每看一個地方都會問：「這個地方不好，可不可以改？」阿璽師大多回答：「大環境跟不上，小地方改了也沒

有用。」如此經過幾次之後，案主老董也急了，說：「林老師你真的很奇怪，別的老師都是可以這樣改、那樣改，怎麼你都說不行就不行，不能改一下嗎？」

阿璽師笑著答：「那他們改了以後有用嗎？我不想讓你白花錢，這是良心問題，先說好，要改也行，效果我不保證。」案主想想也是這個道理，就還是安心陪著阿璽師看過一間一間又一間的陽宅。

後來我靈機一動，詢問案主老董以前是住那裡，那房子賣掉了沒有，案主回答舊房子還在，但空間比較小所以才搬出來。賓果！我馬上帶著案主及其它人員向舊房子出發，心想這次應該沒問題了。

爲什麼呢？道理在那裡？依據多年勘宅經驗，該案主是一位大企業家，而它公司開始出問題是最近三年多的事，他陽宅及辦公室出問題又都是近三年的事，既然如此，那麼案主三年前的住宅應該是很好的才對，因爲在此之前案主的公司是很賺錢的。

來到舊宅，阿璽師一看，果不其然，這是水聚天心的大旺宅，案主就是在這裡發基起家的。於是要求案主每天要回來這個地方睡，現在陽宅不必動，一切如常，就只是要求晚上回到舊宅睡覺，至少一週要有五天在這裡睡。

案主老董這時也感慨，花了那麼多時間，找港中台20多位知名風水大師，花了上百萬人民幣，結果是一場空，他對阿璽師說：「咱們做兄弟，你來青島就來找我，我風水上的問題都請你給我顧問。」

這個個案完成後不到半年，案主傳來好消息，經營危機已經解除，事業引擎重新起動，人員又回來了，生意又回到正軌。到今天阿璽師寫書這時，案主的生意已經更加做大，去年不動產獲利可觀，年節的時候案主老董也都與阿璽老師連絡，邀請有空再去青島。這真的是一趟令人難忘的行程！

在此要特別一提，工廠、辦公室與陽宅住家的處理觀念與技巧是不同的，這當然是因為用途不同，而且住在裡面的人員性質不同，作息時間也與一般陽宅有差異的緣故。阿璽老師有許多企業界的客戶，大小規模的都有，其中有部份是國內外非常知名的大企業。阿璽師在處理工廠、辦公室時會運用不同的風水技巧，依企業不同的條件採取不同的作法，但大多能產生很好的效果，這樣的例子，這二十年來已經不少，絕非虛言。

在此可以透露一下觀念，在處理工廠時，辦公室的位置重要性優於生產廠房及其它區域，若能連帶同時處理好老闆的陰陽宅，那就更加萬無一失。在這一個個案裡，處理方式就是如此。

☞ 阿璽老師誠敬的向公司內部財神爺秉告，安座土地龍神廟的緣由以及即將進行的過程，祈求財神爺威靈加持，帶領眾有緣聖靈接受供養。

☞風水的智慧

阿璽老師曰：「《地理醒世切要辯論》你一定要看！」

在清朝時期，一代宗師高大賓爲首的欽天監博士監正們，多人聯手合著的《地理醒世切要辯論》，這是一本最客觀公正，而且內容最深入，用心最良善的風水著作。

在明清時期，要從事陰陽數術師的工作，是要經由國家考試認可才能從事的，若隨便亂言斷人禍福而致人招災者，是會被官府判刑的。若要進入縣、府、州、中央從這份工作，要經由層層考試才能獲得資格，尤其想進入欽天監任官職，那真的是非常的困難，不亞於儒生的赶考。

可以這麼說，能在欽天監任官職的，都是學貫古今的大儒，不僅要精通各門派的技術，同時也要精通儒道的學問，所以才能成爲天下陰陽數術的領頭人。整個國家的廿四節氣、祈雨、敬天、祭祖，王公大臣帝王的婚喪喜慶，小至通書裡的種種事宜，都歸他們管轄。這裡面相關的介紹與資料，在阿璽老師前著作中有說明。

有了這些基礎背景知識以後，就不會被那些不斷創新的門派所迷惑。對於目前流行在港、中、台、星的上百風水流派的真僞，會有一個正確的見解，不必再被那些披著易經表皮，而骨子裡塞滿了沒用而且不知所云的理氣理論所矇蔽。

現代風水師多如牛毛，但社會地位不高，甚至多被人以江湖術士歸爲騙徒一類，跟這些上百的風水流派有直接關係，說得更具體一些，若以高大賓等宗師眼光來看，現在流行的一些門派如：三元玄空、紫白飛星、八宅明鏡、三合法、金鎖玉關、三元納氣、後天派、納甲九星、玄空大卦、玄空六法、乾坤國寶龍門八局、後天派…………等等，都是高氏等大賢所唾棄的，學用風水的有心人，當細心思辯之。

阿璽老師在台中東山社區活動中心，開辦八字及易經卜卦課程，現場的上課實況，阿璽師有很高的教學熱忱，教學務求傾囊相授，講解深入淺出，注重邏輯，學生容易學懂及應用。

☞ 經典幕後之森

阿璽師曰：**「「太師椅」的點穴觀念，早該丟大海裡了。」**

《葬經》：「丘壟之骨，岡阜之支，氣之所隨。………地有吉氣，土隨而起。」《雪心賦》：「葬乘生氣，脈認來龍。」這一段郭璞祖師的名句，正是台灣及大陸的諸多三合派地師學理有誤的證明，何以如此說？

在三合派的山法中，還要配合「十二長生水法」，作左旋、右旋，造成了三合派的地師專門找所謂「太師椅」的穴形來點地。這一派的地師們錯誤認為，太師椅的穴形，有左青龍、右白虎的砂手來護衛，後方又有山坡可以當玄武後方的靠山，就像是人坐在有扶手的官椅上，氣派非凡，三合派就稱之為「太師椅」，認為這是上吉的寶地，可以大富大貴。

但實際上真的如此嗎？台灣公墓有9成以上是以三合法造葬，找太師椅的個案很多，以多年的經驗統計，可以說不論是陰陽宅，只要是穴場在太師椅裡面的，經過數年蘊釀後沒有不敗退的，台灣許多政商望族後來消退倒閉，都跟這個有關係。

其實三合派的太師椅觀念，簡單的講，就是找在“山谷”的意思，既然在山谷中，就避免不了~~~「水往低處流」，那陰陽宅便會產生地基鬆軟潮濕的現象，長滿青苔與黑色漬痕。

三合太師椅的作法會造成嚴重的後果，例如2021年馬來西亞一處公墓發生大規模坍方的事件，數百個華人祖先墓被沖毀，消失在泥土層中，這些墳墓大多做在太師椅地形裡。

又如十多年前在屏東，一戶人家請了三合派地師爲仙人點地在太師椅山谷地形中。不久，颱風豪雨侵台，風狂雨驟，水往太師椅的低谷地竄流，結果棺木被土石流沖走，祖先遺骸曝屍荒野。

再如十年前，我到宜蘭的龍潭湖附近尋地，剛好來到一處太師椅地形，很巧的是現場有三四位宜蘭當地的風水師，同行相見，他們一下就認出我也是風水師傅，好奇怎麼會有外地的風水師過來，主動出聲打招呼。其中一位指著這個太師椅地形問說：「**這一片地理林老師看法如何？**」言下之意是讚美這個太師椅，想看看阿璽老師是否會出聲讚同。

我視線繞了一圈，直接回答說：「**這是養屍地，都出蔭屍！**」

當地風水師嚇了一跳，問說：「**的確如此，這一帶很多蔭屍，林老師怎麼看出來的？** 」

我沒有回答，只說了：「**這地理就長這樣。**」

真正原因就是太師椅造成水往山谷低處流而已，沒什麼難的。但問題是「**江湖一點訣**」，不知道就是不知道呀！他們的師父如此教他們，而他們也是用這一套教他們的徒子徒孫。太師椅啊！多美好又大氣的名詞，後學之人先入爲主，而無能力判別，結果就是一代又一代的錯下去，害人無數。

台灣70%的地方都是山地，有中央山脈、玉山山脈、雪山山脈、阿里山山脈、海岸山脈等五大山脈，其下支脈無數，每兩座山就可以夾出一座山谷。太師椅的地形在台灣地區、在大

陸南方及內地，可以說多不勝數，三合法自北宋起已經流傳千年了，受害的家族究竟有多少？說它遺害人間，絕不誇張。

學錯風水造孽無邊，是一般人可以擔當得起的嗎？一個人一生的工作時間很長，讀者能想像一生的工作都在害人，這是什麼狀況嗎？

風水界一句話：「**風水師殺人不用刀。**」很傳神，但還不夠，三合法創在北宋，至今已逾千年，要以受害的人數來算，合理推估，早已經超過第一、第二次世界大戰傷亡的總合了，當風水師的糊裡糊塗的幹一輩子，心裡只存利益，良知泯滅，惡果早晚回到自身，這是宇宙定則，誰也逃不了。

☪ 前考試院長許水德先生擁有無形的貴人

☞《葬經》：「風水之法，得水為上，藏風次之。」

☞ 主文：

許水德先生祖籍金門縣，原籍澎湖縣，在1931年誕生於高雄左營，其童年經歷戰爭、遷徙、艱苦的生活。初中時代，他得深夜起床協助父親磨豆子和送豆漿，天亮後才坐火車到高雄中學初中部上課。他既要肩負家庭生計，還要在沉重的疲勞壓力下完成中學學業。

在長期的壓力之下，高中時他終於不勝負荷患了重病，而休學住院。但即使經濟環境和健康條件不利，在幫助家庭生計和學業上，許水德都全力以赴。最後在大學聯考時，分數遠超過臺灣大學錄取標準，以第一志願考上臺灣師範大學教育系。

許水德秉持「水車哲學」，作爲其志業與事業的體悟。他以農田水車爲比喻，水車打水一半在空中，一半在水中，兼顧二者才能順利打水到高處田地。換言之，只有兼顧理想和現實，才能腳踏實地而實現圓滿。這樣的人生哲學，是其仕途和歷練所成就的結晶。

以教育爲志業的許水德，在師大畢業後考上政大教育研究所，後來更考取公費，遠赴日本東京教育大學攻讀博士學位，專攻教育心理。然而，時任教育廳廳長的潘振球來電，希望許水德回國擔任屏東縣教育科科長，一同參與九年國民義務教育籌備工作。許水德滿腔熱忱地返國接任工作，更在短時間閉關苦讀，突破高考檢定取得科長職位，擔任科長期間，成就屏東縣九年國教模範縣的殊榮，也榮獲1969年十大傑出青年的獎項。

許水德是已故總統蔣經國任用的第二批台籍菁英，歷任高雄市長、台北市長、內政部長、駐日代表、國民黨祕書長、考試院長等要職。 其經歷如下：

民國五十七年～五十八年，擔任屏東縣政府教育科科長

民國五十八年～五十九年，擔任屏東縣政府教育局局長

民國五十九年～六十二年，擔任高雄市政府教育局局長

民國六十二年～六十四年，擔任高雄市政府主任秘書

民國六十四年～六十八年，擔任臺灣省政府社會處處長

民國六十八年，接任中國國民黨中央委員會社會工作會主任

民國六十八年～七十一年，擔任高雄市政府秘書長

(☞民國69年庚申年時將祖墳遷到燕巢深水山公墓。)

民國七十一年～七十四年，擔任高雄市市長

民國七十四年～七十七年，擔任臺北市市長

民國七十七年～八十年，擔任內政部部長

民國八十年～八十二年，擔任駐日代表

民國八十二年～八十五年，接任中國國民黨中央委員會秘書長

民國八十五年～九十一年，擔任考試院院長

民國九十一年～九十三年，接任亞東關係協會會長

民國九十一年～九十五年，擔任總統府資政

(以上內容參考自師大校訊、維基百科)

觀乎許水德先生一生的發展歷史，可以清楚的看出其個人的聰明才智、心性涵養，再加上他超乎常人的艱苦卓絕的精神毅力，是他能夠出類拔萃卓爾不群的主要原因。

前考試院長許水德先生在燕巢深水山公墓的祖墳，吉葬祖父母、父母。此墳非正局，偏離脈線，現場勘察即知，許水德逝世後，光環不再，子孫漸走下坡，並未受到此墳的蔭助，可為明證。

若沒有這些因素，光只有好風水也是成就有限，換言之，就算沒有祖先墳塋的蔭助，許水德先生還是能夠在他的人生迭創高峰，造福社會國家。**一個人的心性是最重要也是最大的風水能量，風水庇蔭雖然也是緊要，但其實是居於輔助**，所謂「**福地福人居，福地蔭福人**」。在民國69年10月16日這天，當時擔任高雄市府秘書長的許水德先生將父母親與祖父母的墳塋遷到高雄縣燕巢區深水山的公墓。該公墓佔地非常的廣大，南部地區有許多名人都葬在該處，藝人郭金發、豬哥亮父母，以及許多南部政商界聞人先人都葬在該公墓。

前考試院長許水德先生的家族祖墳空照圖，由圖中可以看出該墳地風水頗佳，但卻非正局地理，許氏貴顯一時，但其之後，子孫並無更大的發展，「**會於心，形於目**」，當時點地的風水師畢竟錯失此地的龍穴。

燕巢深水山公墓正如《雪心賦》所言：「辭樓下殿，不遠千里而來；問祖尋宗，豈可半途而止。祖宗聳拔者，子孫必貴；賓主趨迎者，情意相孚。右必伏，左必降，精神百倍；前者呼，後者應，氣象萬千。……」「……重重包裹紅蓮瓣，穴在花心；紛紛拱衛紫薇垣，尊居帝座。」

該穴場頗似一蓮花穴，祖山不遠千里而來，過峽完整，最後束咽起頂落脈，穴總三停緩緩而下，護衛週密，許氏祖塋能遷於此，又高低剪裁得宜，也算得上小有條件。只是稍覺可惜的是深水公墓的正穴並非在此，而且穴場接脈稍偏，致案朝未臻全美，否則還可以有更大的功名發展。不過以許水德個人的才智、修為、刻苦，及其個人的命理條件，風水對他而言也只是錦上添花而已，並非絕對。

《雪心賦》又言：「入山尋水口，登穴望明堂。…」「辨山脈者，則有同幹異枝；論水法者，則有三叉九曲。卜云其吉，終焉允臧；吉地乃神之所司，善人乃天之克相；將相公侯胥此焉出，榮華富貴何莫不由。」

由書中所提供的相片，看倌細心一點可以看出這個穴場的落脈並非是正體格，落脈的穴星白虎方坐空，隔水後才有白虎砂屏障外護，而青龍方的砂水則有多層，呈現多條對稱式的祿存瓜匏延伸，穴星的落脈也非三停直直而下，而是在最後作了一個小S型微彎，這就影響了脈線接氣的選擇，白虎繞至前方擠壓過來影響了明堂，左右水成襟帶水會聚前方，再由左前方出水而去。

如果對巒頭法有徹底深入研究的高手，對照相片及阿璽老師的說明，相信已經看出真正的結穴地點何在，而且看出此處龍穴並不只一局，以及許水德祖墳一局的格局層次高低如何，其實只要注意一下脈線及眠弓一案，答案就出來了。

這張由後方的角度來看，許氏祖塋脈線略差及位置偏右側，影響到明堂與平衡，否則庇蔭之力可以更好。

☞**風水的智慧：**

阿壐師曰：「斷風水三件事：錢財、身體、婚姻。矇對也不代表風水師厲害。」

什麼是高明的風水老師？絕大多數人以爲能夠斷得準的，就是厲害的風水老師，這種觀念其實是錯誤的，也讓很多唬爛風水師有可乘之機，爲何如此說呢？

在生活中，不要說是命理風水師了，一般人只要具備基礎的生活與看人經驗，根據耳聞眼見的事實，稍加推斷一下，很快就可以對週遭的一些人事物發表看法，就像是柯南辦案一樣。在生活中我們也經常對許多自己並不認識的人或事發表自己的見解，往往也都有相當的準確度，這有什麼難的呢？尤其有些人腦筋轉得快，眼色又好，這種人不必受什麼專業的命理訓練就能唬得你一楞一楞。許多媒體上刊登的騙財騙色的新聞，不就是這樣發生的嗎？騙子不厲害怎麼生活啊！

利之所在，道義放兩邊，良知爲何物又有多少命理風水師放在心上？筆者就見過許多連命理風水基礎都欠的人，勉強學了天干、地支、八卦，就矇得一大堆人稱頌爲大師。這種貨色在華人圈裡歷朝歷代都沒少過，而以現今紛亂社會尤多，各種新聞媒體也時不時看到這些個事，但實際上，沒有被報出來的更多著呢！大家還記得阿扁被十七歲少年詐騙的事嗎？

爲什麼呢？因爲在現代的國家教育體制裡，對國學的訓練不足，絕大多數人沒有閱讀古文的能力，更加沒有閱讀玄學五術的古文素養，國文篇章裡也幾乎沒有這方面的探討，以致於新聞裡出現許多高知識份子爲神棍所騙的例子。這些年下來，阿璽老師見過或聽過的實事也不知有多少了。在台灣最有名的案件莫過於堂堂的台灣總統，竟然被一個十七歲的小毛頭玩弄於股掌之上，騙了又騙，這個新聞有興趣的自己上網搜搜就看得見了，當真人心若貪有目如盲。

再說得直白一點，當你自己找到一位風水命理或所謂通靈老師的面前，你什麼都不必講，也已經自己透露一半以上了，要論得不準還真是不太容易。外行人聽阿璽老師如此說一定想不明白，「**怎麼可能呢？**」案主什麼都不講老師就至少知道一半以上了，「**真的？假的？**」

嘿！一點不假，否則這個社會怎麼能神棍騙徒滿天飛呢？民俗有所謂「**窮算命，富燒香**」的俗話，這確實如此。會付出金錢去找命理風水老師的，尤其如果老師的紅包還不小的話，試問什麼人會有這種需求？男人來問的7成是事業財運，女人來問7成是婚姻感情，剩下2~3成是子女、身體，有很難嗎？曾經有一位電視上的名師，他教學生就是如此傳授~~~看到女人就論她感情不好犯小人就對了！男生則財運不佳，小人多多，多簡單！再順便賺個改運、買加持品或佈陣的錢，這小日子還不過得有聲有色，這種五術騙徒到處都是，而且道貌岸然，把五術行業都搞黑了！

(彩圖2) 地有吉氣，土隨而起，玄武垂首，朱雀翔舞，青龍蜿蜒，白虎服。窩鉗乳突四式爲龍局必備，這是阿璽老師在南投爲有緣人服務的個案。

再配合上一些話術，準確度幾乎就是八成以上，這就足以把客人收拾得服服貼貼了。不信？以下舉例給大家參考。看到老房就「**啊！這間房子會出人命哪！**」業主當場就會被嚇去半條命，任這個唬爛仙予取予求；看到婦女容憔悴就「**你今年婚姻會出問題，而且這問題已經持續一段時間了。**」這樣講出去，至少有八成把握、如果見到男性，氣色不怎樣，衣著也普通就「**你今年流年不好，財運很差，工作上會有阻礙！**」這也幾乎萬無一失；接下來不管是誰，說這句幾乎100%準的。「**哇！你犯小人很厲害哪，阻礙重重，要防範。**」哈哈~這世上還有不犯小人的嗎？再來，如是年輕女性就「**你感情會有阻礙，你現在會非常的煩。**」再來，講一些空泛的論斷「**你有**

在開車吧，明年開車要小心，比較容易犯車關。」哈~，開車的可以不小心嗎？明年如果有事，就算是小擦傷，那算命仙或地理仙就神了，如果明年沒事，「哇~還好老師有叮嚀你。」神吧！小意思而已。阿璽老師要說的是，論這些東西再準都是沒什麼用的，佈局下來，花了一堆錢改了風水，又讓風水師賺得飽飽，但結果是沒有動靜，這種情形可以說佔絕大部份，爲什麼？因爲風水門派有百餘派，幾乎百分之95以上是錯的，這句話阿璽老師不是隨便說說，而是事實，網路詐騙被抓到還會判刑，但是風水命理先生唬爛算不準，是沒有罪的。

叮嚀想用風水改運或學習風水的人，不要光聽別人口花花的吹，風水百多派，95%是錯的，多打聽清楚，光論得準沒有用的，能真正助人發富發貴，趨吉避凶，這才是真實的。風水師不要被人背後戮脊樑，會遺禍子孫的。不過，在這個世道裡，笑貧不笑娼，騙子橫行，傷天害理的生意也有大把人去做，目前台灣轟動的柬埔寨販賣人口案，正是寫照。

以下的這張圖是南投很有名的一間佛寺，一看就知道是“高”人點的了，但是卻犯了很基礎的錯誤，這不就是一張太師椅嗎？任你多有名氣，也是要經營的左支右絀，頭大無比，實在是可惜了。佛寺點地於此，並不全吉，雪心賦：「捨眾凶而求一吉，殆猶緣木求魚。」

☞ **經典幕後之森：**

《葬經》是中華風水的始源，是風水巒頭的經典之作，它給風水下了定義與規範，也同時指出了風水的重點，給後學依循與學習的方向。《葬經》中提到一個重要的觀念：「**風水之法，得水為上，藏風次之。**」這一段文字中，郭璞祖師對風水提出了兩個重點，也是風水真義的指標。

「**風水之法，得水為上，藏風次之。**」這句挺白話的，即使不會看文言的人，也可以懂。簡單的說，就是指明，看風水在看什麼呢？第一個要看“水”，第二個要看“風”。而在前一篇中已經分析過，水≠風≠氣，現在大部份的風水門派如三元納氣、金鎖玉關、玄空大卦、玄空挨星、紫白飛星、八宅明鏡、後天派、三合派、乾坤國寶……，動不動就把把氣拿出來，整個理論的核心就是「氣」，但又與郭璞祖師對風水的定義完全不同，當然也就可以清楚的看出這些都是假風水，能否成功，無非機率 (運氣) 問題。

曾親看過一個案例，當事的風水師是台灣赫赫有名的風水大師，在台灣的風水命理界無人不知無人不曉，也出版了不少書籍。這位老師使用的門派也是目前港、台、新加坡很多人使用的門派，結果造葬後主人家一家四口車禍全亡，嚇得該老師後來再也不敢爲人造葬了，但還是出很多書在教人(害人？)，這是真實的事件，阿璽師不便指名道姓而已。

還有幾位也是全台灣知名的風水前輩，玩風水玩到自己房子都燒了，連自己與家人性命都不保，或是子息都出了大問題，要嘛犯罪，要嘛橫禍，怎還不回頭看看自己的風水術到底出了啥問題？如果還當老師，那害人就多了。

「**風水之法，得水為上，藏風次之。**」這麼重要的一句話，但絕大部份的風水師沒有看過，看過也沒有體會。因爲現在的風水師都是在教室黑板學出來的，搞個半載一年的就掛牌當大師，一代傳一代，這些典籍他們是不可能也沒興趣去翻閱的。

這就造成了很可怕的現象，整個風水界全體崩盤，一代一代的呈倍數增長的錯下去。以郭璞祖師的這句名言來論，明明就告訴你風水最重要兩件事：水、風。唐末楊筠松也是在這個基礎上提出了有名的《倒杖法》及《疑龍經、撼龍經》。

可是呢到了明末、清朝，一大群人搶著當祖師爺，把五行、八卦、九宮、10天干、12地支、三元九運、64卦、圓周360度、384爻、納甲、先後天…裡面的東西不斷重組與定義，結合羅盤，創出一個又一個的門派，至今已經超過200個以上的分支流派，**現在看風水已經不看風跟水了，而是看命、看運、看方位廿四山、看擇日.....，依照這些元素來決定坐向，來收該派認為的吉「氣」，這全然的違背郭、楊、賴、劉的精神，可笑還叫人家是祖師爺呢！**敢創新派就自己亮名號，何必心虛來抹黑古人呢！

前述阿璽師在南投爲有緣客戶服務的個案，前方明堂水聚天心，若停瀦水，墓式整體不用鋼筋而用細竹，這種工法現代幾已失傳了。

☪ 無業無子嗣，又錯買凶地該怎麼辦？

☞ **《雪心賦》**：「辨山脈者，則有同幹異枝；論水法者，則有三叉九曲。」

☞ 主文

人生是一趟迷途，除了少數有大智慧的人之外，普通人對未來其實沒有多少掌握的能力，所以當遭遇無法解決的困難，或感覺被命運綁綑動彈不得時，只得寄望於渺茫的上蒼、神佛或貴人，但是求神問佛的人那麼多，能如願的比率有多少呢？神佛又有多少的意願去干擾眾生的因果業力呢？又有多少的眾生值得去幫呢？佛說隨緣，答案大家心裡明白。

一切的綑綁皆來自於己心！

本實例的案主是一位善良、正直、努力又有責任感的男子，家住南投。只是活到五十餘歲了，卻失業多年，寄人籬下，與妻子借住在老丈人的家裡，想要生個男丁傳宗接代，卻連生了兩個女兒，眼看活到五十多歲，在命運枷鎖的壓迫下，對事業對子息的希望之火，在歲月的淘洗中也漸漸黯淡了下來。尤其是沒有子息的事，更讓他內心耿耿於懷，臉上的笑容總有那麼幾分的滄桑。

後來吧，大約是在2007年左右，那時候阿璽師正在宜蘭的佛光大學「生命學研究所」就讀，研究的主題是：《陽宅風水理氣理論之比較研究》，指導教授是台灣歷史、宗教與考古學的專家 宋光宇老師。在堪輿執業之餘，在宋老師的指導之下，正積極的搜集堪輿學發展歷史的各種古今相關資料，以及各主要風水流派的理論與技法，並做研讀、分析、分類、歸納、辨證、實驗……等工作，結合自己多年的風水案例實務經驗，重新予以深入的詮釋與解讀。

當時研究所同學之中，有一位來自南投的小學模範教師，是位虔誠的佛子，善良又熱心，與我在修課及報告上經常重疊或合作，該同學好友恰巧是這位案主的女兒的老師，經由研究所同學引介，希望我能夠爲案主服務，協助這位善良、正直、努力的有緣人。

我慨然答應義務幫助，親自到南投跑了幾趟，瞭解與盤點案主的狀況，看要由何處下手協助。經過一番深入的瞭解之後，調整了案主家的香火神位，及目前寄住的老丈人家的陽宅風水。

調整之後大約過了兩三年，案主狀況稍好，後來通知他在山上買了一塊地要來蓋房子，想請我來看一下。我當下心想，能買地蓋房子，當然是上次陽宅佈局後事業工作上有了進展，但是買地之前怎麼都沒有先知會就直接下手了呢？我心頭有不太好的預感。

應邀來到南投，隨案主來到山上現場，四週繞上一圈，果然印證了預感。這塊山坡地四週無護，千里長風直吹而入，正是古書中所云的「四面八方風吹穴」「冷穴」；而且剝煞未淸，基地裡多見粗石，遠方大河入水去水方位不正，強風吹拂，既無藏風聚氣，亦失正穩平衡，可謂是一塊「煞地」。附近也有幾戶住宅，都是衰頽寒微的宅相，案主也提到說那幾戶的確都不太好，居住的人運勢都不佳，印證阿璽師對此地的勘驗。

我把這個看法告訴案主，不勉嘀咕一句「**怎麼不先找老師看過，就逕自買定了呢？**」案主當下懊惱了起來，又擔心花了這麼多錢，這下該如何收拾才好？案主就直接請問該怎麼辦？有沒有辦法可以補救？

我沉吟了一會兒，繞著附近的山坡地逛了一圈，最後再回到現場，就對著案主說：「**可以補救，而且可以旺男丁，實現傳宗接代的願望，但房子坐向會跟別人家不同。**」因爲案主已經有接洽了熟識的建築師及營建商，我就請案主連絡建築師及營造商，約時間見面。

隔週，我又從宜蘭趕到南投山上的現場，會合了案主、建築師、營造商，協調房子蓋一個附近人家都沒有的坐向，而且要拿掉大量的土方，讓陽宅基址內縮進去，配合庭園培土、造景、植樹、圍牆…等方式，讓陽宅聚氣藏風，而且接納旺氣。同時，既然有緣在蓋房子之前就找到阿璽師，我索性畫了張草圖，把整個房子的大門、後門、窗戶、厠所、廚房、臥室(含門)、床位、書房、樓梯……等等，全部規劃佈局好，再交請建築師畫圖。

後來在建築師畫圖的過程中，還與案主、建築師見了六次面討論相關的問題，最後建築設計圖完成，再交由營建商友人來興建，我擇一吉日良時爲案主舉行動土儀式，於是陽宅正式開始興建，並在半年多後完工交屋，並爲案主主持入宅儀式，正式搬進去新陽宅住了下來。

然後，過了大約一年多，突然接到案主傳來的信息，案主妻懷孕了，而且是男胎，案主高興的不得了，但又不免患得患失，於是阿璽師開了安胎符、護身符給案主夫妻，讓案主安心下來，後來男丁也順產下來，並由我為這個有緣的嬰兒取名。同時，案主的事業也穩固下來，雖非大富大貴，但比諸之前已經進步多多。

案主這個事情後來在他們的親友之間發散開來，大家都在打聽這個風水師是何方神聖，怎麼有辦法讓一個幾乎已經在事業與子息事情上絕望的人，重新實現了願望，愈來愈進步發展，親友們都想來結緣，當然，那又是其它個案了。

在這張圖片的逶迤起伏的山脈中，附近皆是偏僻窮苦農家，交通不便，教育資源嚴重缺乏。其中有一條落脈，循脈下來後，有一戶人家住此地逾六十年以上，全家男丁及子息、媳婦全都是醫生，富貴兼得，大家可以看得出是那個地點嗎？

☞**風水的智慧**

在本書的第一篇中提到《葬經》：「氣乘風則散，界水則止，古人聚之使不散，行之使有止，故謂之“風水”。風水之法，得水為上，藏風次之。」這一段話真的非常非常的重要，這是一代祖師郭璞對風水的定義，同時也是對風水的規範，指出了風水的方向與範圍，更有意義的是這一段話也反映出了背離此原則的話，即爲騙人的「**僞風水**」。

後起之秀的唐朝.楊筠松祖師，被尊稱爲楊救貧地學祖師，他在這一個基礎之上把巒頭水法更一步的闡明，把巒頭分成九星：貪狼、巨門、祿存、文曲、武曲、破軍、廉貞、左輔、右弼，讓習者更有一個明確的指引，就好比明朝的進士沈孝瞻對八字下了格局一樣，讓人可以抓到重點，但這一切還是不離郭璞祖師的範疇。

這句話語中的「**風**」就是第一要義，可惜現代的風水師們9成已經都不清楚這段話的意思了。甚至故意曲解原意以符合自己私利的也大有人在，愈老資格的愈是如此。

但這句話明明很白啊，祖師爺講的風就是風，白的不能再白的大白話，但就是這麼基礎的東西，現今卻9成以上的風水人搞不明白，原因很複雜，但離不開一個「利」字與一個「盲」字。利字是指有人良知泯滅，不擇手段；盲字是指一堆半桶水的教室黑板派風水師。

所以，9成以上的風水師都錯在根兒上了，還在三元九運、旺山衰山、二元八運、廿四山砂水、十二長生、太師椅、淨陰淨陽、三吉六秀、雙星交會、東四西四；抽爻換象……，祖師爺的風水精要還救得回來嗎？

老實講~~~不可能了！！！

只能留一份元氣，給那些有使命、有福緣的人。這也是明知寫書費力不討好，還容易賠錢，網路時代誰還買書啊，更何況是小眾市場又抄襲成風的風水書，但還是幹了，原因在此。

郭璞祖師所說的「風水」，沒有玩什麼花招，就是大白話，同行有心人別再曲解了！不管從整本《葬經》來看看，或從單一字面來看，風就是指“風”，沒有包含其他玄妙不可解的命啊、運啊、方位啊、爻啊、卦啊、天干啊、地支啊……等等，這些僞學流派的理論，郭璞、楊救貧祖師通通都沒有說過，不要再硬扯關係了。

祖師爺清楚闡明一件事，堪輿中最重要的那兩件事叫「風、水」，風有好有壞，好的風溫度、濕度剛剛好，吹拂的力道也剛剛好，所以生活在這個環境下的生靈，可以順利健康的繁衍發展，讓族群更大的孳息壯大。

風如果太強，氣就會散掉，不能聚氣止氣；風如果太熱或太冷，就不利於人類的安家居住；風如果有怪味、臭味，就會讓人生病不能安居。………………，以上的這一切都與現代風水流派要看運、看命、看爻位、看分金、看廿四山……的內容完全不相干。

反過來講，如果您住在一個養豬場旁，天天臭味吹拂，或者正前直直一條路沖直射，或者前方是垃圾場，又或者一

支巨大壁刀正對……，管你住的宅如何接到旺運、符合命卦、符合仙命、符合方位……，統統都是渣，沒用！要嘜搬走，要嘜等著破敗的結局，這有很難懂嗎？

那些人模人樣掛八卦、穿道服、佩符飾，再帶個羅盤走路有風的地師們不是不懂，只是閃亮亮的金錢之光閃瞎了眼，誰又來理會這一些。但是因果真沒有嗎？若有會如何？

這一些相關的僞學流派，當初的創始人概皆凡人而已，玩出這些東西，大體而言，不爲名就爲利，他們個人也許短暫得利，但遺禍無窮，最後也必遭到回傷。看過大多數的風水命理師子息，很少有好的，這個行業人的下一代，照理講有大師當老爸不都該飛黃騰達嗎？但實際上是更壞居多，爲什麼？留給同業風水師自己去思考吧！

所謂玄學，有三個特性：1.無法證明他是錯的。2.也無法證明它是對的。3.它是你不能完全理解的。知道了嗎？這行業為何亂，為何騙徒橫行，因為風水術被列入了玄學。在人慾橫流的社會，這就是它整個走偏的原罪。

(彩圖3) 阿璽老師的第一部著作，「風水有真有假，你知道嗎？」以論文的方式來呈現所要表達的內涵，全書引經據典，談理說事，破解風水的迷題。

阿璽老師相信，能看到這本書的人，都是很有福報人，因爲都代表了一份希望。

☞ 經典幕後之森

《雪心賦》：「辨山脈者，則有同幹異枝；論水法者，則有三叉九曲。」

在風水領域的學習之中，「理氣」門派的技法看來令人眼花撩亂，好像挺複雜似的，但這只是表象，其實並不難。之所以一般人覺得困難，只是因爲平時沒有接觸，加以聽多了易經玄學的一些說法，總誤以爲風水命理很困難，事實並非如此。

這些個天干、地支、八卦、廿四山、分金、卦爻、元運、納音……等等，原理是很簡單的，有負責任的老師願意教一下，很快就可以學會了，阿璽老師教學十餘年，說的絕對是事實，國中程的任一個單元的理科都要比它複雜得多，除非教學的老師不認真、或他自己也半通不通或藏招，讀者可以上去youtube看一下阿璽老師上傳的教學視頻便可知實情。

這些個理氣門派技法，三下五除二就教完了，也不難理解。如果有老師教這些“理氣法”要搞上好幾年，那就是老師灌水收高學費，要嘛就是真不會教，把簡單的學理愈弄愈複雜，否則真的不難理解。

何以見得呢？不知大家有沒有發現，這一些風水命理老師的學歷大多不高，國中小頂多高中　(當然也有少數英傑不會被學歷限制)，就算讀大學也是末段班。再更早些時期的前輩，甚至很多沒有讀過書，肢體殘缺，算命師中盲胞殘障就不少。地理師之中有一大部份是做墳墓的土水師或撿骨師兼任的，因爲大多跟三合法老師做風水，看多聽多了，無師自通，這是事實。所以，這些理氣門派的技法難嗎？真不是！

別被這些天干、地支、八卦嚇壞了，阿拉伯數字的加減乘除規則比那些理氣規則，要難上不少。大家不要忘了，在小學時咱們學到除法大約也要到四年級才學完，不是嗎？天干、地支、八卦……等等的規則用法，與之相比，算簡單的了，不要自己嚇自已。

本節開頭提到《雪心賦》：「**辨山脈者，則有同幹異枝；論水法者，則有三叉九曲。**」實在的講，風水的困難不在那些理氣的公式規則，而是在這一段話的精神裡。

「**山脈有同幹異枝，水法有三叉九曲**」，這兩句話雖是文言，但文意相當淺白，一看就能理解世間山川大地複雜萬狀，絕無兩處一模一樣的山脈，也絕無一模一樣的河流。從這裡也就明白了古前輩爲何說出勉勵後學的名言：「**三年尋龍，十年點地。**」「**自古有尋龍之技法，而無造龍之匠工。**」

風水術中有許多水法的流派，如零神正神水法，零正催照水法、12長生水法、先後天水法、浄陰浄陽法法、金鎖玉關水法、三元納氣水法……等等，此吉彼凶，學理互相打架，這些水法多出現在清朝之後，靠著羅盤才能玩得動，都是不可靠的方式，學者想要參用，一定要先對自然水法有深入瞭解，才不會被牽著鼻子走，誤入歧途。

山河大地的起伏、轉折、大小、距離、地質、植被、水形、山形、四勢、冷熱……。其複雜之處非深入者難以想像，其難度之高，若無明師相授，給你二十年依然是門外漢。反過來看，那些運用九宮格套公式、運用元運套公式、運用口訣套公式、運用12長生套公式……，這些定法反而是簡單了。阿璽老師現在看一個新創的理氣門派，頂多用個2~3個小時就可以搞清楚這個新門派在幹啥，有用沒用，真的不難！舊門派也是一樣，老狗玩不出新把戲，不就那些元素的排列組合，或重新定義，真沒什麼了不起的學問。

明清以後所創的風水門派幾乎都是如此，你現在在坊間遇到的那些風水流派：玄空、六法、紫白、八宅、大卦、九星、後天、三元納氣、金鎖玉關、乾坤國寶、後天派………，都是羅盤發明以後出來的門派，學這些就會失去風水的基礎功夫~~~巒頭，甚至很多故意曲解的巒頭解釋，我親自處理過的被這些門派害慘的人家，真的罄竹難書，絕無誇言。

其實，資深一些的風水老師都有創新門派的功夫，因爲並不難，但多數人不會真的去做，爲什麼？害人太多太久，因果太重，擔當不起啊！爲了區區二、三十年享受，賠上不知多少輩子，划算嗎？！

台灣風水界的前輩曾子南，玄空法的大師，在台授徒無數，也是賺最多風水財的人，生前爲自己點葬的墓穴，在台中市先施公墓，後不知何故爲後人遷走，原壙改作爲一個紀念碑。

☪ 東勢中嵙，五子皆博士，家族興旺

☞**劉伯溫《龍穴砂水歌》**：何用九星並八卦。生旺死絕皆虛說。

述比一篇其口訣。讀者胸中須透徹。

莫惑時人卦例言。禍福有無當自別。

☞**正文**：

「宰相有權能割地，孤臣無力可回天；扁舟去作鴟夷子，回首河山意黯然。」甲午戰爭後清廷把台灣割讓給日本，台灣遂成爲日本的殖民地，當時許多台灣的仕紳領袖，起而團結人民抵抗日本的佔領，其中最爲大家知曉的就是丘逢甲。

筆者不是要研究丘氏的歷史，而是要探討丘氏在台中東勢中嵙的祖墳，丘氏一族在當時是中部旺族，富有一方，丘逢甲母墳即在此地，有人云丘氏因此墳而興旺，那是戲言，因爲在丘逢甲之前丘氏家族早就興旺了，丘逢甲並非因爲母墳而成名。

也有人云因爲丘逢甲母墳未得該地真穴，所以丘逢甲才當不了台灣國的總統，其實，就算丘逢甲得到真穴也沒有用，因爲大勢不可回，丘逢甲也沒有那個總統命，因爲東勢中嵙的龍局還不到帝王將相的垣局，這個事實看看《雪心賦》或《撼龍經》中相關帝垣的內容就知曉了。

筆者考察過台灣眾多政商名流的祖塋，那些當大官、當總統、當首富的，其實他們家族的祖墳陰陽宅往往也就普普而已。風水只是影響人生因素的一環，並非唯一的因素。否則大家都去學風水就好，好東西都被風水師家人拿走了，可

事實並非如此，千萬別被風水師給誆了。

富貴人家未必風水就是最好，人命還有其它因素！如果拿著這個原則去研究考察風水，一定會得到錯誤答案，許多喜歡事後諸葛的風水師，以此做爲標範來理解及學習風水，恐怕與真相去之甚遠。**筆者親見不少兩光師專找許多政商名人的祖塋，然後把自己與客戶的陰宅做在附近，認為因此就可沾到富貴之氣，但結果是家破人亡.......。呵~風水如果有那麼簡單就好了。**

在台中市東勢區中科，地靈人傑，一門留美五博士，地方上傳爲美談，現在只留下舊基址，已經改爲梨之鄉休閒農業區。

許多風水師往往過度強調風水的影響力與神奇，事實上並非如此，風水當然是重要的，也有其影響力，能夠助人提升運勢，但它只是影響人生的因素之一，這個觀念很重要，明乎此才不會被不肖地師所誆騙。

在東勢中科的同一個垣局中，較之丘氏母墳的更上方處，有一個「梨之鄉休閒農業區」，在這水梨果園的裡面，有一個已經廢棄的陽宅基址，這個陽宅基址是園區主人的一位親戚的陽宅。透過梨之鄉園區主人的敍述，可以清楚的了解到這個廢棄陽宅基址主人一家的興衰事實。

丘逢甲的母墳，有地師說丘氏因此墳而旺，但事實是丘氏一族早在其母之前就已興旺。碑面的金粉是新近後人重新整飭而成，前兩年還沒有。

這個陽宅基址主人生有五個男丁，五個皆是博士，就讀台灣大學醫學系、台大電機……等名校名系，其中有幾位還是雙博士，留學美國名校，家族興旺後都移民美國，於是陽宅就沒有人再居住，因而荒廢下來。這個家族的事蹟在這一帶及中部相當有名，許多風水的愛好者也多聞名，曾有不少人想要透過梨之鄉園主來購買這個廢棄的陽宅基址土地，但因爲該基址爲家族發跡祖地，又爲多人共同持有，而持有人都在國外，所以也只能望洋興嘆，看得到吃不到。

這個地點屬於雪山山脈的尾端，在大甲溪之北，界於大安溪與大甲溪的中間，雪山山脈開始在豐原、東勢一帶落脈結穴。撼龍經：「巨浪是帳帳有杠，杠曲星峰巧如玦，杠星便

是華蓋柄，曲處星峰來作證，證出貪巨祿文廉，武破周而復始定。」龍家穴法，不出窩、鉗、乳、突四字，而九星結作，又各有其形，乃隨龍定穴，但總不離此四字之妙。

雪山山脈在此落脈，千里綿長，此龍正落，本身不帶龍虎砂手，而是借助外護藏其風聚其氣，堂局襟帶水前合，中天出水轉入大甲溪流之中。堂局尚可，但不算週密，只能算是小局，宜乎該戶子孫得有小富小貴。

☞風水的智慧

臉書社團網友問：「有老師可以用奇門遁甲、命理、卜卦、風水“保證”我發財得貴的嗎？」

真的叫做一石激起千層浪，這是風水命理的知名社團，社團人數數萬人，這個帖子一發出來後，整個社團裡的老師就沸騰了，開始有人出來發表“開示”“訓斥”“曉以大義”“理性點”“太貪了”“談因果”…………。

筆者旁觀了一圈覺得好笑，也覺得感嘆。好笑的是這些老師今天終於難得清醒一下，知道那是自己做不到的事（雖然那是他經常跟他的客戶說的話），就恨不得抓出那個不開眼的帖主出來修理，竟然敢來挑釁，而且一下就命中了這些老師們的要害，可惡的是還如此挑明了的講，這種砸人飯碗、罵人騙子的事，當真「是可忍孰不可忍」！

所以呢，各路大師在開示該帖主看清現實、理性一點之餘，彷彿忘了自己平日不就是靠著這一張信口開河的嘴來招財的嗎？忘了自己不就是靠著給“保證”“拍胸膛”來「對我生財」的嗎？

但我相信，各路大師們開示完這白目帖主之後，接下來就會又陷入昏沉，照樣用這一套東西去爲廣大的有緣來佈局測算，告訴案主如何如何就可發財發貴，管它對不對？管它害不害人？銀子才是硬道理！

不免覺得感嘆，感嘆人性的自私自利與愚劣。如前面文章中提到的，風水門派有幾百個，理論技法個個不同，完全相反的也不在少數，稍有理智之人，依常理就知道這其中必藏有見不得人的勾當。而且這些個門派多達數百個，都說能夠為人催貴催富，你能信得下去？更可怕的是連風水師都沒有判斷的能力，因為絕大部份地師不管學了那個門派，都先入為主，為了銀子蠻幹到底，管它害不害人呢！

這一大群能夠為人催貴催富的大師們，理應子女都出拔萃才對，可是看看這個社會的成功人士，有多少他們的父母親或祖輩是風水命理師呢？幾乎是看不到！反倒是五術界人士的子孫大多了了，讀者有注意到這個事實嗎？為什麼會這樣？

這是一個簡單的問題，會造成如此結果的原因只可能有兩個，其一，風水根本是騙人的把戲，所以吉凶如何，都是運氣和機率；其二，99%的風水流派是假的，是不肖前人虛構出來的，真正有用的風水技法與心法少有人知。

後來，發這貼文的帖主，碰了一鼻子灰，也沒有得到答案又惹來一身騷，被各路大師開示了一圈，最後把這貼文收回了。

平日看這些位大師們不時為一些門派之見鬥來鬥去，你說我不對，我說你失真，個個火氣不小，但都同樣拿不出硬道理。難得見到這一次如此團結一致，這位帖主犧牲小我，成全大我，促成社團風水師們團結一次，也算功德無量了。善哉！

獸魂碑~~~凡用地附近曾做過屠宰業，或做過養雞鴨鵝豬場的，不論做陰陽宅址時都要特別注意，要請明師處理清淨，否則易生重大事端。

☞經典幕後之森

明.劉伯溫《龍穴砂水歌》與清.蔣大鴻收錄的《自然水法歌》，實則是同一篇文章，所述的水法精訣與傳統郭.楊的水法一脈相承，這是風水的真學，非理氣家所能理解，靈驗無比。在此將這篇風水的經典真學完整介紹給讀者，這才是真正風水的「部份」面貌。明.劉伯溫《龍穴砂水歌.水訣歌》：

水法最多難盡述。略舉大綱釋迷惑。世傳卦例十數家。
彼吉此凶行不得。自然水法君須記。無非屈曲有情意。
來不欲衝去不直。橫不欲反斜不急。橫須遶抱及灣環。
來則之元去屈曲。澄清渟畜甚為佳。傾瀉急流何有益。
八字分開男女淫。川流三派業將傾。急瀉急流財不聚。
直來直去損人丁。左射長男必遭殃。右射幼子受災傷。
若還水從中心射。中房之子命難長。掃卻羅城子息少。
衝心射脅孤兼寡。反跳人離及退財。捲簾填房與入贅。
澄清出人多俊秀。污濁生子多愚鈍。大江汪洋朝萬頃。
暗扶爵祿食五鼎。池湖凝聚卿相職。汪洋水朝貴可期。
飄飄斜出是桃花。男女荒淫總破家。生人出入好遊蕩。
終朝吹唱逞奢華。屈曲流來秀水湖。定然金榜有名題。
水如流去無妨礙。財豐亦主官高邁。水法不拘去與來。
總須屈曲去仍回。三回五轉來顧穴。悠悠眷戀不忍別。
何用九星並八卦。生旺死絕皆虛說。述比一篇其口訣。
讀者胸中須透徹。莫惑時人卦例言。禍福有無當自別。

這一篇劉伯溫傳下來的《龍穴砂水歌》爲我們指出了一條明路，也指出了在風水水法中的真正方向，而這是傳承自古來的風水真學，而非明清兩代後一堆不肖前人戲創的撈錢理氣流派可比。以下阿璽老師爲讀者們整理出整篇文章的重點，提共給有緣參考學習。

▲《龍穴砂水歌．水訣歌》精華內涵導讀：

一、「世傳卦例千數家。彼吉此凶行不得。自然水法君須記。無非屈曲有情意。」「何用九星並八卦。生旺死絕皆虛說。」

劉氏此篇文章在開頭及結尾都提到了星卦、元運的不可信，以及十二長生法的虛妄，此與清朝.欽天監.博士監正.高大賓及同僚所著的《地理醒世切要辯論》的精神與看法完全相同，直言明.清以來不肖前人所戲創的理氣風水根本上就是不可信又害人造業的把戲，正在學用這些套風水技法的人，若能聽得下去，那是自己的福氣！

二、「自然水法君須記。無非屈曲有情意。」

「來不欲衝去不直。橫不欲反斜不急。」

「橫須遶抱及灣環。來則之元去屈曲。」

「水法不拘去與來。總須屈曲去仍回。

三回五轉來顧穴。悠悠眷戀不忍別。」

有情水法的精神首先就在於來水要曲流緩慢，彎抱著陰陽宅的穴場，而水流橫跨多個卦位是常態，其來與去都要形如之、玄、元字形，彎繞入水與去水。這個理念就與許多理氣門派不相同。「水法不拘去與來」這句，宜接就拆穿了龍門八局先後天水法、三合12長生水法、九星浄陰浄陽水法的謬誤，因爲這幾種水法都要論來水與去水。

其它如玄空、三元納氣、金鎖玉關、紫白……等流派，其吉凶與否，強調的是要在該方位山或卦位出現有水即可，例如玄空講求旺山旺向，那麼在向的卦位只要看到水就可以；又例如金鎖玉關在六白乾方宜見水，那麼只要在戌乾亥三山見到水即可。

至於是由何流來？由何而去？是否曲屈有情？河道大小？水量多少？人工挖造或自然水路？距離遠近如何？水聲有無？瀑布或池塘、湖泊？活水或死水？以上這些相關條件它們是不理會的，完全違背了前賢祖師的提醒。

以常識上來說，只問方位上水之有無，基本上就不合邏輯，連常識都說不通，怎麼可能死水活水、大水小水、距離遠近……其影響力會一樣呢？但這些流派的理論及技法就是如此，披著易經的外衣，漫天扯皮，自欺欺人。

再次提醒：易經≠風水！

易經在實務上做爲一種哲學與文化，是很有作用的，但說要運用在實務上，適用性其實不大，理由前已多有談及，讀者理性思考一下便知。

依這些理氣門派學理，如果此宅宜在北方見水，依學理只要見水即可，但水有大小、遠近、清濁、面積、來去的方位，人工或自然…等等，如果該方位的水是瀑布，整天轟隆隆的，又濕又冷，也要論吉嗎？根本不合常理！

這些流派只是借用古法中“水”的名義，因爲水主財，故而草創流派不能無水，但自然水不好控制、利用及辨認，所以放寬了對水的認定，甚至可以無水造水，挖個水池不就有了，這樣還可以神化風水師的功力，收費可以高上一大截，何樂不爲呢？

三、「傾瀉急流何有益。」「川流三派業將傾。急瀉急流財不聚。直來直去損人丁。」「掃卻羅城子息少。衝心射脅孤兼寡。反跳人離及退財。」「飄飄斜出是桃花。」

這幾句反面說明了怎樣型態的水是凶水，凡水直來直去，氣不能聚，又或水流沖射穴場，水流太近穴場，或是斜飛而過，或未過堂而反跳，都是水之凶者。

這裡面的條件的形成包含了，水的流速、距離、有無過堂、直來直去……等，都將構成凶水的條件。絕對不會如許多理氣門派所講的~~~該方位有水就好。例如金鎖玉關派，要求乾兌艮離四個卦位要見水，卻不分水的吉凶型態，與古賢祖師對水法的要求的全然不合。

政治精算師李登輝子李憲文在台北陽明山的墓塚，碑面黯淡，所葬之地不佳。所題文詞頗有意境，但恰是李登輝一生寫照的反襯，令人感嘆。

☪停車！好！把這塊地買下來！

☞**《協紀辨方書》：**

「“術士”好奇而嗜利，訛言繁興，此以為吉，彼以為凶，自漢褚少孫補《史記》以言之，況又經六代唐宋元明以來，其謬說有不知凡幾。二十四向而神煞盈千，六十甲子而術家盈百，以前民利用之具而成惑世誣民之書，不可不辯也。」

☞**正文：**

佛家說：「善有善報，惡有惡報。」這兩句話看似簡單，但內涵恐怕窮一生之力，都少有人能徹底明白。爲何？因果難明矣！在阿璽師這次要分享的個案裡，案主就是一位非常善良且有情有義的人。也因爲個性相投的原因，案主與阿璽師也成了終身的好友。

這位案主曾經發生一件有趣的事，由此可以略知他的爲人。案主是一間小型建設公司的老闆，專業能力一流，但總缺少那麼一點氣運，所以事業經營多年卻欲振乏力。好幾年前，那段時間案主的事業經營並不順利，每日早出晚歸，勞苦打拚。有天早晨案主要出門時發現不對，原來有一隻小貓竟然躲到他的轎車車頭裡了，案主用盡了方法貓就是不出來，用誘食的也沒用，後來找修車廠人來還是無解，最後，他另外叫車去公司工作。

事情沒完，這隻貓竟從此把車頭當家了，沒人的時候牠會跑出來，見到人就躲回車頭裡，晚上夜深人靜才出來找吃的。這就給案主帶來麻煩了，每天上班都叫車不只麻煩且耗財。但案主竟然就這樣過了一段時間，因爲怕傷害到那隻小貓，再沒有去動過那輛車，把車給那隻可愛的貓兒當家了。

這世界上就是有這樣的人，善良且有情義。讀者諸君會好奇那隻貓後來怎麼了嗎？也許凡事都是一段因緣吧，過了幾個月，小貓長大不少，不知跑何處去了，案主的車子也終於可以發動了。哈~~~

這位案主因爲事業總不順利，找我爲他勘察陽宅，案主家宅有點特別，是由兩戶陽宅打通，兩宅之間僅開了一個門相通，兩宅前面又各自開了大門，坐癸向丁，右方有一條約兩米的灌溉渠道通過，水量飽急，青龍方是稻田，左側宅基整個陷落約一米多深，大門開在離卦的位置，後門開在坎卦，神位的供奉位置不佳……

行家見到前面的敍述，應該就可以準確的斷出這個陽宅會出現何事，而且可以把出事的流年都抓出來，包括對應到的人或事。如果讀者還無法判定會發生何事？以及何年發生？那於風水一道的領悟，還有段很長的路要走。

根據案主的問題，將陽宅前後做了修改，包含神位都重新安過，但並沒有大幅度的拆牆動壁，僅是做了一些異動調整。我跟案主說，運勢很快就可以翻上來，但以後還是要另找理想陽宅，才能維持長久的榮景。果不其然，陽宅調整後一年多的時間內就把千萬元的負債還清，還有積蓄。

案主夫妻真的是很有福報，心性慈悲正義，平日也多做公益，以多年所見，此類人一生雖有挫折坎坷，考驗其心志，增加其生命的韌性，但了卻諸世善惡因緣也算好事。這類善人一朝得遇貴人，很快就能進入發展的正軌。

阿璽老師擇吉日爲東家舉行動土、淨五方煞、及動竅妙儀式，東家在整個工程營造期間能順利。

案主緊記我給的建議，要另找好的陽宅來安居，當手邊小有積蓄後就主動連絡，委託爲他們找房子，或者找地來蓋。接到這個委託，我也是有些壓力，因爲現今社會的住宅環境，想要找到好風水的房子，真的是不容易。阿璽師現在住居在台中，當時找超過50戶的房子才找到合適的。

這時節大概在2016年左右，爲了達成案主交待的任務，找到具有地理優勢條件的陽宅，或者具有好地理條件的土地來興建，接下來一大段時間內，但凡空檔，我都會自己或者與案主一同在宜蘭縣的五結、四結、員山、羅東、三星一帶看地找屋，甚至遠到蘇澳。要找有地理條件的好房或土地，真的不容易，因爲都市城鎮人口太密集，而且地貌破壞得厲害，想要找到好宅，要有耐性。

有一天案主得空又約出門去羅東、五結、員山一帶去找，但是找了半天還是沒有進展，看到的標的都有缺陷。於是案主準備送筆者回宜蘭市，回程時經過五結，車行方向由南向北，剛經過一條河流，我坐在車內不經心的往窗外瀏覽風景，突然見到路旁有一塊土地上插著出售的牌子，我反應過來馬上向案主說道：「麻煩靠邊停車，倒車，好，我們下來看看。」

下車後，我們一行人越過馬路，往出售的土地走去，發現這是一塊三角形的農地，邊緣是早期的小墳地，但現在已經遷移乾淨，難怪地主賣不出去。我四週環境踏勘了一遍，向案主說：「這塊地風水很好，可以把這一塊地買下來。」

「利用寬的這一側蓋房子，尖端那側蓋個小陰廟，把附近遊魂供奉到那裡去，整塊地要徹底淨化過。」

「這塊地風水大吉，旺財又旺丁，蓋好入住運勢很快就會上升，發展愈來愈好。」

真的！有福之人自有有福之路，案主完全信任筆者，就開始依照插牌上留下的號碼打過去連絡，一問之下發現地主是案主的中學同班同學，於是案主就以一個相當便宜的價格，順利的買下這個擁有好風水的吉地。

案主買下這塊土地後，從擇日動土、定分金坐向、淨地、陽宅的內部佈局(前後門、廚房、房間、廁所、神明廳、傢俱…)、庭院佈局、出水、入宅、安香、謝土…，全部都由我來協助或給予建議。

陽宅落成入住後，案主事業發展順利，名利雙收，案主親自對阿璽師說：「以前拚命找案子，託人情送大禮陪應酬，案子都喬不定，現在是案子追著他跑，別人拿案子主動來找，事業翻了幾翻。」「尤其是今年，估計可以拿到十億元的工程案。」

這是最有成就感的案子之一，因爲幫到了值得幫的人，讓善的力量增長，而且結交到一位有情義的好友，案主家裡可都留著客房，阿璽老師若去宜蘭那就是我的落腳處啦！

阿璽老師經常帶領學生戶外教學，足跡走徧全台灣，妙訣傾囊相授。

☞風水的智慧

阿璽老師曰：「台灣撿骨現象普遍，造就一個撿骨行業，如果風水好為什麼要撿？當初的風水師有沒有問題？」

普遍的撿骨現象，間接告訴你：「風水師不可靠！」因為家族不出問題，沒有人會去動祖墳。我觀察這一個現象很久，全台灣大半的公墓都走過，經常看見公墓地裡一個又一個遷墳的土坑，許多祖先仍在墓地的人家，都能發現這個情況。同理，被風水師佈局過的陽宅，出事的也是比比皆是。

而遷墳的原因歸納起來不外以下數種，例如：主家發生人丁凶禍、事業重大失敗、運勢衰頹不振、後代沒前途、祖先託夢、風水師建議、神明指示、統一遷納骨塔方便祭祀 ，政府都市計劃強遷……等等原因，其中最常見的是主家家中出事或運勢衰頹居大多數。

台灣的風水，由中國大陸傳來，眼下許多流行的理氣門派當時尚未興盛，或還沒有出現、例如三元納氣、金鎖玉關、玄空、紫白等當時都還無影無踪呢！

早期來台的都是南方三合派的技法，三合法起源在宋朝，傳入台灣後，在當時的時空之中習者並無選擇，於是三合法就在台灣傳播開來，許多三合法的風水觀念深入人心，例如：開龍門不開虎門、陰宅要坐太師椅、什麼仙命什麼坐向……等。所以，台灣目前大約990%的風水師都是三合派的。

筆者實務上經常碰到三合法的陰宅，被同樣的三合法的老師評斷不好，必須重新啓攢吉葬，這真的是好笑的現象，不只陰宅，陽宅也是同樣現象，哈哈~，不同門派互咬算是合理，你同門派技法還內鬥算怎麼回事？其中內情讀者自己推敲應該就明了。

也就是說，台灣從南到北的公墓有九成是三合派做的，包含靈骨塔位也是。但是全台公墓亂葬崗上又有很大比例都被遷葬，而遷葬費用少則數十萬、數百萬到數千萬都有。奇怪！當初不也是花很多錢蓋起來的嗎？何以過了數年就要換地方重葬或進塔？原因何在？如果家族發展很好，誰閒著沒事會去動祖坟？這個原因讀者粗淺想想就知。

倒果爲因來看，三合派的技法是否存在很大的問題？何以出事遷葬率如此之高？如果你自已是三合法老師，執業長久的時間，有思考過這個現象的原因嗎？還是仍然悶聲發財？風水財如果帶血帶淚，賺多了子孫總會有事的，別不信！

☞經典幕後之森

現在愈來愈多風水師強調一定要配合擇吉良日，才能發揮風水的威力，其實關於這一個答案，在清.乾隆時期的《協紀辨方書》早有明言：「“術士”好奇而嗜利，訛言繁興，此以為吉，彼以為凶，自漢褚少孫補《史記》以言之，況又經六代唐宋元明以來，其謬說有不知凡幾。二十四向而神煞盈千，六十甲子而術家盈百，以前民利用之具而成惑世誣民之書，不可不辯也。」可笑現代這一大群不學無術的風水師，並不知道有這麼一回事，學術研究不精，古文言更加不懂，看的能力都沒有，所以也就無所顧忌的狂吹瞎捧，把擇日的功能捧上了天，只不知道，以後下得來台否？

關於擇日學的玄學學理，無非也是由五行的天干地支變化而來，又融合了奇門遁甲、納音、斗首、十二建除、八卦九宮、廿八星宿……等等，都有他的說詞，吉凶互異的門派也多達十幾個，狀況比風水的理氣亂流也好不了太多。

真的是令人眼花撩亂，但沒有關係，驗證一個事物的真假虛僞，最好的方式就是長期的去觀察它呈現出來的結果。擇日、命理、風水都一樣，才不會被風水騙子、命理騙子給害了。

尤其玄學的東西，基本上就是一些沒憑沒據的道理說詞，說得通但做不通的把戲，所以風水騙子、命理騙子一大堆，所謂「**殺頭的生意有人做，賠錢的生意沒人做。**」而且因爲民俗的關係又定不了罪，使得一大幫不肖之徒以騙人爲生活的資

糧，害人無數。

舉華人最喜歡的「結婚課擇」爲例，擇日學告訴大家要依它的規則來擇日，就可以有很好的啓動點，對日後就會有很大的幫助，甚至就直接告訴你：「選了好婚課以後家庭就會幸福！婚姻白頭偕老。」可是，事實上恰恰相反，**在華人圈裡的兩個主要區域~~~台灣及大陸，正好是全世界離婚率最高的地方！！！**

沒錯！事實就是如此，大陸及台灣分別居全世界離婚率最高的第一及第二名，讀者知道這個事實之後，有什麼想法嗎？**全世界結婚擇日最盛行的地方竟然是全世界離婚率最高的地區！**而這是長期統計的結論，並不是短時間，爲什麼呢？這一些玄學家把擇日說得如此神之又神，玄之又玄，何以結果如此不堪？

從這個事證來看，對於擇日學，幾乎可以直接下結論：「除了少數有理之外，擇日學基本上是一門騙人的學問。」因爲最擅長擇良辰吉日的民族，並沒有因此而強大無敵，事實上反而是被無良的西方帝國壓迫百年，到了我們這一代如果還在這些無益的東西上面打轉，浪費時間與精力，於公於私，有何益處？

擇日學上面有兩大重點，也是民俗上最重視的兩大件事，一是男女的「結婚課」，一是往生者的「葬課」。婚課已經如前討論所述，那麼葬課呢？

同樣的，都說風水能庇蔭子孫，所以要挑一個“良辰吉日”來安葬，這樣就可以讓子孫後代平安富貴吉祥。尤其現在風水界有一個門派開始流行，認爲擇日對了就可以招來富貴，擇日最重要，大陸地區尤多，真的嗎？所以意思是~~~**只要日子擇對了葬在那裡都可以是嗎？那垃場裡行嗎？沼澤地行嗎？...**奇怪就是有人說得出來，也有人聽得下去。

從前文談三合派的文章裡提到，台灣地區的公墓陰宅撿骨遷葬或進塔的機率很高，而其中原因最大佔比就是後代出凶事，或者運勢衰頹，才會去動祖先的坟塋。當初不也都是依通書擇日的嗎？何以又那麼多的蔭屍、撿骨、凶事？

事實上，過去台灣區土葬那麼多，絕大部份人並沒有因此而致富致貴。說得直接一點好了，那些滿口渾話的風水師告訴你這個日子時辰多麼的好，風水收到什麼旺運，多麼符合你的生肖命卦，有什麼吉星照臨，山旺水旺……等等的一大堆，做了可以保佑子孫，帶來種種好處，無非是圖你錢財，賺你高價而已。**觀察一下社會的實況，到底有多高的比例真的因為陰宅而發富發貴了？風水師他自己發達了沒？他的子女呢？**

每個人家裡都有祖坟或祖先靈骨塔位，都是請風水老師來特別挑好時辰的，如果挑良辰吉時做風水就可以富貴，理應至少也有五成以上的成功率，否則就是機率問題，這只是很簡單的道理，國小兒童都懂的邏輯。

但觀諸社會上“較”成功的人士，比例不會超過兩成，真正談得上富貴的，3%不到，爲什麼？每家每戶都有陰宅來保佑，爲何成功率如此低？可見與擇日無關，這種簡單的推理國小學生都會，可惜心若盲了，事實在眼前也視而不見！

再說歐美國家，這些個國家都是沒有擇日觀念的，後代子孫有比較差嗎？離婚率有比我們高嗎？壽命有比我們短嗎？世界富豪排行榜上榜人數有比我們少嗎？

風水師們真的不要再花時間在這些無用的理氣上，更不要拿去搞騙人的勾當。而是合情合理、合乎科學的去研究風水，那才是祖師爺的風水學，也才能爲己爲人造福，讓自己的祖國因自己優勢的文化而壯盛起來，是所至盼。

王永慶祖父母墳在新北市五股區，風水界多認爲王氏因此墳而發達，但細究風水條件恐則未必。證據之一，在此墳左側同坐向之墳，及上方另有同坐向之墳，何以不發？只發了王氏一族。

空拍王氏祖墳的大環境，由圖中可以清晰看出王氏祖墳前方明堂、後方來脈、龍虎護衛方的情勢，熟悉巒頭者，應已察覺形局不符合。

☪ 蝨母仙美人照鏡穴，葬女不葬男，子孫發達

☞ **劉伯溫《龍穴砂水歌》：**

「識龍須識生死訣，不曉生死無定說，

屈曲活動龍之生，粗蠢硬直龍死訣。」

☞ **正文：**

台中市的石岡區，有個風水名墓~~~「美人照鏡」，是由台灣傳奇風水師蝨母仙所點葬。蝨母仙~~~是清乾隆時期台灣中部地區的傳奇風水師，蝨母仙本名姓范，最有名的故事，就是幫助了石岡劉氏子弟劉文進成爲當地旺族。

據說劉文進爲人誠懇踏實，多與人爲善，爲當地人士所讚揚，在偶然間識得蝨母仙後，因其爲人忠厚故與蝨母仙建立起不錯的關係。後來因緣聚合，劉文進祖母仙逝，蝨母仙向劉文進說：「在石岡的金星面有一個好地理，這個穴場如果葬男性，子孫必敗，但如果葬女性，就會庇葬子孫」。

於是，劉文進就將他的祖母葬在這個「美人照鏡」穴。然後，很神奇的是當地的平埔族因故要大舉遷徙，但土地及作物是帶不走的，於是平埔族人就將他們的土地連同作物，以很便宜的價格賣給了劉文進，而劉氏在買進田園之後，不久田地上的莊稼成熟，收成的獲利竟超過當初買地的價格，發了一筆大財。自此之後，劉文進族人一路順遂發展，奉獻鄉里，舖橋造路，事業也愈做愈大，子孫也興旺了起來，成爲了石岡地區的旺族，據說在掃墓時子孫多達八百餘人。這個事蹟也成爲了當地的一個神奇傳說，一代一代傳了下來。

依圖片所示，傳奇風水師蝨母仙的造葬個案，此局白虎高聳，青龍低矮，前水之玄，乃地戶交鎖處，明堂乘金相水，小有吉利，但非正局所在。以蝨母仙功力，應該是得地的緣份不足，大地不得只能取此小地。

因為「美人照鏡」好風水的庇蔭，劉氏族人至今依然興旺，掃墓時多代同堂，人數龐大達數百人，堪稱壯觀。當時蝨母仙在點葬這門墓地時，還曾留下一個預言，說這個墓雖會發達，但第三房子孫人丁不旺，較不發達，後來也的確如此，因此更增加這個名墓的傳奇色彩。但其實這只是很普通的一個斷訣而已，精通巒頭的風水師必定明白原因何在，勘察一下穴場的四勢相關條件就可知。

蝨母仙的傳奇色彩與美人照鏡名墓，日後被三立電視台拍攝成連續劇《蝨母仙傳奇》，延續了這個名穴與蝨母仙的鄉野奇聞。

既知地戶水口交鎖之所在，往內溯尋，逢開陽窩聚之地，四勢俱全，窩鉗乳突皆備，乘金、相水、穴土、印木、暖火，大地自然結作。

☞ 風水的智慧

阿璽老師曰：**「把風水變成你的貴人！但要真，不要假。」**

這句話能達成的人不多，因為中間有不小的阻礙與困難，首先就是要找到真懂風水的老師難，錯誤率 90% 以上；其次，就算有機緣找到良師，但可惜你未必信入，所以也就未必能配合；其三，常會有來自家人、尊長的阻礙。因為將風水斥之為迷信的人不少，尤其是陰宅往往牽涉到不同房份，想調整家族中的陰宅，有它的困難度。由於以上的原因，想把自家風水調整成為自己無形中的貴人，真是談何容易，有福報的人才有這種機會。

在這個社會行走，大家都希望自己擁有貴人，貴人運好的人，做起事情來能得到一些意想不到的助力，尤其遇到困難時有貴人出手相助，就能夠大事化小，小事化無，趨吉避凶。

但是，我們也知道，有貴人固然好，但貴人相助也代表我們要欠下許多的人情債，而人情債是不好還的。還有，即使有貴人，貴人也未必會永遠幫助你，貴人也可能有始無終，甚至貴人也會變成小人，這都是在社會中常看見或聽見的事。也就是說貴人不見得是對你義無反顧，對你永遠忠誠的。

從這個角度來了解，就會知道懂得把風水變成貴人的人，真的要有相當的智慧及眼光，他才會用心的去安排自己家的風水。一旦找到了好的陰陽宅風水，就等同於有了一位甚至是多位的貴人，而這貴人是很忠誠的，你也不必欠人情債，這位風水貴人會一直跟著你，給你許多無形助力。不但是你，你的家族、家人、子息也都會因爲風水得到助力，讓自己的家運、財運、功名、事業能夠比別人順利的發展。而這種結果是無價的，也是用錢買不到的。

所以說有智慧有眼光的人，一定會懂得爲自己營造出無形的優勢條件，這就是風水的力量。

馬來西亞某公墓因連日大雨，造成墓地崩塌，數十個墳被毀。何以如此？喜歡找太師椅的錯誤理論所害。(資料來源：沙巴州亞庇中華工商總會)

☞ 經典幕後之森

劉基是中華歷史上有名的軍師，也是一位大智慧者，他在風水上的造詣是一代宗師。如同他在政治上的成就一樣，他在風水領域也爲後代的子孫指出了一條正確的方向，對照出當前許多理氣風水門派的虛妄。以下介紹劉伯溫《龍穴砂水歌》之《龍訣歌》給大家做一個學習與參照。

▲劉伯溫《龍訣歌》

地理之文繁且多，諸君聽我龍訣歌，雖然微妙不能盡，
大綱大目皆包羅；識龍須識生死訣，不曉生死無定說，
屈曲活動龍之生，粗蠢硬直龍死絶；東扯西拽龍翻身，
分枝劈脈龍砂腳，尖射破碎龍帶煞，歪斜倒側龍丑拙；
無峽無從龍孤單，坦蕩平夷龍放岡，分牙露爪龍尚行，
藏牙縮爪龍己停；天弧天角龍欲渡，蜂腰鶴膝龍己成，
峽脈短細龍束氣，陰陽分受龍結地；直來直出無曲折，
死鰍死鱔不結穴，起不能伏伏不起，次龍怯弱無力矣；
起而即伏伏即起，次龍氣旺力無比；斷而復斷龍脫煞，
穿田渡水龍過峽，中心出脈龍穿帳，尖圓方正龍入相；
貴龍多是穿心出，富龍只從旁生上，兩帳兩幕是真龍，
無帳無幕則成空；帳幕多列貴亦多，一重只是高家翁，
山有雌雄號成龍，誰有雌雄號成穴；世間萬物有雌雄，
單雌單雄不能結，高居為雌低為雄，雌雄合配方成居；
大山脫出小山勢，先雌後雄必結地，龍有變化真莫測，
或顯活隱識不得；勢有祥詐之多端，虛花奇怪君難識，

龍有機關之妙巧，藏蹤閃跡難尋覓；或有喜怒之無常，忽然柔善或剛強，時師不識喜怒體，聞說大言皆笑取；崎嶇險峻龍之怒，涌躍翔舞龍之喜，假龍多是結假穴，假穴人見多喜悅；龍飛左右彎抱過，前賓後主不相照，穴中甚好盡不成，外山外水顯無情；時人愛此花假穴，葬後家財湯潑雪，不知龍身憂帶煞，好笑時師真眼瞎；喜龍專常結怪穴，怪穴人間嫌丑拙，穴拙界合自分明，定有陰陽在其間；不識外山隨來抱，救得房分都一般，龍真穴拙人不識，葬後富貴無休息；不知龍身多帶貴，穴中丑拙有何害，若是真龍上面來，身雖屈曲頂端正；撓棹卻似蜈蚣腳，兩兩成雙相對應，一心一意戀成穴，並不斜側顧穴情；真龍定然有迎送，夾從纏護無空缺，纏護愈多愈有氣，眾山眾水皆會聚；渾如大將座中軍，羅列隊伍皆裝備，若是纏龍側面定，一邊無棹一邊有；頂面常顧正龍身，不散放離閒處行，撓棹向後龍尚去，撓棹向前龍欲往；向前為順向後逆，逆則凶兮順則吉，邊順邊逆房分偏，邊有邊無是護纏；帶倉帶庫是富龍，帶旗帶鼓是貴龍，倉庫旗鼓兩邊有，富貴雙全斷可言；看龍專看龍過峽，峽與穴情一般法，過峽有扛又有護，免被風吹脈背露；過峽無扛又無護，風吹氣散龍虛度，過峽宜短不宜長，長則力弱穴遠顧；過峽宜細不宜粗，粗則氣濁穴模糊，過峽宜狹不宜闊，闊則氣散龍力乏；過峽一線短又細，蜂腰鶴膝束氣聚，束則氣聚方結穴，

束氣不聚亦枉費；硬腰過與仄角中，或者結地猶堪下，

軟腰過者不堪載，氣若無力束不來；要識束氣不束氣，

萬物結果有先蒂，要識結地不結地，請君但看吹響氣；

入氣孔大氣亦散，入氣孔小氣相聚，聚則能響散不響，

方知結地不結地；左右有扛龍虎全，左右無扛無龍虎，

倉庫拱峽則主富，旗鼓拱峽則雲路；倉庫旗鼓兩邊拱，

富貴雙全定不誤，金冠霞帔主女貴，法器鼓笛僧道類；

若是真龍足登雲，天生奇怪占中間，眾山面面皆回顧，

唱嗑排班列兩行；卻有朝山在前面，端然正立若朝參，

天心十道無偏倚，富貴正對面前里；流神屈曲抱尖圓，

應樂枕對出天然，纏護從托辨真假，朝出無從托龍身；

朝山直來身少曲，真龍屈曲不回朝，貪巨武龍富貴局，

旗鼓倉庫相隨逐；金箱玉印面前排，蜂屯蟻聚堆金谷，

冕旒龍定出侯王，四神八將盡歸降；二十八宿皆全備，

千山萬水盡迴環，此歌龍勝疑龍經，熟讀其中意味深，

更加眼力妙精靈，便是郭楊再世生。

▲《龍訣歌》的精華內涵導讀：

一、「地理之文繁且多，諸君聽我龍訣歌，雖然微妙不能盡大綱大目皆包羅。」

劉基在一開頭就明示了這篇文章的要旨，**指出了這篇文章包含了所有風水龍訣的“大根大本”，也就是告訴學者，文章中的風水精華是風水的真學，是風水學者的方向，文章中所揭示的原則，是“大綱大目”**。由此，學人也可以反推

出，當一個門派的風水技法與此相違背的話，那就可以斷定該門派的理論是有問題的，是不可用的，而這些對許多初學者而言，那是非常重要的觀念。

在此文全篇中，細心又具備基本功夫的讀者，應該已經發現一個現象，那就是現在華人風水圈中最多人談的一些風水觀念如「三元九運」「現在是什麼運？」「配合生肖」「配合命卦」「你是什麼生肖(命)所以要朝什麼向」「內外分金」「生旺墓絕」「淨陰淨陽」「先後天八卦」……都完全沒有談及！！！

這是以祖師級的高度所揭示的風水“大綱大目”，爲何與我們眼下電視、媒體、市場上那些風水師所談所講的東西如此不同？到底出了什麼事？爲什麼？讀者有興趣就去找找葬經、雪心賦、疑龍經、撼龍經、龍穴砂水歌、地理醒世切要辨論………等書參閱，便可明瞭風水界的一筆糊塗帳。

理氣門派的「公式化風水」，是風水發展上的一個歧路，配合著羅盤的發明與錯誤運用，整個風水技法與學理錯到天涯海角去了。也因此事實可見的是，都說風水師可以助人富貴發達，但風水師您自己呢？您的下一代呢？如果連自己都搞不順，是不是該反過來思考一下自己所學所用的東西是否有問題？而不該自我感覺良好，照搬你老師教你的那一套，或者自認爲慈悲助人用風水與人結緣，助人避凶趨吉，但實際上卻是在害人，縱使不是故意爲之，但害到人總是事實。

之所要這樣說，實在是看太多了，多到忍不住要出來爲這一個狀況做點什麼，才不負我窮今生之力投身在這個專業之上，也真心願意爲這個領域的有緣人留下一些美好，給後學有緣之人一條明路、一個方向。

要做一位有良知、有真知的風水師！！！

理氣門派的「公式化風水」幾乎與此都是相背的，只要用點心對照一下不難得知。而那死抱理氣不放的人，無非是利益難捨、基礎不足與先入爲主導致。

二、「識龍須識生死訣，不曉生死無定說，屈曲活動龍之，粗蠢硬直龍死絕。」

「尖射破碎龍帶煞，歪斜倒側龍丑拙」

「起而即伏伏即起，次龍氣旺力無比。」

「斷而復斷龍脫煞，穿田渡水龍過峽，中心出脈龍穿帳 。」

「直來直出無曲折，死鰍死鱔不結穴。」

「世間萬物有雌雄，單雌單雄不能結，高居為雌低為雄；雌雄合配方成居。」

「真龍定然有迎送，夾從纏護無空缺，纏護愈多愈有氣，眾山眾水皆會聚」

「過峽一線短又細，蜂腰鶴膝束氣聚，束則氣聚方結穴」

「看龍專看龍過峽，峽與穴情一般法，過峽有扛又有護，免被風吹脈背露」……………………………

《龍訣歌》雖短，但的的確確把尋龍點穴的精要大綱大目都揭示出來了，在文中段落裡，劉基一句一句的把辨認龍脈龍穴的觀念與技巧說清楚了。歸納起來可以用三句口訣來統合。

1、**藏風聚氣**。風水典籍多如牛毛，有真有僞，但千經萬論都不違背此訣。不管陰陽接到什麼旺運，符合什麼旺山旺向，符合東主的命卦或生肖或分金、爻度，先後天位……，如果八方風吹，《葬經》「氣乘風則散」，那麼就是不吉之宅，其它的理氣條件再好，也是枉然，日後坎坷不斷。

那麼該如何才能藏風聚氣呢？「龍飛左右灣抱過，前賓後主來相照」「過峽無扛又無護，風吹氣散龍虛度」「真龍定然有迎送，夾從纏護無空缺，纏護愈多愈有氣，眾山眾水皆會聚」「過峽有扛又有護，免被風吹脈背露」「渾如大將座中軍，羅列隊伍皆裝備」「帳幕多列貴亦多，一重只是高家翁，山有雌雄號成龍，誰有雌雄號成穴」…………

以上都是說的「藏風聚氣」的效果與重要性。左青龍、右白虎、前朱雀、後玄武，稱做「四勢」或「四獸」，四勢週全，圍合周密，平夷如掌，整個龍穴形如一個雷達，四面高而中間低，氣聚窩心，配合其它條件，就會形成絕佳的風水寶地。

2、**正穩平衡**。「天心十道無偏倚，當中正對明堂里」「倉庫旗鼓兩邊有，富貴雙全斷可言」「向前為順向後逆，逆則凶兮順則吉，邊順邊逆房分偏，邊有邊無是護纏」「中心出脈龍穿帳，尖圓方正龍入相」「若是纏龍側面定，一邊無棹一邊有」「真龍定然有迎送，夾從纏護無空缺，纏護愈多愈有氣，眾山眾水皆會聚」「向前為順向後逆，逆則凶兮順則吉，邊順邊逆房分偏，邊有邊無是護纏」「左右有扛龍虎全，左右無扛無龍虎」「若是真龍足登雲，天生奇怪占中間，眾山面面皆回顧，唱嗑排班列兩行」「四神八將盡歸降；二十八宿皆全備」…。

風水學的哲理是依據中華文化中「天人合一」的宇宙觀而來，自古以來中華民族的前賢就認爲人秉天地之氣而生而死，生命中的一切都與天地息息相關，這雖是一種哲學觀點，但事實也是如此。所有物種都是適應環境演變而來，接受了地球環境的生態條件，從而建構了種種生命的形態。

我們人類的精神與軀體，要能自在的生活在地球上，該如何與這個環境相處呢？答案就是「平衡」！世間萬物無非陰陽，前後、左右、上下、內外、虛實、男女…………無非陰陽，而陰陽之道無非「平衡」，這也是所有生物賴以生存的根本，要跟自然環境取得一種「平衡」。例如大部生物的存活空間都要落在水與陸地的交界地帶，不能在高空、高山、沙漠、地心………，甚至是外太空，失去平衡的結果就會生去生命的憑藉。

風水學的前輩在數千年前就已經知道這個道理，所以好的風水必定注意穴場的前後、左右、上下、八方的相應環境平衡和諧，**這其中的和諧不只限於肉眼可見的形體，還包括不可見的氣流、溫度、濕度、光線、氣味、聲音………等等重要條件。**這些條件只要一個發生較大的問題，任你理氣再好，旺山旺向、合命卦生肖、元運亨通、先天後天、廿四山卦位…，你都要搬家大吉，否則就難避免衰頹的下場！

舉例言，陽宅附近有垃圾場，臭氣薰天；陽宅附近有高分貝的工廠、機場、火車……的躁音；陽宅的地基太軟，蓋在河邊淤積地上、塡土的沼澤地上、沖刷的河岸邊…，太多太多這樣的實例，因此而肇生凶禍……。所以正穩平衡的風水觀念與技巧運用，真非常重要，執著九宮格的理氣公式，玩命卦生肖的合與不合，廿四山方位的吉或凶，先後天位…這些是風水的枝微末節，參考則可，不宜本末倒置！！

多交待一句，風水有“正穩平衡”、“不穩平衡”，“隨機平衡”、變化複雜多端，要得明師指點才能真正通透。

3、**辨假識真**。「東扯西拽龍翻身，分枝劈脈龍砂腳，尖射破碎龍帶煞，歪斜倒側龍丑拙」

「直來直出無曲折，死鰍死鱔不結穴，起不能伏伏不起，次龍怯弱無力矣」

「山有雌雄號成龍，誰有雌雄號成穴；世間萬物有雌雄，單雌單雄不能結」「龍有變化真莫測，或顯活隱識不得」「勢有祥詐之多端，虛花奇怪君難識」

「龍有機關之妙巧，藏蹤閃跡難尋覓」「或有喜怒之無常，忽然柔善或剛強，時師不識喜怒體，聞說大言皆笑取」

「假龍多是結假穴，假穴人見多喜悅」「時人愛此花假穴，葬後家財湯潑雪，不知龍身憂帶煞，好笑時師真眼瞎」

「喜龍專常結怪穴，怪穴人間嫌丑拙，穴拙界合自分明，定有陰陽在其間」

「看龍專看龍過峽，峽與穴情一般法，過峽有扛又有護，免被風吹脈背露；過峽無扛又無護，風吹氣散龍虛度」

「萬物結果有先蒂，要識結地不結地，請君但看吹響氣；入氣孔大氣亦散，入氣孔小氣相聚，聚則能響散不響，方知結地不結地」

《龍訣歌》內容很珍貴，但也有一個壞處，就是寫作邏輯上跳來跳去，較沒有一個系統。全段章寫得十分深入，但卻沒有一個比較好的分類，讓後學之人有一個較好的入手處，是這一篇文章的可惜之處，但也能理解前賢的心意苦衷，法傳有緣也。

風水上有一句很傳神的話「三年尋龍，十年點地」，走遍千山萬水何以尋龍點穴竟然還如此之難呢？未必是師父不肯教，而是當中的學問太難，這也是後來「**理氣歪樓風水**」大行其道的原因，既可以套公式，又可以省去萬里千山的跋涉之苦，只要再輕輕扯上“易經九宮”“河圖洛書”這張虎皮，要來騙騙一堆門外漢，那幾乎是手到擒來的事，這是事實，是風水界的普遍現象。

題外話，寫這本書，大概要被同行罵慘了，但是就是，非就非，我也說不出兩樣話來。只希望後來的學者及消費者，能有機緣看到一本書，並且從中得到我一生的經驗心得，與祖師留下的指導，不再為風水的騙術所欺所害。

《龍訣歌》中用了不少的字句來教導學者如何求真辨偽，從龍的落脈方式，左右青龍白虎砂手的纏護，朱雀朝案的呈現型態，都詳實的介紹。一方面使學人了解正確的形態該是如何，一方面也反向點出常見的錯誤山形，指出假龍假穴的成因，這些都是十分珍貴的。當然，真正理解文句要配合實地的走訪勘察，積年月之功，就可以真正成爲一位風水達人。

千萬不要成爲那種「黑板派、教室派」的風水師，畫九宮格、湊生肖、先後天…………看風水，那就真的害人害已了！

苗栗縣通霄鵝地，傳奇風水師蝨母仙的另一個有名個案，此局四勢包覆完整，藏風聚氣，三百年前的墳了，依然恢弘大氣，至今子孫綿延眾多，且多有成就，實屬不易，也由是看出蝨母仙功力確實是讚。

☪ 精神分裂，從走不出家門到可以上班

☞《四庫全書總目提要.數術類》：「術數之興，多在秦、漢以後。要其旨，不出乎陰陽五行，生克制化……。今參驗古書，旁稽近法，析而別之者三，曰相宅相墓，曰占卜，曰命書相書。並而合之者一，曰“陰陽五行”。…其餘則皆百偽一真，遞相煽動。……故悠謬之談，彌變彌夥耳。」

☞ **正文：**

接下來的這個案子，在大約2018年，地點是台中的大里。案主從事餐飲業，事業算得上平順，雖非大發但也還可以，陽宅有點問題，但不算嚴重，打個總分吧，還算得上是及格的。

問題出在案主的娘家，案主約去勘察他娘家的陽宅風水。那是一戶老式公寓的三樓，勘察完後，我臉色凝重的跟案主說：「這個房子外面有反弓的煞氣進來，白虎方卦位主損女性，而且很巧合的，在相應的位置上大開的落地門剛好開在會招陰煞的位置，會干擾家人的思維，嚴重者有精神問題。」

案主及其母都在現場，聽見我如此的斷言，當場都嚇了一跳，案主說：「兩年前父親過逝後，不知道為什麼妹妹就時常胡言亂語，也會看見一些不乾淨的東西，後來狀況愈嚴重，沒有辦法正常上班工作，甚至不能單獨出門。林老師，有辦法解決嗎？」

我回答：**「可以。」**直接吩咐案主如何調整，把落地門窗整個封住，並用櫃子擋住出入的通道口。

過了一個多月，接到案主的來電，很感謝的說妹妹已經改善很多，現在可以正常生活，而且回去上班工作了。同時案主也到阿璽師的臉書留言道謝。

能幫到值得幫的人，這是風水師最開心的時刻，比什麼都有價值，這就是一位風水師存在的意義。

「**風水是真的，風水師是假的。**」信哉！在台灣風水界裡流行一包話閩南話：「**地理師不是瞎，就是婊。**」其實又何獨風水界，各領域皆然，只是因爲性質的不同表現方式有差異罷了。玄學五術相形於傳統學術較爲簡單，只要編得通，不講究有憑有據的技術，當然是江湖郎中最容易下手的標的，尤其扯上個“易經”“河圖、洛書、九宮”，那還不騙得連自己都入戲了。雖然台灣警政單位抓走了幾個長年在有線電視行騙的風水命理師，但還是有一大堆仍掛在電視上，大騙特騙，消費者自己要會分辨。

幸好祖師爺有留下他們的著作，以此按圖索驥，雖不能盡得其意，但至少可以讓我們看清那些唬爛之徒的說詞，這也是我們後學應該盡力的地方。在本書中阿璽老師有引用許多的典籍，這些都是我們應讓去研讀的，期勉共同爲這個寶貴的中華文化盡一份心力，以傳後世。

內部呈現八卦形的中空大樓，在新北市，上面有加蓋子可掀可閉，選購這種建築設計，對住家或辦公單位而言，一定要找專家協助，否則易選到不吉的單位，若爲住家，尤其不吉。

☞ 風水的智慧

阿璽老師曰：

風水＝常識＋科學＋祖師形巒經典＋正五行。

深研古來風水祖師留下的經典與他們的事蹟，以及多年來走遍大江南北，事實與經驗告訴我風水是有用的，利於人居的地方會有助人類的發展，有助於我們生活的安適與順興。

古賢傳下的《葬經》、《雪心賦》、劉伯溫的《龍穴砂水歌》、楊筠松的《疑龍經》《撼龍經》、余象斗的《統一全書》………等，對風水學理都有很深入且具體的闡述，放大來看可以安邦定國，縮小來看可以樂業興家，這是風水真正的根。

歷朝歷代訂定國都是何等大事，應用的方法就是前述古賢傳下來的理念，三代時期「凸岸」「凹岸」的思想，就是現代人所講的「玉帶環腰、彎抱有情」、「反弓」，世界各大文明的起源也難違反我中華風水文化中巒頭水局的看法。

奠基在這個根上發展起來的風水才可靠，也才能長久。歷代祖師也都是在同一基礎上傳承而來。而與其相違背的流派，無非名利之徒的編造，以及後人先入爲主的誤學傳播。

《詩經》中記載周朝先祖公劉如何擇地而讓周朝奠定了發展根基，最後終能推翻殘暴的商紂王而一統天下。《詩經》中記載此段：

篤公劉！于胥斯原，既庶既繁……陟則在巘，復降在原。篤公劉，逝彼百泉，瞻彼溥原，乃陟南岡，乃覯于京……篤公劉，既溥既長，既景乃岡，相其陰陽。觀其流泉，其軍三單，度其濕原。徹田為糧，度其夕陽，豳居允荒。

這首詩歌描繪了周先祖公劉觀察山川，相其陰陽；率領族人遷居到豳建設家園的過程。由此過程中，我們發現公劉所使用的相地法即爲後世所稱「形勢派」的風水技術：尋龍、察砂、觀水、點穴。已經具備基本的風水邏輯，也非常合乎科學與生活經驗。從中也看出，絕無現在理氣風水用的那些三元九運、遊年星、紫白九星、生肖命卦、先後天位……等。

值得反思與一提的是，前人訂定國都是絕對不會去看什麼三元九運、二元八運、生肖命卦、大小遊年星、紫白九星、淨陰淨陽、十二長生水、先後天位......。今人搭著“易經”的虎皮玩這一套東西，不免顯得自欺欺人思慮欠週。

▲ 風 水 = 科學 + 常識 + 祖師形巒經典 + 正五行八卦。

風水學內容複雜，包羅萬象，但也決不是雜七雜八的歪理可以進來爛芋充數，以下阿璽老師分別說明之，讓大家對風水學有一個正確且深入認識。

一、科學

曾經台北有一棟大樓叫東星大樓，裡面有上百住戶，在1999年時台灣發生921大地震，強度七級，台中約六級，台北則爲四級。東星大樓舊樓由宏程建設委託大林建築師事務所設計、鴻固營造負責施工，建於1982年，落成於1984年，總樓層爲地上12層、地下2層，樓板面積3412坪，用途則爲住商混合。(以上資料來自維基百科)

1999年9月21日台灣發生921地震，臺北市震災以東星大樓崩塌事件最爲嚴重。東星大樓於地震後，大樓各層嚴重擠壓崩塌，共造成87人死亡，是此前全臺灣傷亡最嚴重的建築物崩塌災難。事後，台北市土木技師公會鑑定倒塌主因有三：

1、各樓層重量少算約10%至15%，屋頂未計入屋突構造重量，少算約35%，地面以上建築物總重量少算約18%，低估了地震水平橫力。

2、柱與樑構材設計未依法規做足夠的載重組合，低估了斷面設計所需臨界軸力及彎矩，使構材強度不足。

3、柱與樑構材剪應力強度及剪力鋼筋未依《建築技術規則》「構造篇」第444條規定核算與設計，剪應力強度及基本圍束功能不足，故受到外力作用時，即可能發生脆性破壞之潛在危險。

再例~

1950年代台灣西南沿海布袋、北門、義竹、學甲一帶，眾多居民罹患「烏腳病」，造成很多人雙腳截肢，研究發現念飲用的水中含有較高濃度的“砷”。

1990年6月，花蓮縣秀林鄉銅門滅村事件，因歐菲莉颱風侵襲，導致山崩土石流發生，造成36人死亡。

1997年夏天，台灣汐止林肯大郡社區，因爲建商超挖山坡，是年遭逢颱風侵襲，發生土石流，數十住戶被沖毀掩埋，28人喪生……

2004年7月，連日豪雨重創南投仁愛鄉，主要對外聯絡的埔霧公路沿途都是慘遭土石掩埋的民宅，多人遭到活埋。

2004年7月，台中谷關溫泉區，因河水沖刷，多間飯店被水沖走……

2008年，辛樂克颱風重創南投廬山溫泉區，造成嚴重走山，引發土石流。廬山溫泉區準備撤區，將搬到埔里建村。

2009年屏東、台東交界山區豪雨不斷，知本溪連兩天濁浪滔滔，路邊的十間商店全部被沖進溪裡，六層樓的金帥飯店因地基掏空倒塌……

2009年8月8日，莫拉克颱風侵龍，高雄市甲仙鄉小林村滅村事件，溪水暴漲土石崩流，計491人死亡。

台灣的麥寮與汐止的高壓電塔比例最高，台灣的高壓電的毫高絲遠高於國外，有居民不斷抗議罹患癌症比例遠高於其它區域……

台灣風俗買屋建屋都會找風水師協助，爲其找到吉利的陽宅，上述的東星大樓、仁愛鄉住戶、廬山住戶、台東金帥飯店……，都是經由風水師認可的，要嘛合乎元運，要嘛合乎生肖命卦、十二長生法、方位………，問題是他們忽略了建築學、地質學、水利學的問題，當初協助選宅的風水老師們，收了那些紅包潤金，卻害了這麼多人，真的很可怕。

■各位風水大師們：**以上的這些住居慘劇是九宮八卦、廿四山方位、三元九運、生肖年命、淨陰淨陽、長生祿旺、納旺運氣、吉星交會、先後天位、河圖、洛書、384爻………等等理論可以解決的嗎？**

風水師不須要成爲建築師、地質學家、水利學家，但基本觀念及認識不能不知，否則這些慘劇就可能再重演。當風水師父們在口沫橫飛的大談元運、生肖、命卦、九星、遊年星、淨陰淨陽、廿四山、先後天位、384爻……等等的時候，認爲這些東西就能爲大家創造富貴旺運的時候，**要理解“科學"這關過不了，就不要談什麼風水地理了。**

二、常識

常識其實也是科學的一部份，許多學風水的人喜歡用一些玄玄秘秘的東西來唬弄人，這種狀況多到泛濫，不客氣的講：**那些在電視上夸夸而談命理風水民俗的電視名師們，為了節目的收視率，真的是什麼鬼話都扯得出來。**個個人模人樣光鮮亮麗，所教的觀念卻是錯誤連篇害人不淺，實話實說，奉勸同行小心後報，爲了區區幾十年小名小利，划不來。

例1：電視名師們都說陽宅邊間最好，通風採光最好，而中間那一戶挑兩邊最不利，憑什麼這樣講？

自古以來風水講究左青龍、右白虎，既然是有左有右，那麼你自己的位置在那裡呢？當然是中間！這很難懂嗎？偏偏這種錯誤觀念已經深入人心，真是誤人。中間爲什麼才是最好的，因爲風水的最高指導原則是~~~藏風聚氣、正穩平衡。在中間有左右的保護，才有可能藏風聚氣，才會正穩平衡。邊間的房子雖然通風及採光有可能比較好，但通風採光只是風水的一小部份，不代表通風採光好等同於風水好。邊間的房子不是缺龍邊就是缺虎邊，風水學上稱為「龍斷」或「虎斷」，與正穩平衡違背，這只是淺顯的道理，但已經成為普遍認知，媒體力量真的很可怕！

講科學一點，邊間的房子必須承受更多的風吹雨打日晒，及冷熱濕氣侵襲，所以邊間的牆壁最容易壞掉、長壁癌、受潮、裝潢脫落發霉、鋼筋鏽蝕、風雨潑入、溫差變化較大…等，老人小孩及體弱者房間在邊間上，因為霉菌多、寒流酷暑溫度變化大易生病，這在溫帶、副熱帶氣候地區的陽宅尤其如此，瞭解到這裡的電視名師們還敢說邊間比較好嗎？

問題是經過多年來電視名師們的錯誤教育，這幾乎已經成為了風水常識，真的害人不淺，寫這本書實話實說，就是希望能讓有緣人不再受害。

例 2：養雞場、養豬場、養鴨場、墳場用地不可以作陽宅用地使用。

在曾經做過以上用途的土地，千萬不要蓋陽宅，不管是自住，當公司、工廠，或者是公私團體運作機構，都不適合。因為在這種土地上曾經埋葬過成千上萬的死亡生靈，陰煞之氣很重，不必學過風水的人也知道不能用，除非有特別厲害的高人處理過，否則都要避之大吉。

偏偏那些愛玩理氣的流派，它們重視的是合不合理氣公式，例如有沒有旺山旺向？有沒有淨陰淨陽？有沒有長生帝旺水來？有沒有符合命卦生肖？有沒有合廿四砂水？有沒有納到元運旺氣？有沒有吉星交會？有沒有收先後天水…………所以很容易去忽略這土地上曾經的用途，因為你不懂的就不會去注意。一旦蓋陽宅住了進去，就算你符合理氣公式，阿璽師保證你家宅不寧禍患不斷，這種案例並不少見，重疾瘋癲破財都不在話下。

例3：「山上風大，不適人居」，「高處不勝寒」，這是常識。

以前老輩人家雖沒學過風水，也都知道選擇陽宅住家要選擇氣候溫暖宜人的地方，而避開風大寒冷的所在。先賢也提過擇居必須「高不鬥煞，低不犯冷，閃不離脈」，所謂「高不鬥煞」就是指陽宅位置不宜太高。

可現在好了，許多陰宅、陽宅的選址偏偏選在山頂上或高樓層的地方。更有趣的是，大樓高樓層的單位愈高愈貴，每高一層樓的單價還要多出許多，一戶買下來就會因為高一層樓而多支付平均十萬元以上的價金。

為什麼呢？因為大家認為樓層高視野風景好，寧願多付出一些錢來買風景。可惜的是**「風景≠風水」**，在考量當地環境的平衡後，樓層達到一定高度以上，就會產生一些相應的問題，例如溫度、濕度、風切聲…。但一般風水老師只圖符合理氣公式，那管你大環境條件。**尤其風水老師帶人成交後，行規是可以因為成交金額而向仲介抽取一筆佣金或紅包的，那當然是單價愈高愈好了，有利可圖之下，還有多少風水師能真正為客戶挑出有利的陽宅呢？**

舉例4：「通風採光要良好，客廳要明亮，臥室光線要柔和。」

關於這點我想連小孩都知道吧！可以實際上就有不少風水老師佈局出來的陽宅，通風不佳，室內光線陰暗。讀者一定覺得怎麼可能呢？這不是常識嗎？可事實上就是如此。

實務上，遇到不少同行處理過的個案，有不少案例真的很離譜，太過迷信自己門派的理氣公式，真的會忽略掉普通常識性的東西。

2020年筆者曾在台中地區幫一位做水電包工的客戶勘察風水，這位東家因為運勢衰頹找過某知名的風水老師為其調整風水，收費高昂，可是幾年過了還是不見起色。後來因為客戶轉介紹，有緣接觸到這個案，去勘察後真的吃驚到。

來到該東主的陽宅，一踏進屋內就發現伸手不見五指，不開燈的話大白天也是黑漆漆一片，室內充滿著一股霉味及怪氣。宅主全家住在此處，全家人都出問題，事業、婚姻、財運、健康，沒有一個好的。

當初的知名風水師為何會佈局出這樣的陽宅呢？連採光都沒有，裡面霉菌細菌滋生，光符合生肖、命卦、元運、方位就可以嗎？「**本末倒置、常識都欠**」就是筆者對這些理氣派風水的評語，找到這類的風水老師去學習或佈局，那就自求多福了。也終於明白~~~要碰到好老師真的須要福報才行。

以上只是聊舉普通實例來談，常識的包含範圍很廣，許多不起眼的普通常識，往往都十分重要，例如前述提到的通風、採光、氣味、地質、氣候、火山…………等等都是，甚至建商的商譽品質、建築師的風評都要去注意。看風水如果只會在紙上畫九宮格看吉凶，只重視方位，卻連常識都欠，這樣的風水師是不合格的，很容易就害到人。

三、祖師形巒經典

風水是一門實用的科學，在古代因爲科學不昌明，無法全部以科學理論來解釋，但它並非不科學，更不能以玄學來概括風水學的全部。這些從古代人都邑城村選址的考古研究裡，就可以清楚的知道。在考古研究發現中，都邑城村的營造及選址靠的並不是那些九宮八卦、三元九運、廿四山……等來選定位址，而是要視察整體山川大地情勢的考量。

因此，考古學家在判斷一個地區會不會有古城鎮、古村落、帝王墳塚……等等時，實際上考量的就是當地的自然環境，好比考古學家在找尋考古遺址時，凸岸的台地比較容易找到古聚落遺址，而凹岸就不會有古聚落遺址。而非依據「易經」「河洛」「元運」「生肖」「八卦」…的那些理氣理論。

例如，在選定一個堡壘要塞時，最好就是後有高山峻嶺爲靠，使敵人不能迂迴由後方攻擊，且前有天險阻卻或河道橫攔，這樣就會成爲一個易守難攻的城池，百姓可以安居樂業。

讀者能夠想像古人城鎮都邑風水選址考慮的會是現在風水師講究的要得什麼運？朝什麼向？年星宅星配合否？合不合城主生肖命卦否？先天後天？……這一些亂七八糟的東

西嗎？以上例而言，理氣風水師很容易就選出一個「面山背水」的城堡，這有將軍敢來守城嗎？鄉邑的發展能養活人口嗎？國家的邊防能用這些理氣術來當選擇標準嗎？

華人都看過三國演義這本名著，書中提到很多都城要塞，其作爲城堡或國都，考慮的都不是那些易經九宮八卦的東西，其經營或攻防的要點也都是山川大地的情勢。

不要被「玄學」這兩個字誤導了，以為玄學就可以不管科學，不管常識，不管邏輯合不合理，就可以亂七八糟的胡編亂造。風水學要很重視科學及常識！這一關沒過，光講那些易經、九宮、八卦、河圖、洛書的理氣有什麼用呢？害人而已。

中華風水五千年以上的發展有其脈絡，都有史實經典留存。郭、楊、劉祖師風水精神躍然紙上，他們的風水理路一脈相承，皆不離山川大地情勢，以此作爲陰陽宅的選擇標準。筆者的著作大量引用祖師真言，讀者可以細心體會。雖然古風水文言有其深奧之處，但皇天不負苦心人，能找對方向痛下苦功，自然成就一代明師，爲人排難解憂不在話下。

▲五行的天人合一觀

五行	五方	五季	五色	五音	五氣	五數	五味	五臟	五官	形體	情志
木	東	春	青	角	風	三	酸	肝	目	筋骨	怒
火	南	夏	赤	徵	暑	二	苦	心	舌	脈	喜
土	中	長夏	黃	宮	濕	五	甘	脾	口	肉	思
金	西	秋	白	商	燥	四	辛	肺	鼻	皮毛	悲
水	北	冬	黑	羽	寒	一	鹹	腎	耳	骨髓	恐

四、「**正體五行**」不可忽略

華人都知道「五行」，也都曉得五行是金、木、水、火、土五種動能，所謂的「行」是指變動，五行是指自然界五種變化不停的能量。事實上，五行是中華文化中「天人合一」境界的具體落實與表現，先哲以五行推衍人世間的萬事萬物，與我們的生活習習相關，不只食、衣、住、行、育、樂，連建築、中醫、藝術、心理學、爲人處世、修煉、養生、曆法、時間、空間、軍事、工藝、農耕…………都與此結合一體。以下列一張表格給大家說明，讀者自可一目瞭然。

如上圖表列的，不管從廣義的角度來看，還是從狹義的角度，五行是中華文化的根源，同時也是玄學數術的基石。我們的中醫學博大精深廣受世界重視，照顧了華族幾千年的身體健康，中醫學理中的肝、心、脾、肺、腎就是正體五行的運用。它結合時間、空間、人事、萬物於一體，說明了中華文化特有的宇宙觀，這是固有文化裡最深最根源的東西。

五行的作用有三種：生、剋、同類。相生又區分生入、生出；相剋又區分剋入、剋出；同類又分陰、陽。所有吉凶皆由此變化生衍而出，好像是人體DNA分裂一樣，一變二，二變四，四變八……以至無窮，非常相似現代科學上的碎形結構。它奠下了中華獨立於世界的優質文化，並傳承至今。

《四庫全書.總目提要.數術類》：「術數之興，多在秦、漢以後。要其旨，不出乎陰陽五行，生克制化。」說的就是上述的道理，這裡面指的「**五行**」就是「**正體五行**」，也是在本節所提到的「**天人合一的五行**」。由此「**正體五行」**(以上簡稱正五行)　的生剋制化就能推衍出人世間萬事萬物的吉凶取向。

然而，五行的演化後來出現許多的偏歧，也就是許多的理氣流派的所謂五行，空有五行之名，而非「正體五行」，只是假借五行之名，但內涵已經脫離甚至是違反了五行的規律。例如：「廿四山五行」「八卦五行」「洪範五行」「雙山五行」「納音五行」「大五行」「遊年星五行」「紫白九星五行」「運星五行」「星宿五行」「百廿分金五行」「卦爻五行」「穿山分金五行」「透地分金五行」「平分分金五行」「盈縮分金五行」「長生五行」「撥砂五行」…………。

在這一些令人眼花瞭亂的五行中，只有小部份的使用尚未偏離正五行太多，尚有其準驗度，但絕大部份已經偏離甚遠，只能自搞一套系統，自圓其說，自定吉凶法則，但已經背離了正五行的根源則是不爭的事實。

例如：三元玄空派、紫白九星派、八宅明鏡派都各有其運星五行、遊年星五行，這些脫離根源的五行，它們的五行內涵都與正五行有異，在技法中有時要論它們自己的生剋吉凶，有時又不論，有時又會把正五行拿來與他們定義的五行生剋，有時又置之一旁，同一位方位竟有多個五行屬性，荒唐至極。

簡單的說，這些理氣流派就是講他們想講的，至於合不合理也不管了。例如八宅法論剋應流年時，以遊年星性五行配合地支三合五行，吉星生氣貪狼木的吉應在亥卯未年，餘類推，遊年星的木去夾纏正五行的木，是為不倫不類，亥卯未年永遠都不會有凶象發生嗎？問題是初學的人怎看得出來？學八宅及運用八宅的人這麼多，到底搞清楚狀況沒有？

其它門派也都如此，好不到那去！！

如震宮屬木，玄空法中當震宮有山星向星五行時，玄空法只管他們的運星五行，但震宮呢？震宮本身沒有五行嗎？為何不論？有些玄空的分支門派也有論的，也有看狀況論的，實話講都沒有什麼道理，全憑「玄學」這把大傘遮起來，否則恐怕丟盡臉面。

反面思維之，如果用這一些自創的風水流派五行套到中醫學上面，可行嗎？肝心脾肺腎會不會亂掉啊？要不要把這五臟六腑也拖到九宮格裡飛一飛用來治病，這會不會醫死人啊？！

以上這些，都是常識，可就是那麼多人被玄學「玄」暈了，以為愈神秘愈奇怪就愈厲害……唉！希望這一本書可以喚醒許多在迷夢中的人，以及那些裝睡不肯醒來的人。

北港朝天宮是台灣規模最大的媽祖信仰中心，廟宇四方都有路沖帶煞，前方北港溪曲流眷戀轉回顧，有情彎抱，正是祖師經典敍述的典型。

☞ 經典幕後之森

《四庫全書總目提要.數術類》：「術數之興，多在秦、漢以後。要其旨，不出乎陰陽五行，生克制化……。今參驗古書，旁稽近法，析而別之者三，曰相宅相墓，曰占卜，曰命書相書。並而合之者一，曰陰陽五行。………，其餘則皆百偽一真，遞相煽動。……故悠謬之談，彌變彌夥耳。」

《四庫全書》是清朝乾隆時期以舉國之力完成的一部巨著，前後歷時九年，是中國最大的一部叢書，編纂者皆乃當代大儒，其嚴謹之處是要傳諸於後世的。

《四庫全書總目提要.數術類》中提到的這一句話「其餘則皆百偽一真，遞相煽動。」相關內容與論點在本書中阿璽老師已經多所闡明，白話一點講，就是直接了當告訴世人：「你學的風水命理卜卦那一套，99% 都是假的，是一群騙子加上傻子以訛傳訛弄出來的局面。」現在學風水命理卜卦的人那麼多，百僞一真，99% 是什麼概念？想要以此爲職業的人，切要用心想想這一個問題。

《四庫全書總目提要.數術類》還有一句話：「故悠謬之談，彌變彌夥耳。」這又說明了現在數術界所呈現出來的真實狀況，新創的門派愈來愈多，錯的也愈來愈離譜。以前還稍要講究些許邏輯理性，不要讓人那麼快看破手腳，現代則已經全然沒有了那些顧忌，就瞎編吧！新瓶舊酒，舊酒新瓶，天干地支、八卦廿四山、三元九運、二元八運、五行生剋、納音納甲、十二長生、先天後天理數、遊年九星、紫白九星、卦爻氣運、各式分金、河圖洛書………，組合來組合去，反正都是玄學，都號稱是易經，都算是民俗文化，不鬧大都沒事的。

而且準度也不錯，因爲人生不如意事十之八九，總之不離財子祿壽，好運好命人總歸是少數，勉強說得通就可以，所以閉門造車創出一個個門派。在這種氛圍下，加上有利可圖，又可裝大師過癮，名利兼收，還有一堆信徒擁護，徒子徒孫一個個的，腦子動得快的人多的是，讀者也可以知道結果會是如何了。

這是事實，代近的創派祖師爺都還在世呢！稍微久點了，頂多也就清初時期，**酒肉凡夫搞的東西，穿上易經玄學的外衣，就可以暢行無阻，反正一般人也挑不出毛病！**

以《四庫全書總目提要.數術類》的箴言，再結合清初欽天監.博士.監正.高大賓等數位宗師著述的《地理醒世切要辯論》一文中的內容，兩相對照，阿璽老師在前書與本書中辨正的那些門派，是真？是僞？相信聰明的讀者自可判斷出虛實。

寫這些評判的見解，不是要否定風水，而是希望風水學能往合乎情理的方向發展，不要爲頑惡之徒所把持操弄成爲騙人的工具，不要用玄學去否定科學與常識常理，那將是風水文化的反發展，有朝一日爲世人所反感唾棄，不只不利於向世界宏揚，而且會害到人。果真如此，那就是我們這一輩風水師的責任了。

這是人身體上的一塊骨頭，在頭顱下方，脊椎的上方，俗稱「觀音座」，像不像是一尊打坐的神祇啊！民俗上建議，長輩若採火化，撿骨時這塊最好不要打碎，要保留下來。

☪ 中和烘爐地八方風吹，為何興旺？

☞《易經。繫辭傳》：「易與天地準，故能彌綸天地之道。仰以觀於天文，俯以察於地理，是故知幽明之故。原始反終，故知死生之說。精氣為物，遊魂為變，是故知鬼神之情狀。」

☞ 正文：

北部地區中和烘爐地的南山福德宮，是台灣三大福德廟之一，另外還有南投竹山的紫南宮，以及屏東車城的福安宮。中和南勢角的南山福德宮，創建於清乾隆二十年（西元1736年），距今大約有260年的歷史，廟內供奉土地公、土地婆、關聖帝君等民間流行的神明。

南山福德廟乃漳州詔安縣呂德進由故鄉背負香火，來台拓墾南勢角時所建，當時呂德進以其名望號召當地的居民共同興建了南山福德宮，成為當地居民的信仰中心，至今已有二百六十年餘年。

而後再次擴建，宏偉的大殿興建在原廟前方，將乾隆年間建造的石造土地廟，保留在正殿後方，也就是說南山福德宮的祖廟是在後方的小廟。因為呂氏在這個地區開懇的早，這附近一帶多為呂家產業，呂氏子孫在此富甲一方，附近的仙公廟、南山觀音寺也都是呂氏家族所興建。

福德宮該址左右兩側，各突出一塊山頭，三足鼎立，狀似烘爐，該廟下方約五十公尺處聳立一塊巨石，地理師稱之為「烘爐之火母」，而烘爐得火母，故能生生不息。

南山福德宮，台灣三大福德廟之一。這張相片可以清楚的看見中和烘爐地玄武方東氣落脈的情形，廟宇喜煞喜清，南山福德宮概皆符合。由地形也可以看見，爲何稱它爲烘爐了。

烘爐地海拔約300公尺，開闊的視野，是觀賞大台北夜景的著名勝地，同時也是北台灣求財最旺的土地公廟，不管假日或平時都香火鼎盛。一進入烘爐山區，巨大的土地公像豎立山頭，高百米，爲東南亞最高的土地公塑像，也象徵了中和烘爐地的土地精神，護佑一方平安。

中和烘爐地由雪山山脈橫波巨浪節節而下，接壤了新北市的中和區、土城區、三峽區，南至桃園大溪，山脈沿著往南上有承天禪寺、及三峽山谷中的行修宮。

這條大脈由台北盆地的東南巽卦方迤邐進入台北盆地的新店區、中和區，新店溪在此被擠推出一個巨形的大彎環，也就是大永和區的位置，正是龍落平洋處。在這個區域附近，結有大地，有適合陰宅、陽宅者，也有適合廟宇者。其中，烘爐地的南山福德宮正是一個區域大廟的福地。

在風水的諸多要件中，做爲廟宇的條件與陰陽宅是相當不同的，廟宇喜歡「**官鬼結成群**」，煞氣集結，所以一般廟宇點

地分金，喜歡坐在大小空亡線上，但陰陽宅則忌之。

廟也喜歡藏風聚氣，但同時祂也不懼高，不懼罡煞，高有清氣靈氣，愈是修行層次高的神靈愈喜高處。在中國古老傳說中，西北乾方高山崑崙正是諸上神的所在。

在古老的中國大地，有很多的廟宇都建立在高山之巔，例如湖南武當山、陝西華山、四川峨嵋山、貴州梵淨山、五峰岭、西藏孜王珠寺……………，以一般風水來看多不符藏風聚氣的要求，但祂們卻偏偏香火鼎盛，名聞遐邇。何以如此呢？看一看中和烘爐地興旺發跡的條件，來龍、束咽、起頂、落脈，四勢形聚，就可以明白箇中奧妙了。但阿璽老師要提醒一下，建廟也不是高就好，四勢條件還要有一定的講究，否則也是一般般而已。

由烘爐地福德廟右前方的觀景台瞭望，可以望見整個台北盆地，彷彿是一個大香爐般，香煙繚繞，眼力好的還可以看出在下方結有龍穴。

☞ 風水的智慧

阿璽老師曰：「風水不是萬靈丹！」

做爲一個專業的風水師，我也想大聲的跟每個人說：「搞好風水就可以搞定一切！」這樣多有面子多風光，而且一定銀子多多，名利雙收。

但事實不是如此，真正的風水對人的確有輔助的作用，但風水並不是決定人生成敗幸福的唯一因素，這在理性上很容易了解，不須要多做說明。可是，現代人真話不愛聽，假話偏愛聽，被電視節目洗腦多了，連淺顯的道理都要費力的解釋才能明白，真不知這社會到底是怎麼了？

筆者用以下幾點來說明，分享給有緣的你一個好觀念，在日後需要佈局陰陽宅風水時不會爲人所欺誑，能真正得到風水的助益而非反受其害。

一命、二運、三風水、四積陰德、五讀書。在我很小的時候就聽過這段話，小時候沒有什麼感覺，只是因爲很順口，所以就記了下來。到現今自己年歲將近花甲，而且從事東方玄學數術的事業，對此話的感受愈加深刻。這句智慧的真言有多重層次的內涵~~~

其一爲命，這是先天因果而來，是較難改變的，正如佛家言：「定業不可轉」。台灣電視圈有一位名師號稱可以幫人改換八字，自己扮上帝以此斂財，視因果爲無物，真的是無知者無畏。有很多位名風水大師，對外都宣傳風水有多神奇，風水好就發，風水差就出事，但結果是自己家裡出了大事，而爲人佈局的風水也都害到東家，卻仍不肯回頭自省，端著大師的高架子下不來，哀哉！

其二為運，**運會流轉變化，結合陰德與努力，遇“緣"改變了，際遇也會因此而變得更好。內懷純善之人，廣行善事，真的可以改善命運的軌跡，就算風水不好也可以轉變過來，這是事實！甚至可以說，心靈風水更勝於實際的風水，不要不信。**

其三風水，風水是這五項影響人生因素中最容易改變的，但風水並不能改換一個人的先天命，只能部份調整，簡單講~~沒有皇帝命，祖先葬在大龍穴也是枉然。台灣地區出過幾位領袖，若以陰陽宅條件而言，他們的風水都是最好的嗎？當然不是！有的還相當不好；同樣的，台灣地區有許多大商人，他們的風水也是都最好的嗎？也未必。

我有許多大富大貴的朋友或客人，論其風水也多是平常，命裡有時，風水平常也得，命裡無時，風水能做到的就是改善調整，並不能翻盤。若碰到滿口胡話吹噓的風水師，把風水吹得神奇無比，主宰一切，那一定是半桶水或騙子，保持一份警覺心才不會上當。

想要找地師改換風水的人須知，以現今社會環境而言，90%以上機率會找到歪樓的風水師，怎麼剋服這個關口，這是自己要去做功課的。

其四積陰德，這是心靈的修行，要存好心，說好話，做好事，長時期堅持放下紅塵的種種執著，敞開心懷，見自己，見天地，見眾生。這是真正改變生命的根本功夫，要長時期甚至多生多世的努力才見全功，但這是生命真正要走的路，能夠早覺醒早行動的人，都要很大的福報。特別一提，做善事改變的是來世的因果，能回應在今生的不多，除非結合了心性修煉，雖不能造命，但大緣既變，則果自然不同。

其五爲讀書，「**萬般皆下品，為讀書高**」，古時候人家想要出人頭地最好的方式就是考取功名，但現今已非如此，讀書代表的是個人的努力程度，努力不一定成功，但努力加上改好風水，再加上積修陰德，今生雖未必大富大貴，但過上好日子，幸福平安，可求而得。

此墳連墓碑都沒有，但它的子孫在台灣可是赫赫有名~~~陳水扁。這個地方談不上任何地理條件，但卻出了總統後代，命乎？風水乎？當然也有不少事後諸葛派的風水師說這是「潛龍」，反正死無對證，由他們掰！不過，要真的是潛龍就不會被抓去關，整個政治前途斷送。

☞ 經典幕後之森

《易經。繫辭傳》：「易與天地準，故能彌綸天地之道。仰以觀於天文，俯以察於地理，故知幽明之故。原始反終，故知死生之說。精氣為物，遊魂為變，是故知鬼神之情狀。」

這段文章有兩個重點，第一個是了解《易經》到底是個什麼東西？與風水到底有沒有關係？第二個是孔夫子到底認爲有沒有鬼神？

先談第一點。對大多數現代華人而言，《易經》幾乎已經等同風水卜卦的代名詞！**《易經》除了風水卜卦這種玄學的用途以外，好像實際生活或科技實務中幾乎是應用不到，所以歐美人不必懂易經也可以活得好好的，甚至科技實力上領先世界，發明各樣各式的定理、定律、機器、電腦、網路………，而且生活水平大致也比較好。**

至於華人圈，《易經》學術備受推崇，講得玄之又玄，神妙無方，包羅萬象。然而不止是西方人視之無物，最後是華人圈的國家教育體制也不買單，教育體制裡國文課教論語、教孟子、教其他的文學，就是不教易經，為什麼？到最後只有少數人或大學中文系靠興趣自學，《易經》只能夠用在玄學這種愛怎麼講就怎麼講，死無對證的東西上，拿來算命看風水，給世上騙徒一碗飯吃，為何是這樣？？？

這個現象真的太有趣，《易經》的原始真面目到底是什麼？阿璽老師老師在三十多歲時就對這件事非常有興趣，後來用了很長的間研究易經，最後把《易經》原文，與《十翼傳》

全部都背下來，一字不漏。沒錯！對於東方的哲學、數術之學我就是這麼的充滿熱情，不疲不厭！

然而《易經》的真面目到底爲何？子曰：「夫易，何為者也？夫易開物成務，冒天下之道，如斯而已者也。是故，聖人以通天下之志，以定天下之業，以斷天下之疑。」

又說：「是故，蓍之德，圓而神；卦之德，方以知；六爻之義，易以貢。聖人以此洗心，退藏於密，吉凶與民同患。神以知來，知以藏往，其孰能與此哉！古之聰明叡知神武而不殺者夫？」

又說：「是以，明於天之道，而察於民之故，是興神物以前民用。聖人以此齋戒，以神明其德夫！是故，闔戶謂之坤；闢戶謂之乾；一闔一闢謂之變；往來不窮謂之通；見乃謂之象；形乃謂之器；制而用之，謂之法；利用出入，民咸用之，謂之神。」

整段的古文看來好像很難理解，其實很簡單，孔夫子指出易經很實用，它的卦與爻是陰陽的道理，陰陽是天道，涵括了有形與無形，可以用來預測未來；同時，人們也可以由此體悟天道的精神，提升自己的智慧與心靈。

注意！這裡面沒有一句詞、沒有一個字提到易經是用來看風水算命的，如果孔子知道後代子孫把易經拆解得這麼細，以此變化組合，發明了數百個風水門派與命理應用，用來博名取利，想必要感慨騙子何其多也！

孔子在《易經.繫辭傳》說：「古者包犧氏之王天下也，

仰則觀象於天，俯則觀法於地，觀鳥獸之文，與地之宜，近取諸身，遠取諸物，於是始作八卦，始通神明之德，以類萬物之情。」

這段“子曰”真的經典，簡單直白，不拐彎抹角，直截了當的告訴大家**《易經》與八卦就是用眼睛觀察、用心體會得來的，同時也是在這個基礎上來應用**。沒有那些三元九運、九宮飛星、生肖命卦、二元八運、納氣理論、廿四山分金……等等“妄想症”“大頭症”的理氣理論的東西，不只讓人眼睛看不懂，用邏輯理性也說不出道理，愈理解愈不通，最後只能抹黑給易經，真是荒謬！

《易經》能用在風水上面的就僅僅是基於“古代人”「仰則觀象於天，俯則觀法於地，觀鳥獸之文，與地之宜，近取諸身，遠取諸物，於是始作八卦」的眼力功夫，而後「以類萬物之情」的應用而已。而這些也就是前章提過的“**八卦正體五行**"的應用，僅此而已。**生活原始荒涼的古代人，光靠著眼睛就能看出現代理氣風水所要的那些三元九運、廿四山、64卦卦爻、廿八星宿、分金、天地人盤、先後天位.........等等嗎？理氣老師們自己想想，可不可能呢？**

蠻荒時代的先人，如何能夠創出必須依賴精密羅盤才能玩得動的理氣風水？易經只是樸素的陰陽原理，沒有那些現代理氣風水家複雜的那一套，這種道理真的很淺啊！

理氣風水師們真的不要腦補得太多，宋明理學家把學術過度推演，尤其是邵雍，搞出一堆玄學名目，成為明清後輩編創流派的基礎，實不可取。其中，蔣大鴻拾用邵雍三元九運理論套在風水，但邵雍又不是風水師，連巒頭都看不懂的純學問家，元運說也不是搞風水的，蔣氏拿「時間的元運說」擴張運用，來套他自創的「空間玄學」理論，合適嗎？紙上作業九宮格湊得來的就可以代表行得通嗎？有經過嚴謹且足夠的實際個案研究嗎？

蔣大鴻氏其實是貪嗔癡慢疑五毒皆全的肉體凡夫而已，並不是什麼仙人，玄空法是他編創出來以後邊做邊修的成果，以致於不同時期學生所學都不同，事實證明害人較多，細節舉證可以參看筆者《**風水有真有假，你知道嗎？**》一書。

而後代學人盲目崇拜易經的結果是愈玩愈偏，後輩徒孫創出「二元八運」打臉蔣仙師的「三元九運」，而且各自內涵也還有差異，元運說的應用搞成上百個分支流派，真是上樑不正下樑歪，有樣學樣，大家一起來玩創意，都說祖師是蔣仙師，但百多個流派技法都有所差異，這是什麼狀況？莫非蔣仙師精神錯亂不成？

九宮挨星法推尊的蔣仙師地下有知，知道他創的玄空挨星法害人如此之多，遺誤如此之大，應該後悔不已吧！可惜晚矣！徒子徒孫們中毒已深，難返矣！

這是常識！不要以為治頭痛有用的藥，就可以治百病，紙上九宮作業排列順當，不代表可以直接拿來套陰宅陽宅與山川大地，《易經》九宮八卦的過度應用就同此理。建議一眾理氣風水家們理性一點看看自己一生所做個案，成功比率有高於1

成以上沒有？自己摸著良心問問吧！還要玩下去嗎？

《易經》是中華文化的瑰寶，陰陽學說是中華文化中最珍貴的一部份，應該珍視且加以宏揚，例如太極拳、八卦掌、中醫、氣功、經脈學說、中草藥學、基礎的正體五行八卦學、中式建築美學、國畫、衣著配飾……。但不經有效的驗證，就憑紙上的編湊就敢拿來指點人佈局及修建陰陽宅，拿人家族的興衰來實驗，那是兒戲！更是害人的手段。

當然，既得利期者怎會輕易放手，這是他吃飯的傢伙啊！當然又會是一番玄學說辭！但阿璽老師還是要留下一條路一個方向，後世有緣之人看到這本書，那麼他就有機會因此走上一條合理正確的路，就有機會可以卓然成家。

《論語·述而》：「子曰：『加我數年，五十以學《易》，可以無大過矣。』」《論語·爲政》夫子又說「五十而知天命」。

《史記·孔子世家》：「假我數年，若是，我於《易》則彬彬矣。」太史公曰：「蓋孔子晚而喜《易》。…夫子老而好《易》，居則在席，行則在囊。」

孔子爲什麼在五十歲以後開始鑽研《易經》呢？

孔子晚年投入大量的時間和精力來整理和研究《易經》，並對《易經》的內涵精闢闡述與延伸，這是他一生學問修持的一大轉變。

孔子在五十歲前後，心靈經歷了一次變化躍升，逐漸從思考人生和政治上，拓展到探究天人道和鬼神。孔子研究《易經》

與其人生際遇有著密切的關係，因爲孔子五十歲前仕途睽違，五十歲後突然來運，出任魯國中都宰，後升司空，旋又擢升爲大司寇，位高權重。然而魯國政壇兇險多變，各種矛盾錯綜複雜，爭鬥激烈。有「陽貨之亂」（定公八年），又有「公山弗擾以費叛變」（定公十二年），政壇幾乎沒有安寧的日子。

面對魯國爾虞我詐複雜交錯的政局，想要有所作爲，而且避免災禍臨身，必須「通天下之志，以定天下之業，以斷天下之疑」。但如何才能擁有如此這般的智慧呢？孔子找到了《易經》，《易經》「窮理盡性以至於命」，孔夫子從中領悟順應天道預測未來的智慧哲理。

在此，各讀者領會到什麼？孔夫子如何應用《易經》的呢？搞風水嗎？當然沒有！夫子是拿來提升生命的境界及智慧的，這點從《易經》的經傳中到處可見證明。

《易經》的應用如是而已，用在玄學或風水上面，真的不要太離譜，畢竟拿別人的身家來玩，因果太大。阿璽師曾親見一位在黑板上學風水僅半年的風水師，就敢出來爲人服務，利用行銷手法，不斷開課教人，臉書拍出來的相片教室裡滿滿的人……。

中醫學的發展可爲風水學發展的借鏡，同樣是陰陽五行八卦的內涵，但中醫學講究實證，講究君臣佐使辯證論治，不偏離正體陰陽五行，不拿病人的生命亂玩，沒有去套九宮格的飛星、十二長生、渾天納甲、納音洪範、三元九運、九星、遊年星這些偏理，所以今日的中醫不只華人使用，全世界先進國家也都接受，並且推廣，現今歐美國家都有針灸師的考照，可爲足證，吾輩風水學人當引爲學習榜樣。

筆者有個好奇，《易經》這書傳之久遠，孔夫子年輕時就有了，那時孔子爲何不去研究它？在《論語》中，孔子對學生講學也從未見孔子傳授《易經》給弟子們。爲何如此？如孔子言，《易經》是如此奧妙高崇的智慧展現，孔子「**十有五而志於學，三十而立，四十而不惑**」，怎麼就漏了這本《易經》？

因爲那時孔夫子對《易經》是看不上眼的，《易經》實質上就是一本卜筮書，而夫子是不講鬼神的，那麼爲何夫子到了五十歲以後變了呢？而且五十以後夫子就「知天命」了呢？答案就在《易經》真正的核心功能上。

《易經》原本是上古時期的占卜之書，「**古者包犧氏之王天下也，幽贊於神明而生蓍(卜筮工具)，參天兩地而倚數，觀變於陰陽而立卦，發揮於剛柔而生爻，和順於道德而理於義，窮理盡性以至於命**」（說卦傳）。可見，《易經》是一部使人們心靈、靈界與天道規律達到和諧統一境界的占卜書，也是心靈的修煉書，這才是易經真正的面目。

▲《易經》裡面沒有一個字提到可以用來看風水。▲

《易經》徹頭尾就是一本卜筮書，再由此體驗延伸到心靈、靈界與天道的智慧！　**風水≠易經**　**！**易經對於風水學的應用而言，僅僅只是小部份的借用，並不能離開「八方時間空間」的正體五行「天人合一」之學，捨去這些而去結合河洛書數、元運、星宿、卦爻、九宮、60甲子……編創一些流派，爲的只是損人利己的名利，這些淺白的世事道理並不難懂。

再談第二點。孔子怎麼看鬼神這件事呢？

《論語》：「子不語，怪力亂神。」

夫子作《易經.繫辭傳》：「原始反終，故知死生之說。精氣為物，遊魂為變，是故知鬼神之情狀。」

由是知，孔子說的是「子不語」而非「子不信」，或「子反對」。在《易經》中孔子運用「卜卦」預測未來事件吉凶，而且孔子還教人如何運用蓍竹來測卦，因此，我敢肯定孔夫子絕對是一位卜卦高手，才會有那麼高深的易學修行領悟。關於這點阿璽師很能同理，因爲我本身研究測卦二十餘年，斷驗之精當，助人之眾，令我領悟很多道理！

筆者弟子中有許多原本在他處學了一二十年、二三十年卜卦的，因爲學不通找到我這裡，半年就通達了，這是口碑事實，絕無誇言。有興趣的可以上youtube或其它網站找阿璽師的易經卜卦專家班來學習，一試就知。

所以，孔子是肯定有鬼神的，而且「知死生之說」「知鬼神之情狀」，更有意思的是~~~

孔子透過《易經》成為一位卜卦絕頂高手！！而不是成為理氣風水師！！

社會上理氣風水家們都要驕傲了，你們做到孔夫子都做不到的事，無中生有，把《易經》搞成爲風水學！

相信這一節對許多讀者會有頗大的啓示，道理並不難，只是沒有人點醒。現在，讀者知道孔夫子是位卜卦高手了，而且

孔夫子是篤信有鬼神的，你會生起什麼看法感想呢？

孔夫子是溫良正直的聖賢人，無欺人誑言。《易經》的大用是在感悟生命的完整，是預測占卜學，不是在搞九宮八卦理氣的風水。

(彩圖4)大約六年前的大年初一，阿璽師帶著全家到宜蘭的草湖玉尊宮祈福禮拜，當天阿璽師抽到了一支籤王，隨後無意間拍下了這張相片，諸君可以看出屋頂有什麼不同嗎？像不像眾神降臨，天空充滿了光芒。

☪ 風水的趣與奇～～看不見的風水

☞《入地眼.陰宅點穴秘訣》：

「**富穴歌：**

十個富穴九個富，恍如大堂一暖閣，八方凹風都不見，

金域水繞眠弓案，四維八干俱豐盈，水聚無心更有情，

八首氣壯天蓋形，富比陶朱更要盈。

貧穴歌：

十個貧穴九個關，砂水直飛不彎環，頭卸斜飛龍虎反，

胎息孕昏受風寒，水域淋頭並割腳，簸箕水干退田莊，

捍娶誤犯諸般煞，世代貧寒似范丹。

貴穴歌：

十個貴穴九個高，氣度昂昂壓百僚，旗鼓貴人分左右，

獅象禽星帶衙刀，眠弓案山齊胸下，臨官峰聳透雲霄，

三吉六秀並天馬，貴如裴杜福滔滔。

賤穴歌：

十個賤穴九反弓，桃花射脅直相衝，子午卯酉為沐浴，

掀裙無袖探頭形，更有抱肩斜飛類，翻花扯拽假公卿，

龍防離兌興巽位，砂水反背穢家聲。」

☞ 正文

一般人提起風水總以爲就是房屋的坐向、外局的水流、池埤塘、山脈、各樣各式的形煞、道路、房子內部的格局、大門、窗戶等等。如果電視看多了還會認爲家裡的沙發、電視、電扇、冷氣機、桌子、櫃子、洗衣機、任何大型傢俱、

魚缸、風水輪、聚寶盆…….等等等，就是風水的內涵。

而喜歡把易經掛嘴上的理氣家，又會以爲那些三元九運、二元八運、淨陰淨陽、三吉六秀、納氣、先後天位、十二長生、八卦百象、廿四山吉凶卦位、六十四卦、384爻抽爻換象、些子、大游年星、小游年星、紫白九星、渾天甲子、先天理氣、後天理氣、納音五行、各種分金五行系統、河圖、洛書…………………………………等，就是風水的內涵。

在這一張複雜的大網裡，錯的居絕大多數，正確的少之又少，初接觸者，幾乎全然沒有人能判別對錯，然後，就是亂拜師亂學，最後形成現今混亂的情況！

風水的真義人言人殊，不是一般接觸風水的人可以短時間分曉的，所有學用風水的人在找老師學習時，100%都是要靠運氣、靠福報的，碰到誰就是誰了。然後就先入為主的錯了一生，事實上95%以上風水師一生所學所用的風水都是錯的，管他名氣多大都一樣。

有形的、可理會的風水已經如此的複雜，但實則風水更大的內涵遠遠不只有這些，中華風水學的最高指導原則是「天人合一」，在這個指導原則之下，風水的內涵並不僅限於有形的風水與理氣，還有更大更多更豐富的世界藏在其間，等待有心人去開發研究。

以下來分享一些阿璽老師常年修持“光明加持法”，在實務工作中發生的有趣奇聞，這”光明加持法“就與風水有著極密切的關係。

一、 漫天飛舞的黃金葉。

這個奇觀發生在2021年秋天，當時我帶著約20位左右的學生到南投埔里戶外教學，當天天氣晴朗，只有微微的風。埔里當地有一個很奇特的龍局，庇蔭出了富貴兼具的家族。

帶著一大群志同道合的學生徒步走著，熱心而且詳細的爲大家介紹各種龍局的看法訣竅以及差異，當來到中台禪寺的後山時，時間約在中午過後，站在一條小河旁邊。

正當解說時，突然括起一陣風，小河旁有一棵不算大的樹，樹上有不少金黃色葉，這突然而來的風把樹上的金黃樹葉都給吹上了天空，金黃色的樹葉在藍天之下閃閃發光。

但最令大夥兒嘖嘖稱奇的是，吹起的金黃色樹葉並不掉下，而是大片的直直往上往旁升起，在大家都覺得身心舒適的同時，那些金黃色葉就在大家的視線之下，在天空中消失無踪，地上沒落下半片樹葉…………。

因爲學生中有幾位通靈者，他們都看到了異象，事後我又找了三位通靈人給他們看當時的錄影帶，都共同的提到當時天空中神佛菩薩滿天，給我們的風水戶外教學護法及加持。

(彩圖5) 相片中點點的金黃色樹葉愈捲愈高，宜至消失在天際，無一片落下，學生們都驚呼太神奇了。

二、 天上彩雲飛。

南投縣的魚池鄉，這時約當是下午三四點的時刻，戶外課程即將結束，結束時阿璽師祝大家回程一路安，這時有位師姐說：「請老師幫大家加持。」我笑著同意，隨即唸起在上課時教給同學們的一段咒語，當時有位同學爲了學習這一段咒語，就隨手拿手機錄影了起來。

當天晚上，筆者就收到這位錄影的同學的訊息，並傳來當時的錄影實況。只見在影片中，當阿璽師唸起咒語後，天空中飄來一大朵彩雲，然後就籠罩在我們一大群人上空，更有趣的是這朵彩雲還會“動”，好似自己會呼吸似的，會自行一漲一縮。

(彩圖6) 相片上方藍色的雲團會隨著阿璽老師揮動的手而伸縮大小，令人驚奇。

阿璽師也拿了給幾位通靈人看，都見到天上有好多尊神佛菩薩。現在這段影片還在阿璽師的手機裡呢！

三、合歡山上的眾仙。

去年冬天，與兩位學生去爬合歡山東峰，從下午三點左右開始爬，一路上慢慢悠悠的的往上走，上到三角點的時候，一位學生問：「可不可以用我們所學的咒語來加持這一方土地呢？」我回答：「當然可以，咱們風水師跟土地是最親近的了。」於是就示範給兩個學生看，開始誦起了咒語，咒畢，突然學生叫道：「老師你看！雲站起來了！」

(彩圖7)

真的，原本東方天空的一大片平整的雲海中，豎立起一尊一尊的神明形狀的雲，排成一列，而且從背後(東方)有光透射上來，呈現扇形的形狀，真的很神異，因爲夕陽在西邊啊！筆者自修練「光明加持法」以來，跟光的感應愈來愈密切了。

四、 我手上有光。

這是前年的時候吧！也是帶領著二十多位學生去豐原進行風水的戶外教學，教學的最後一站來到了豐原的玉宵宮，天氣陰陰的，沒有陽光。這時有位學生跑過來跟我說：「老師！某位師姐好像被煞到了，人不舒服。」我馬上來到這位學生面前，詢問了一下，確認是煞到了，就當場爲她做收驚去煞的法術，其它學生看到機會難得，就有人拿出手機錄影了起來，以便學習。收驚完，這位學生的狀況當場就好了。

收驚當時，就有同學說：「太神奇了！老師手上有光！」原來在爲學生收驚去煞的當下，右手舉起向天，開始催動咒語，這時天邊射來一道窄窄細細的光束，而且就那麼巧合的就照在阿璽師的右手掌上，不偏不倚，巧合嗎？還是………？目前這視頻也都留在同學們的群組裡。

五、光正正照在龍穴上。

個案是南投黃姓先人的家族墓，這個案在破土定分金時，原本的天空是不見陽光，天上有層層的灰雲。但當破土的那一剎那，突然一道不寬的光束破開雲層，就直直的照耀在造葬的龍穴用地上，光束不大不小就剛好照在那方龍穴土地上。

後來，當黃姓家族墓園全部進金圓滿，進行謝土時，當天也是天氣陰陰的，雲層厚厚不見陽光。正當進行謝土儀式時，竟接連兩次，雲層破開一個小縫，放射出閃亮的光芒照耀在龍穴土地上，隨即又閉合上。出現的縫隙間隱約現出一條龍的影像，而光線則照耀在我們身上，隨行的同學都非常驚奇，感受到天地間的神妙。

最後，當個謝土儀式完畢，突然，天地間大放光明，耀眼閃爍的光芒在整個山頭，一種令人感覺清新、充滿生機、溫暖人心的光照耀了下來，原本天空中厚厚的黑灰雲層消失無踪。

(彩圖8)

☞ 風水的智慧：

阿璽師曰：「窮山惡水無理氣。」

學習風水的人很容易因爲先入爲主，最後在眾多門派之間而莫可是從，這是所有學習風水的人幾乎都會碰到的事，如何才能從眾多理氣流派的紛爭之中脫身出來呢？如何在眾多門派及分支中看出何者爲是？何者爲非呢？

這是很複雜的問題，但複雜的問題往往有很簡單的答案。回歸到初始點，用簡單的基礎常識邏輯就可以明白，就像是人不能用手去摸火焰一樣，不用提到物理化學那一套，會燙到會痛就知道不可被火燒到。陽宅或陰宅也不能設在海洋、沼澤、沙漠、高山、南北極、火山口、河海沙地、地震帶、土壤液化區、公墓地…………等等的地方一樣，在這種地方還要去講究九宮格、廿四山方位、先後天…理氣風水的那一套，那無異是自尋死路。

這，只是常識而己！！！

那些假借易經、河圖、洛書、變體五行的理氣風水術，如果在窮山惡水的地方行不通的話，那它們又如何可以在都市平原地區行得通呢？道理是一樣的。

風水理氣的基礎學理適用在在天地之間，整個地球就是它的作用範圍，不分沙漠高山，或都市鄉村，要嘛就全部一體適用，如同那些理氣家所崇拜的易經、河圖、洛書一樣，說得天上少有地上無雙，包羅萬象，是宇宙間的真理；要嘛根本就沒有用，整個兒是騙人的把戲。

舉個簡單的例子說明，風水很多人喜歡談的「三元九運」元運說，是適用於整個地球的，並不分南半球、北半球，當然更不分窮山惡水或都市平原。**如果你的元運學說只能用在都市，那就代表自然環境比理氣重要，理氣理論最多只能是輔助的判斷工具而已，絕對不會是主角。**

所以說，上百理氣門派風水絕大部份就是騙人的把戲！

雖然當今火化盛行，土葬已經愈來愈少，但還是有許多有德東主能找到對的老師爲他們主持土葬，找到大好吉地，庇佑子孫。

☞ 經典幕後之森

在祖師爺的風水傳承中，巒頭是風水運用的主軸，在明代之前的祖師爺風水技法中，水法佔比是微乎其微的，1%吧。舉例而言，中華第一本風水經典書郭璞的《葬經》、唐代卜則巍的經典名著《雪心賦》、宋朝救貧祖師《撼龍經》《疑龍經》《倒杖十六法》……，等祖師級風水術中，水法是不重要的存在，其至幾乎全書沒提過，故知巒頭才是風水術的主體。

元朝時忽必烈明令禁止風水學，犯禁有刑罰之罪，所以在元朝時期的風水學幾乎處於停滯的狀態。水法開始受到重視，那已是明朝以後的事了，例如明代國師劉伯溫著有《水訣歌》，但觀水訣歌的內涵還是山不離水，水不離山，是依附於巒頭而存在的。

這道理也簡單，例如我宅前方有如同劉伯溫《水訣歌》所言的佳水彎抱過堂，正是玉帶環腰的好局，但如果我宅的基址是在山谷呢？山谷必有水流由上而下沖刷，陰陽宅破損必快，就算前方有好水也沒有用；再如我宅前方吉水彎抱環腰，正是風水學上吉的有情水，血脈水，但如果我宅基址卻在淤積或沼澤地上呢？在地震帶上呢？在活火山山腳上呢？………。

答案如何，不難理解，簡單到小孩子不用想都知道答案，但在風水界多的是永遠在名利中不願醒來的騙徒。雖然如此，但堪輿術流傳數千年，就如同中醫經絡穴道陰陽五行醫理一般，是我們祖先生活經驗的總結，它是直觀可實證的統計經驗，並不是那些假託易經河洛的騙人把戲。這些五術騙徒利用玄學神秘虛渺但又不甚艱深，一般人無從去追究其實際的特質，憑自我的想像去虛構理論，開宗立派做祖師騙名騙利。

一直到現在，華人世界中、港、台、海外地區，近百年來仍有不肖之徒創新僞造各種風水流派、姓名學流派、八字命理流派……不用成本就可以買空賣空輕鬆獲利，而且有愈演愈烈的趨勢，現在市場上叫得出來名號的理氣風水門派、姓學流派幾乎都是！！！可用者絕少，詐僞者多，《四庫全書· 數術類· 總目提要》已有確切評論。

這實在是現代科技發展過快，人性利慾燒心，普遍追求速成文化失去生命重心，造成心靈不安而傳統美德崩解所延生出來的世界性現象，其它各個領域行業也差不了多少。世人既然寡廉鮮耻，社會也就詐騙横行了。

質是之故，追本溯源，穩住傳承，則巒頭的吉凶大矣。古法曾有介紹巒頭四大局，富、貴、貧、賤的看法，其間包含了許多環境學、地質學、氣候學、生物學、建築學………的內涵。這是基礎，是風水術經常運用到的部份，也是初涉風水術的有緣人的一個入手處，分享給有緣。

(按：本文流傳頗廣，但有諸多不同版本，阿璽師取其意及多數共同見解，分享讀者。)

富穴歌：

「十個富穴九個富，恍如大堂一暖閣，八方凹風都不見，
金域水繞眠弓案，四維八干俱豐盈，水聚無心更有情，
八首氣壯天蓋形，富比陶朱更要盈。」

意思是說～會發人富貴的好宅，十有九個四勢的自然生態都非常的豐盛；四面八方的冷風都吹不進來，有一種隱隱的熱

鬧旺氣在其中；在明堂前方有案朝與有情水彎抱我宅，而且動植物自然生態都很豐盈；四面八方的水與氣都自然的聚集在明堂前方；明堂廣大開濶，這樣的好風水，必出富有人家，如古代陶朱公一般。

貧穴歌：

「十個貧穴九無關，砂水直飛不彎環，頭卸斜飛龍虎反，
胎息孕昏受風寒，水城淋頭並割脚，簸箕水去退田莊，
扦塋誤犯諸般煞，世代貧寒似范丹。」

意思是指～會造成貧窮潦倒的陰陽基址，十有九個氣散不聚水口無關；明堂前的砂手或水流直來直去，不能彎抱有情；

玄武沒有來龍落脈，左右方青龍白虎砂手反背而出；本應結穴的所在陰陽失衡，八方風吹寒穴；前方水太逼近似割腳，後方山谷又有水線淋下的淋頭水；明堂坎坷不平或壟起，溪河四季水去氣散，則此地莊稼難養出窮漢；陰宅造葬如果誤犯了上述的各種煞氣，子孫就會在貧窮潦倒的困境中循環不休。

貴穴歌：

「十個貴穴九個高，氣度昂昂壓百僚，旗鼓貴人分左右，
獅象禽星帶衙刀，眠弓案山齊胸下，臨官峰聳透雲霄，
三吉六秀並天馬，貴如裴杜福滔滔。」

意思是指～官祿貴氣的大貴龍穴，十個有九個都氣勢雄壯，父母山較爲高聳，束咽落脈的氣勢就好像在朝廷做大官，一呼百應勢壓同儕；結穴主星如同君主，青龍白虎方護衛完整週密，有旌旗、官貴、珍奇異獸、刀劍的形態守護住玄武落脈的主星；朱雀方的案朝高低適中，如同一個人側睡彎向穴一

般，聚氣雄厚；此外，四週星峰有各種貪狼、武曲、巨門等等吉氣挺秀的形態；那麼就會大貴如古時候裴杜一般。

賤穴歌：

「十個賤穴九反弓，桃花射脅直相衝，子午卯酉為沐浴，
掀裙無袖探頭形，更有抱肩斜飛類，翻花扯拽假公卿，
尤防離兌與巽位，砂水反背穢家聲。」

意思是指～十個勞碌貧賤的陰陽宅基址，十個當中大部份都會有反弓或反背的形態出現，這種反弓反背的煞氣從兩側或面前射來；子午卯酉方犯煞，或堂前有外翻掀裙、左右無袖、或星峰探頭的形態，都代表了主人桃花、敗退；還有結穴時開帳猥瑣四勢帶斜，不能聚窩彎抱，星峰與山脈歪斜扭曲，都是富貴無緣的虛花假穴；尤其要注意八卦的方位上，不可以有龍虎砂手及溪河反弓反背的現象，那會敗壞了家族的氣運發展與名聲。

☪ 南方澳金媽祖-----奇蹟式的興旺過程

☞《博山篇.概論相地法》：「論曰：凡看山，到山場，先問水。有大水龍來，長水會江河。有小水龍來，短水會溪澗。須細問何方來，何方去。水來處是發龍，水盡處龍亦盡，兩水合才是盡。或大合，或小合，須細認。

善知識，何以相？　龍神上聚，登高相之；龍神下降，就下相之；穴土位中，對面相之；水來水去，側身相之；砂左砂右，徒步相之；前朝後應，前後相之；眠彼堂，逼周遭，廣野果，爾俱合，乃論陰陽，定向首，稽氣候,正方隅，形勢符，方位合，斯全吉，闕形勢，不可插。失方位，減福力。善知識，此話概。」

☞ **主文**

南方澳漁港位於蘇澳鎮的蘇澳港內，是台灣三大漁港之一，有三面被山巒包圍，是自然的良港，每到夏季時刮起西南強風，船隻便可進港避風，古時候居民稱之爲「南風澳」。南方澳漁場的魚種類繁多，尤其鯖魚，是台灣最大的鯖魚產地，只是近年來過度捕撈，撈上來的魚也愈來愈小條了。

蘇澳地區因爲港口優良，漁場豐富，吸引了來自全省各地的漁民聚集討海爲生，因此百姓們大多供奉媽祖祈求庇佑平安。南天宮建於日據時代，西元1951時曾重建，並於西元1987年加以擴建，同時請來五尊「湄州媽祖」在此安座，南天宮也因供奉有大陸湄洲媽祖祖廟的神像，而吸引全台灣眾多的媽祖信徒前來朝拜，香火鼎盛。

1965年，政府爲因應地方發展，在南方澳北邊興建小型商港，於1972年6月完工。1969年行政院決議將蘇澳港擴建爲基隆港的輔助港，並在1971年12月成立基隆港務局蘇澳港分局。

1974年蘇澳港列入「十大建設」之一，1975年7月建港工程正式動工。除了建造碼頭、防波堤、蘇澳臨港線等設施，以及疏濬航道之外，並同時進行闢建蘭陽隧道等連外道路工程(南天宮的第一次發展契機就出現在1987年，五尊湄洲媽祖事件)。1978年底，第一期工程完工；1983年6月，第二期工程全部完工。(本節資料參考自維基百科)

西元1989年初，南天宮於三月初爲湄洲媽祖辦「送媽祖回娘家省親」活動。活動一經公佈，想要參加送行的船隻踴躍無比，達數百艘。而且消息轟動全台，成爲大家觀注的新聞焦點。此事將南天宮的知名度往上更推一層，成爲了台灣知名的媽祖信仰的廟宇。

西元1995年農曆八月十六日，莊嚴肅穆的「金媽祖」終於舉行安座大典，金身媽祖神像 (全身皆爲純金打造， 高6尺3吋，淨重200零3點8公斤，是全世界最大的金媽祖神像)，於子時安置於新建後殿，由當時的縣長游錫堃主持開光點眼。

南方澳的金媽祖，是台灣三大媽祖廟之一，香火盛極一時，相片中讀者可見到廟宇後方有山崙隱隱而下，南天宮穩坐承接脈線。

西元2000年農曆八月二十日午時，重達五噸的全國最大「玉媽祖」神像，在南天宮的二樓完成安座。至此，南方澳的南天宮已一躍成為全台灣三大媽祖廟之一。後來宜蘭四結的「金土地公」和大里天公廟「金天公」的誕生也都是師法南天宮的「金媽祖」，只是吸引香火的效果遠遜於南天宮。

論蘇澳南天宮金媽祖的發跡史，可以清楚的看出，與在1972年完工的擴建工程以及1975年啓動的十大建設蘇澳港工程有關，在以上的人為工程成就後，這日據時期就已存在的漁港小廟，就一步步發展為台灣的三大媽祖廟之一，也是東部地區最大的媽祖廟。

蘇澳的南天宮媽祖廟，因廟中供奉金媽祖、玉媽祖，香火鼎盛，由此張圖片可以清晰看出廟宇前方巧妙的利用了地形，聚氣滙聚，萬水朝宗，難怪成爲了一方大廟。(由廟宇二樓往前方拍攝)

爲什麼呢？沉寂幾十年的漁村小廟怎麼會突然一朝鹹魚翻身成爲全台灣三大媽祖廟之一呢？以上的這一些工程與商港到底改變了什麼呢？

有機會讀者到南方澳時，可以一窺廟地的四週情勢，如前所說的，南方澳三面環山，能阻夏季來自西南方的季風，但北面是開放自由的海域，氣自由的流動進出，並不合風水藏風聚氣的條件，也因此原廟數十年來毫無發展，就只是一間漁村小廟。但當海堤與商港興建後，南天宮的氣場情勢丕變，所謂藏風聚氣也，已具有發展起來的條件，再加上廟宇玄武有山崙垂落，四勢明朗，吸納明堂旺氣並接來龍地氣，陰陽交滙，竟成一方名廟。

龍穴太極暈的五色土，土質細緻，如裁脂切玉，看了令人心情愉快，具有強大的能量。

☞ 風水的智慧

阿璽老師曰：「火化與土葬對靈魂有什麼不同？」

養生送死是生命的常態，誰能不面對這一關呢？我們現在為尊長辦理後事，也許下回就輪到自己了。光陰如箭，世代的輪替總是在不知覺間已是幾番更新，在生死之間我們應當以何種的態度與方式來面對，這考驗我們的智慧，也考驗我們對生命的認知正確與否。

人的生命並不只限於這一生，靈魂的存在是確認的事實，雖然靈魂並沒有辦法用科學的量測方式去驗證，那是現代的科學尚未達到可以解釋的程度，也或者那個維度的世界本來就不能以物質思維來衡量。

雖然靈魂到目前為止尚不能以科學來衡量與解釋，但如果還在抱持著「無神鬼論」的想法，真的只能說是太孤陋寡聞了。全世界早就有太多各方面的專家對此進行過無數的研究，對世界各地無數相關案例的追蹤與歸納，發表的論文、書籍或研究已經不知有多少，許多書還非常暢銷。

靈魂的存在是肯定的，若你還在猶豫難決，那就快去找書找資料來看看吧，網路上也有很多這方面的報導，都可以拿來研究，這種認知很重要，它影響我們的這一生至大至巨，切莫等閒視之！

因為生命是延續性的，並不只限於今生，而且也不限於我們自身，還包含了傳承我們血脈DNA的兒孫。我們的祖先面對喪葬之事，他們講究的是「入土為安」「冥陽兩利」。

可是現代卻流行採用火化的方式，因爲政府不想承擔管理較複雜的傳統殯葬事務的責任，而且可以釋出大量的原土葬用地，作爲道路或公園用地，對於政府與民代炒作不動產、開發土地有相當大的幫助與獲利。另外，對於殯葬業而言，接火化的個案比土葬簡單好賺多了，也少了許多專業上的要求講究。例如光要找10個扛棺人把棺木抬上山頭墓地，就是一件很不容易的事，在崎嶇難行的荒郊墓地裡扛棺行走，本身就具有一定的危險性。

曾經有一次在宜蘭縣頭城鎮公墓協助一個土葬的個案，當時東家找來的葬儀社平時都只會處理火化案件，這次接到土葬個案，經驗不足，當車行載棺木到公墓時，幾個扛棺的阿兄其中一個腳步失衡，拖垮了整個隊伍，棺木掉了下來，差點滾到河裡……。事情突發在阿璽師眼前約3米遠的地方，我以爲扛棺阿兄有人被壓在棺木下了，著實被驚嚇了好大一跳，幸好有驚無險。但是後來謝土擲筊時，怎麼也擲不到聖筊，全家十幾人輪番上陣都沒用，後來是請來葬儀社老闆親自道歉，才得了聖筊同意。

事實上管理好墓園與管理靈骨塔都一樣複雜，但在利益的驅使下，政府與民間合手提倡推廣，鼓吹一把火燒了後骨灰放靈骨塔，簡單方便。以現行狀況來論，採用火化方式的案例已經高達9成以上，且大部份公墓也都禁葬了，想要土葬得到好地難度頗高。

到底火化與土葬對靈魂體有沒有影響，他的影響是什麼呢？這件事情與每個人息息相關，因爲我們都會有那麼一天，現在喪葬的方式多樣化，海葬、樹葬、零葬、靈骨塔、土葬……，到底怎樣做對我們的生命才是好的呢？

如果人沒有靈魂，人死如燈滅，那怎麼葬都沒有影響，問題是生命有靈體的存在，肉體在生前與靈魂息息相關，死後就都完全沒有任何關係了嗎？一把火燒了跟「入土爲安」對靈體的影響都沒有不同嗎？

這事千萬不能拿來實驗，因爲做了之後就沒有回頭路。提倡火化的政府、業者各有他們的利益及立場，而一般追隨衆根本是門外漢，他們是不會爲我們的生命負責任的，要負責任的是我們自己。

以下阿璽師以多年的實務經驗爲讀者解惑，也讓大家對自我的生命有更深一層的瞭解，能在這一生中走對方向，經營好今生的功課，過一個精彩充實的人生，不留下太多遺憾。

一、火化後的骨灰沒有風水的影響力。

《葬經》：「蓋生者氣之聚，凝結者成骨，死而獨留，葬者反氣納骨，以蔭所生之法也。」

又曰：「葬者，乘生氣也。五氣行乎地中，發而生乎萬物。」又曰：「人受體於父母，本骸得氣，遺體受蔭。氣感而應，鬼福及人。」

簡單的講，我們的父母、祖父母遺骸內有一種古人稱作「氣」的能量，會影響到子女的人生禍福，而人的生命秉持大地滋養，大地之中有「氣」，此「氣」也就是我們身上氣的母源。葬事採用「土葬」時若能處理得宜，就能乘其氣對後代子孫有所助蔭。

這論點，在筆者多年的實務個案經歷中，是非常肯定的。不管是論斷主家的吉凶，或是爲東家造葬作福，大多數個案應驗之精確，每每讓人驚奇與嘆服。本書所列的實例個案，只不過是小小分享而已，先人骸骨與後代子孫之間存在有一種「氣」的能量，一種傳承，由多年來上千個案的結果論來看，它確是存在的。

但是，如果將先人大體火化，剩下的火化後的骨灰，它的靈動力就消失了。這點也是經由多年實務中印證而得出的結論，例如曾有多次發現客戶邀約勘察陰宅時，發現其先人壙葬在大凶之地，本理應犯大凶事應，但卻沒有，推斷先人骨骸已經火化，經詢問之下證實果然如此；同時，也曾多次發現客戶先人葬在大吉之地，本理應發富貴，但卻平平而已，即可推出壙下的先人骨骸已經火化，這種推斷的印證，基本上都不會出錯的。

那麼，火化之後那傳承的「氣」不見了，先人與子孫之間那條無形的神奇紐帶破壞了，它會產生什麼影響呢？傳統文化中有「九玄七祖」之說，世代之間DNA螺旋的訊息到底在傳達什麼呢？父母骨骸中的DNA螺旋與我們是一樣的，DNA螺旋會發射波動的能量，這些訊息能量只有他們的子息才能接收得到。

生命的訊息存在大我意識之中，這在其它動物之中也會出現。日本生物學家曾研究發現，不同島嶼上的猴子，生態各自隔絕毫不相通，但有趣的是當其中某一個島嶼中的猴子突然發現一種新技能後，不久其它島嶼上的猴子們也會突然開始出現這樣新技能。類似的研究，在世界各地的生物學者們都有共同的經驗，他們也好奇爲何出現這樣奇妙的現象，從中也推測出生物族群之間存在一種目前人類尚未能發現或解釋的訊息傳遞方式，並且這種訊息能量有著吉凶不同的頻率。

或許從現代的量子力學中的「量子糾纏」現象可以體會一二，如同聖經中言「世間萬物皆相關聯」。**這種血脈之間的傳承訊息被破壞之後，後代子孫的心性行為將出現偏差，自然會影響到他們此生的運勢，讓它打了一個折扣，甚至是走入谷底。**現代火化盛行，有一整代的少輩受到傳承斷裂影響，以這種層次來看，它影響到的不只有個人，還有整個國運。我觀察到全世界中採用火化愈徹底的國家，年輕一代也愈加脫軌，國運也愈加沉溺，日本就是最標準示範。**人口太多，是地球的重病，也因此導致了錯誤的火化形式，可惜明白人不多。**

現代身心靈界流行一種所謂「家族系統排列」的技術，風行全世界，是由德國的心理治療大師海寧格所創，在場域中找不相干的人代表問事人的歷代祖先，以這些人在場域中的位置、神態、感覺、表現……等，即可準確的看當事人目前的困境，並且看出這個困境紹承自那一代的祖先，並且由此去作調整、療癒，往往就能解決掉問事人所遭遇的困難。

爲什麼呢？怎麼會有如此神奇的事呢？實在講，真明白的人就曉得在能量的世界裡，是沒有時間空間的，相關連的人事，都會有一條無形的傳承紐帶，不知不覺的影響著你。

二、遺骸影響到先人靈體實例。

台灣及華人界關於祖先常聽見一種現象，就是祖先會託夢給子女，告訴子孫他們墳地遇到的狀況，最常見到的是蔭屍、浸水、潮濕、蟲蛇等，要子孫去撿骨，這當然是當初聘請的風水師傅學藝不精，否則不應出現這種狀況。

在多年的實務經驗中，也多次碰到主家人因爲先人託夢浸水寒冷要求撿骨的個案，經撿骨處理時，也都的確是發生相應的問題。

還有一次印相最深刻的，有位好友爲人至情至性，對其妻用情甚深，爲治療其愛妻痼疾不惜散盡家財。其妻亡故後他念念不忘，一次到台北找一位知名的通靈人想知道愛妻在另一個世界過得好不好。通靈時該靈媒把好友妻子的衣著身形與容貌講得一分不差，靈媒轉達其妻話語時特別提到其妻說法：「大體放在醫院冰櫃時感到冰寒刺骨，非常痛苦。」

以上說明了什麼？遺骸處理不當時，往生的仙人也是照樣有感覺的，水火之災人們生時害怕，死後也一樣恐懼，何以故？因爲鬼神具有人性，鬼神是人轉換的！

讀者還可以觀察，不見道士在驅邪制煞時常會點火唸咒祛邪嗎？無形界鬼神靈體是會畏懼水、火、桃木、艾草、雞屎藤、芙蓉、黑狗血、白雞血、鹽、白米……等這些東西的。有形無形之間，祖先與我們之間，並不是全然斷開。生命並不限於這一世，莫要拿自己的靈魂去試驗，受傷後很難恢復過來。**要相信你如果怕火，那麼你的靈體也是怕的，二者沒有差別！**

人生在世爲什麼要修煉心性？因爲我們死後的樣子，就是我們生時活出的樣子。生時心性邪惡汙穢，亡後靈體也是臭不可聞黯淡無光。咱們今生該如何活呢？值得想想！璽師誠心相告~~~風水學就是天人合一之學，就是道法自然之學，是至善至明之學，在天地自然之間體悟“人”。千萬不要走上理氣風水騙人惑人的迷途。

三、「入土爲安」，是生命最好的歸宿。

「樹高千丈，落葉歸根。」「黃梁俗世，歸於塵土。」世間有情無情眾生皆來自大地滋養，生命的世世代代都在大地上流轉著，春夏秋冬，山川星空，離開大地的生命就沒有存活的憑藉。當有朝一日，我們的生命落幕，也是在這個大地上結束，把這個肉身還給大地，滋潤後來的眾生種種，那是生命最自然的方式。

回到大地母親的懷抱，鼓起的墓塚，就如同當初我們來到世間時母親的孕腹，接受日月星光與大地的滋養，再入輪迴，重新修行。老子《道德經》所謂「人法地，地法天，天法道，道法自然」，土葬的精神正是「天人合一」的回歸。

以上如是，是璽師多年實務及對靈魂學的研究所得，在此分享給讀者。當然，這與現時潮流不符，眾生有自己的見解看法，各人行各人的路，自有它的因果緣由，只能隨緣了。

爲了保持尋龍點穴的好體力與好腿力，經常訓練爬山是個好主意，因爲還可以在山嶺上觀察龍脈的走向。

☞ 經典幕後之森

《博山篇.概論相地法》：「論曰：凡看山，到山場，先問水。有大水龍來，長水會江河。有小水龍來，短水會溪澗。須細問何方來，何方去。水來處是發龍，水盡處龍亦盡，兩水合才是盡。或大合，或小合，須細認。…………形勢符，方位合，斯全吉，闕形勢，不可插。失方位，減福力。善知識，此話概。」

《博山篇》是唐末五代時期一代宗師黃妙應集一生的經驗與所學著成的風水寶典，是繼《葬經》之後形巒經典中相當好的一篇，但因爲篇幅較長，文字也較艱澀，大多數的風水學人少有去精讀，殊爲可惜。

《博山篇》的內涵除繼承《葬經》之外，同時也與楊筠松的《倒杖十六法》《疑龍經》《憾龍經》相呼應，但少去了楊筠松九星山法的繁瑣。明初劉伯溫的《龍穴砂水歌》書中的內容也與《博山篇》前後呼應，是進入風水堂奧不可不讀的一本好書。

《博山篇》對水法的見解：「須細問何方來，何方去。」試問目前有多少的理氣風水門派的水法是不問水之來去的，對這些流派而言，只要該方位有水出現，就可論吉凶，例如三元玄空、紫白法、金鎖玉關、三元納氣、八宅法……等皆是。至於水由東西南北方而來，由東西南北方而去，距離、大小遠近、活水死水一概不論，只單問方位，連邏輯都說不通的東西也能成爲一個門派。

這些當初創意發想的祖師不無投機取巧之嫌，畢竟套理氣公式論風水乍看複雜，但實則簡單，都是那一套在排列組合，天干、地支、八卦、元運、廿四山、分金…，璽師兩三個小時就可以搞懂一個門派到底在玩什麼，因爲風水理氣變到最後也是玩不出什麼新花樣，都是那一套被教育體制摒除的東西。

《博山篇.概論相地法》又說：「形勢符，方位合，斯全吉，闕形勢，不可插。失方位．減福力。善知識．此話概。」劉伯溫的《龍穴砂水歌》也說：「識龍須識生死訣，不曉生死無定說，屈曲活動龍之生，粗蠢硬直龍死絕；東扯西拽龍翻身，分枝劈脈龍砂腳，尖射破碎龍帶煞，歪斜倒側龍丑拙；無峽無從龍孤單。」

在宋朝之前幾千年的時間裡，中華風水術的精華內蘊重視山川大地的幽微情勢，其所講究的氣，是指山川大地情勢的自然之氣，而非九宮格裡的方位理氣，元運也是未見隻字片語提及。可惜羅盤到明朝時被人爲的複雜化、格式化，衍生出數百風水門派，短短三百年內就把幾千年的風水精蘊幾乎推翻殆盡。華人盲目崇拜易經河洛玄學的心理，被有心人所發現並利用，創意盡出，流派羅列，時至今日，風水師被人瞧不起與唾棄，那是違背祖學必然導致的結果。

南投寶湖宮地母廟，看來像不像一隻螃蟹啊！兩支螯保護著裡面的龍穴，但可惜當初點穴的人錯用理氣，導致廟宇與脈線不正，雖接到餘氣，但終究沒有辦更進一步，成為台灣最具規模的那幾間。

☪ 風水涵蓋有形、無形，身心靈也是風水。

☞《葬經》：「山之不可葬者五：氣以生和，而童山不可葬也；氣因勢來，而斷山不可葬也；氣以土行，而石山不可葬也；氣以勢止，而過山不可葬也；氣以龍會，而獨山不可葬也。童、斷、石、過、獨，生新凶而消己福。」

☞ **正文：**

人類科學上的一般認知，客觀的世界並不會以人的意志而存在。但現代量子力學的發展，出現讓傳統科學家都難以置信的結論，馮・諾依曼、尤金・魏格納等諾貝爾級的科學大師證明，那就是「客觀世界誕生於無」，客觀世界是因我們的主觀意識而產生！

這種說法與我們的感官認知不同，讓很多人難以接受，但是從量子力學的角度來看，人的主觀意識確實影響到我們的客觀世界，甚至決定了我們的客觀世界。

在量子力學中有一個最奇特的現象「**量子疊加態**」，這種現象連量子力學的研究者都不易理解。這種現象告訴我們，當你觀察一個物體時，它同時在這裡，又同時在那裡。這種說法對一般人而言是完全匪夷所思的，因爲與我們的生活經驗完全不同，一個物體而不可能同時存在又不存在，同時存在不同的兩個地方。

但是從量子力學的研究中，科學家卻發現存在著這樣的現象，當你不觀察一個電子的時候，它既可以在A點，也可以在B點，這就是所謂的「疊加態」，但當你去主動觀察它的時候，它就只能在A點或者B點，這就是疊加態的崩潰。

在量子力學的歷史上，著名的「**光的雙縫實驗**」，發現光既具有粒子的性質，也有波的性質，這就是有名的「**波粒二象性**」。但是當科學家們用儀器去觀察光的行爲時，光只會表現其中的一種性質。

客觀世界是風水術著力的領域，但事實上意識也會對客觀世界產生影響，也就是說～意識會影響風水！！

在佛法中說「一切法由心想生」、「唯心所現，唯識所變」、「萬法唯心」、「一切唯心造」，六祖惠能大師說「何期自性本自具足，何期自性能生萬法」，道家神仙也說「無為而無不為」、「恍兮惚兮，其中有物」、「樸散則為器」、「天下萬物生於有，有生於無」……。都明白指出**意識的作用，可以改變我們生命的軌跡，改變不佳的風水磁場。**

在風水領域裡最經典也是最早的一本書《葬經》說「葬者乘生氣」，所以“氣”就成爲了整個風水學追求的重點，所有的風水家都在想方設法要旺宅氣、接旺氣，各個八仙過海各顯“鬼”通，可惜，“氣”不易理解，以目前而言，絕大部份的風水家所理解的氣，恐怕與郭璞祖師所說的氣相差很遠，或者說根本是不相同的，正因爲如此，多數的風水佈局白花錢又無效。這部份已經談很多，讀者自能明瞭。

阿璽老師以這種理念研究與運用意識，結合西方的催眠術、東方的觀元辰宮、符籙、咒語、氣功的技法，與風水的氣論融合一體，以此調整有緣案主的心靈風水、身體風水、鬼神界的風水與陰陽宅的風水，取得良好的進展，有許多實證有效的神奇案例，同時也將這一技法傳授出去，目前已經有數十位學員受益，並以此服務有緣，爲許多有緣人解決了問題，這是的確的事實。以下分享幾個實際的案例。

一、自幼怕水，經由意識調整後，現在可以去游泳了。

個案是我的學生，自幼莫名的懼水，一靠近水邊、溪河、泳池………，恐懼感就油然而生，進而身體都不舒服，氣息不暢，當然也就沒有辦法像一般人一樣到游泳池戲水，許多戶外的水邊活動也都不敢參與，生活裡面因此產生一些困擾，也曾找過許多方法試圖去解決，但都沒有效果。

因爲是我的學生，跟著我學習八字、卜卦、風水、擇日多年，跟老師相當熟了。經由他的求助，我爲其做觀元辰心靈風水的意識能量調整，進入了他的前生，化解其心結，只做了一次調整，怕水的感覺就都消失了，現在已經可以自在的在泳池泅游，及享受其它旅遊的水上娛樂了。

一直到現在，案主都沒有再有這個困擾。

二、從遇事想逃避到勇於任事的現代女性。

個案是一位高學歷的都會女性，因爲自幼成長環境的關係，性格較爲缺乏安全感，也容易感受到壓力，從而產生了遇到麻煩事就想要逃避的心理傾向，以及過度飲食的習慣。

我結合西方的催眠術、東方的觀元辰宮、符籙、咒語、氣功、催眠的技法，以此調整有緣案主的心靈風水與能量，經過約三次意識流的調整，案主明確的感受到已經不會再因爲壓力而過度飲食，現在即使事情多又煩，也可以沉著的把事情處理完，不再產生避逃的心態。實在講，這是統專注於所謂易經的浮誇風水術不可能達成的效果。

能幫助到這樣一位年輕人，改善了他的一生，有什麼事比這更有意義呢！

三、十多年的背痛，找遍中西醫無效，現在可以好睡了。

個案是我多年的客戶，以前只是爲她做有形風水的服務，後來她事業轉順，從事不動產生意順風順水。但她的身體因爲不明的原因總是背痛，時間長達十多年，期間找遍了中西師、求神問卜都沒有效果，每天晚上只能側著身子睡覺，如果背碰到床墊就可能痛醒過來，一個晚上醒來多次，經年累月的睡眠不佳，讓她痛苦不堪。

後來她在我的臉書上看到許多實際案例分享，決心找我來求助，於是約好時間從台北來到台中工作室，前後只用了一個多小時的時間調整，回家後困擾她十多年的背痛就好了，那一天開始，她終於可以躺平睡覺，精神恢復了，白天工作也更加順利。後來她爲此特別向我道謝，覺得不可思議，因爲她本來只是想說試一試，沒想真的好了。

四、頭部有莫名的電流，失眠一年多，現在可以自在安眠了。

個案的主人來學習心靈風水的課程，那次的課程總共有26位學員，在互相練習的過程中，有學員反應案主的狀況特殊，無法進入他的心靈之屋，也就無法去調整他的意識流。這個個案就由我接手，順便作爲示範的案例給現場學參考。

經瞭解，原來個案自一年多前參加完一個活動之後，莫名的頭部會自主的產生一股電流，這股電流會由他的耳後或腦後往面部、眼睛等部位流動，然後皮膚與肌肉會產生明顯的刺刺麻麻的感覺，白天不理它還好，但晚上就不行了，因爲整個頭部的刺麻痛覺，會令得案主無法入眠，往往眼睜睜的醒著到天亮，苦不堪言，也是找遍了中西醫，做了許多檢查都查不出原因，一年多來天天吃安眠藥睡覺，但長期下來精神愈來愈差，不知該怎麼辦。

筆者就在課堂上，實例示範給二十多位同學觀摩，進入他的深層意識，找到那一股電流，與這一股電流的意識溝通對話(萬物皆有靈，皆有意識)，把這股電流引導疏通，讓它不再困擾案主。很奇妙的，就在當天案主不吃安眠藥就睡著了，隔天神清氣爽。事後追踪了半年多，個案都沒有再復發。聖經：「萬物皆相關聯」是乃真言。

五、與指導靈無法溝通，現在開啓了完全的通靈能力。

來自桃園的案主是一位辛苦的家庭主婦，她有著先天的靈異體質，但不知爲什麼總是時通時不通，她想要開啓她天賦的能力，能夠爲人服務，但總是沒有辦法，曾找其它的神明幫助，也沒有能開啓她的天賦。

這個案主也是阿璽老師觀元辰心靈風水課程的學員，當時徵求一位自願的學員來做示範，她第一個舉手自願示範，阿璽師就依步驟進入她的深層意識，調整她的意識流，同時也進入她的某一個前世，找出她卡住的原因進行調整。之後，在現場，以及接下來的兩三天中，她展現出了敏銳無比的通靈能力，爲課程中的學員提供了許多很棒的訊息，讓大家刮目相看，而這次的課程也因此繽紛生動許多。

有趣的是，案主的指導靈提醒她要好好的跟隨筆者學習，包含她這次來參加這個課程，都是她背後指導靈暗中促成的。

☞　這才是正確的家族墓園的作法，仙人才能入土爲安，而不是現在很多人做的墓厝，墓厝做法違反了《葬經》的精神，會帶來不利的傷害。

☞ 風水的智慧

阿璽老師曰：「電視風水命理節目是詐騙的溫床。」

電視媒體上的風水命理知識錯的多，對的少之又少，甚至網路上的風水知識也如此，可堪使用的絕少。這裡所說的媒體包含電視、臉書、line、IG、網路、報章雜誌、書籍……，除非你夠專業知識判別，否則不建議接套用！尤其是電視台的那些名師。爲何？

其一，電視台要的是收視率，收視率才是電視台做節目的指導原則，而收視率要高就要靠製造、炒作、誇大、刺激…，節目中的對白都是設計過的。曾經有台灣電視節目找筆者配合，但因爲在節目上的台詞都要照編劇給的來說，而不管知識的對錯，所以筆者都予以拒絕，因爲不想幹些會害到人的事，傳播不正確的風水知識。

其二，其他媒體上也是如此，前面文章提到過，90%的風水理論是錯的，這些東西聽多了，能有什麼好結果嗎？讀者也可探聽一下，這些媒體上的風水常識到底有多少人因此而受益，因此而改變了運勢呢？機率有多高？理性一點的人淺淺一想就明白了。

如果真信那些港台媒體上的風水知識能爲人趨吉避凶，能夠幫助人解決各種各樣的問題，那就找個三五個親友試驗一下吧，看看有沒有感覺，還是依然故我。

電視風水節目本質上就是“娛樂節目”！都是誇大！

收視率如何才是他們所考量，內容如何吸引觀眾的眼球才是他們的重點，至於內容如何？是否正確？是否會誤導觀眾？這些不會是他們要考量的，**娛樂節目的本質就是要誇張**，想學或想利用風水的人，不要再上當了。

其三，略舉數例以見冰山一角。其實命理風水詐騙個案多如牛毛，自己要有理智判斷。

1、2011年11月，刑事警察局偵7隊執行掃蕩命理詐騙集團專案行動，一共將5個命理詐騙集團共27人，全數帶回刑事局接受調查，包括陳名山、陳俊偉、得慧老師等多名在電視台主持命理節目的命理老師，都被帶回調查，警方並查扣僧衣、袈裟、錄影帶、客戶資料等大批贓物證物。

命理老師陳名山（本名陳海浪）在蓬萊仙山電視台主持「民間的風俗」節目，而另一命理老師得慧（本名邱碧慧），則在高點電視台「命運新天地」擔任節目來賓，兩人在電視節目上接受民眾Call　in，代爲排算命盤，再伺機安排觀眾到服務處接受命理老師解說。

命理老師針對這些人生活、工作、家庭、婚姻不如意等心理弱點，藉機幫被害人改命，以要求被害人捐贈僧衣爲手段行騙，被害民眾從商人、公務員到大學老師都有。詐騙所得之財逾台幣3000萬元。(以上資料來源自由時報)

2、2008年5月，台北市警方破獲一個以宗教改運爲主的詐騙集團，逮捕3名嫌犯。集團主嫌自稱「星羽老師」，利用在電台主持命理節目的機會，吸引聽眾上門，佯稱只要花3000元購買她的改運秘笈，就可以賺大錢，短短一個月，不法獲利將近百萬元。桌上滿滿的電台錄音帶，這些全都是自稱星羽師的女子所錄下，平時她就在電台開設名叫「轉運人生」的節目，只要遇上民眾打電話來求助，星羽老師就會偷偷做下筆記，凡是民眾想化解的，就會讓工作人員以流年不利或是祖靈作祟等藉口，遊說民眾購買一本3千元的解運經書。27歲的女嫌只有高職畢業，有小聰明，佯稱命理老師，和同夥友人合作！趁著民眾看不懂經書上門求助的機會，予以詐騙，還會施展「斬雞頭，雞還能復活」的障眼手法，博取被害民眾信任，隨後要她們再花大把鈔票買佛珠，甚至是108件經衣和白米，說是要捐贈佛寺，錢卻是全進了自己口袋。受害民眾目前粗估有2、300人，許多人發現受騙，才揭發這起宗教詐財的騙局。(資料來源TVBS新聞網)

3、命理節目主持「吉祥老師」，在電視上幫人看八字、改運，並趁機販賣各種改運產品詐財。更誇張的是，還在節目中拿白衣服製造人影，騙觀眾卡到陰然後騙錢，目前爲止至少有千人受害。警方：「**他就唸一些咒語，然後在這邊塗一些膠水，畫一個人型的圖案，他把金紙的灰燼灑在上面，然後他再唸一些咒語，把它抖落一下，人頭的形狀就浮現在上面。**」跟民眾說是卡到陰，有亡魂纏身，民眾被唬的一愣一愣。接著要民眾改運，買僧衣、玉棺，一個2千到1萬不等，一次最少要買240件，嚴重的要買1千件，改個運最少要花幾十萬甚至是上千萬。被害者：「不改運的話，媽媽會生病，沒幾年就會過世。」 受害者說：「吉祥老師都會用恐嚇的方式，要民眾改運。」民眾花錢拿到的密宗書籍，內容淫穢不堪，加持過的印章，也只是幾十元的塑膠貨。員警說：「吉祥老師只有國小畢業，買電視時段裝神弄鬼，數千人受騙。」(資料來源TVBS新聞網)

4、2008年，堂堂台灣的總統陳水扁先生，竟被一位十七歲的少年黃琪用塔羅牌占卜詐欺，可說是創下紀錄，也讓台灣形象一夕掃地，貽笑大方。

利用玄學五術來詐騙的不肖之徒多如過江之鯽，警察抓不勝抓，為什麼呢？因為太容易操作，成功率又高，刑罰又輕，造成風水命理五術這個行業成為騙子的大本營。這個事實，其實與風水流派的困境，本質完全相同，這些講得頭頭是道的風水理氣流派，擺明了就是用易經玄學來搞詐欺！有緣讀到本書的讀者，切要小心！不要成為風水騙子眼中的肥羊。

像這樣的家族墓園的作法，不只省錢，而且省很多，每年清明祭拜上更是方便，不用去靈骨塔人擠人，而且有自己的墓園，家族成員可以互動。

☞ 經典幕後之森

《葬經》：「山之不可葬者五：氣以生和，而童山不可葬也；氣因勢來，而斷山不可葬也；氣以土行，而石山不可葬也；氣以勢止，而過山不可葬也；氣以龍會，而獨山不可葬也。童、斷、石、過、獨，生新凶而消已福。」

《葬經》中提到葬山之法：童、斷、石、過、獨。直接就是一個風水的重要指導原則，《葬經》的觀念不只適用於陰宅，同時也適用於陽宅，《葬經》作爲風水經典中的第一本傳世著作，宅的觀念與技法是同時適用於陰宅與陽宅的。

童山不可葬。係指山巒上寸草不生或草木難附，了無生機，冒然造葬必然生凶禍。筆者曾在新店地區爲一位客戶勘察陰宅，勘察時就發現該陰宅附近寸草不生，我告訴東家：「這個陰宅下方有一塊巨大的石頭，你家陰宅造葬後，家運必然衰退。」東主當時回答並不知情，也無法知道阿璽師所言是真？是假？很巧合的是剛好附近有一位當地的撿骨及造墳土水師經過，他聽見後很訝異的回答說：「這陰宅下方真的有一塊很大塊的石頭，整個墳下都是。」這時東主也說了：「以前家中一直都很順遂，但的確是自父親葬後，就開始諸事不順，事業也漸漸敗了下來。」似此陰陽宅犯童山者，多不可勝數，實在與理氣學說無涉，**理氣派的「氣」與山巒的「氣」是完全不同的兩回事**，理氣派偷換概念，劣者驅良蔚然成風，是風水學術發展中的無良反動。

斷山不可葬。山脈走勢千里綿延，氣勢相承一脈而來，斷山是指穴場的後方不可以崩斷，導致玄武無靠、玄武凹陷、玄武崩破、玄武氣斷、玄武風吹。台灣921大地震時，中部地區有部份山區的山脈崩斷，還有整個山頭飛跨一個縣市形成堰塞湖的情形。若陰陽宅穴址後方如此，家人多有短壽、家道中落、思維出問題、頭疾等事。阿璽師去年在台南新化地區，勘察過一個相似的個案，也是玄武無靠又風吹，東主一家破散敗財，思維個性怪異。同樣的，**斷山出問題的「氣」也是與理氣派的「氣」不同，因為斷山是形勢的問題，不必論方位，也不必論元運，而理氣派是必然要論方位坐山與星運的，所以有根本的不同。**

石山不可葬。這個好懂，石山就是指整座山是石頭形成。石山也常具有童山的特質，因爲石山也長不出東西來，山頭上勉強只能在石縫中有些些短莖的植物。但是童山形成的原因並不限於石山這個原因，例如風大、嚴寒、毒素物質、炎熱燥氣…………都有可能形成童山，這是石山與童山的差異所在。

因爲石山而衰敗或出事的例子就太多了，爲何？因爲台灣是新摺曲山系，70%的地方都是山脈丘陵，所以住在台灣地區的人很容易把陰陽宅座落在石山之地。

與例來說，我們熟悉的阿港伯，在與李登輝競選總統大位落敗後就隱居在南投，往生後葬在南投中寮鄉，這就是個石山，地層裡石塊遍佈。

再如，花連地區濱海公路省道台11線內側沿線都是山嶺，其中有許多當地原住民的傳統公墓，這一些公墓地屬於海岸山脈的龍支，地層一挖下去都是大塊大塊的石頭，又直接面對海風，散氣不聚，當然也就影響後代子孫的前途。

又如，台東延平鄉有名的紅葉少棒的成員們，其先祖也都葬在山區裡紅葉村的石頭地，後來紅葉少棒的成員大多窮途潦倒，其中多位英年早逝，這也是影響因素之一。阿璽老師經過台東紅葉村，有閒會去一探當年的這些英雄們，在那個年代裡，是他們用熱血與汗水帶起了一個時代的勇氣與信心，而今如斯，總不禁令人輕嘆，願安息吧！

台東紅葉少棒隊的小英雄們，大多英年早逝，葬在延平村的公墓地裡，世世代代與他們的先祖陪伴，願這些英雄們安息，他們鼓舞整整一代人的信心與意志，影響了台灣整個體壇的士氣與鬥志，禮敬！

過山不可葬。過山這個名辭乍看之下，不說一般人不了解，多數的執業風水師也不清楚，真的！因為現代的風水師大多都是教室黑板裡學個一年半載就出來掛牌的，還開課授徒呢！不說讀經典古文沒空，就算有空也讀不通，看沒一頁就掛了。或者自以為通，許多執業數十年的老師傅往往如此，這個更麻煩，因爲他們把一開始學錯的東西用了幾十年，改不過來了。坊間的風水書汗牛充棟，包裝精美，作者用他錯誤的理解去註解古文經典，結果是自說自話錯誤連篇。想要找風水書來看，一定要找行家推薦，不要自己看到就買，那是賭運氣！

實話實說，不要以為有出書的命理風水老師就代表他們真懂，台灣坊間不少出過很多書的風水命理大師，對於風水術根本理解偏差(命理亦然)，出書多只是增加了遺害後學的名氣資本罷了。我在求學五術的過程中，沒少被這些半桶師害過、耽誤過，彎彎曲曲走過了很多冤枉路，花了不少冤枉錢與大把時間。希望透過這本書，能讓許多有緣的讀者，不再被這個惡質風水文化所害。

「過山」的意思是指山的後面被水截斷了，亦即本來應該常見的山止水繞的情勢變化了，山在過水之後竟又凸起，這是「過山」。過山的來氣必然也是斷掉，這與斷山相同，但形成原因不同，斷山其後未必有水，而過山其後必定有水也。

在台灣這個多山多河的地區，也是常見，例如我在台灣南投、苗栗、嘉義、新竹等地區就多次見此情勢，陰陽宅設立在此者，無不破敗。

獨山不可葬。就字面意義來說，獨山意思好懂。獨山就是單獨的一個山頭，宅的四週沒有其它群聚的山巒，所以沒有氣勢相護衛的效果，並不能聚氣。《撼龍經》云：「龍若無纏又無送，縱有真穴不堪用。護纏多愛到穴前，三重五重福延綿。一重護衛一代富，護衛十里宰相地」。

黃妙應《博山篇》云：「認得真龍，真龍居中，後有托的，有送的，旁有護的，有纏的，托多送多護多纏多，龍神大貴？中貴？小貴？憑這可推。」

由是可知，獨山最大的問題就在於不能聚氣。但是「獨山」在陰陽宅佈局運用時，若碰到高明的老師，懂得因應地形勢創造條件，還是可以有不錯的發展，只是這種老師難遇。

風水上講究左青龍、右白虎、前朱雀、後玄武。獨山的情況就是說光有玄武，其它的統統不見了。前文中曾說明過「風水」一辭的含義，就在於藏風聚氣，獨山既缺了青龍、白虎、朱雀三者，想要聚氣勢必有所不能，陰宅的格局也就不會太高，頂多平安而已。

台北市的圓山大飯店，就類似獨山的格局。去過圓山大飯店的讀者可以試想想，若站在飯店的正前方，往前、往左、往右看過去，就會發現白虎方根本空缺，而朱雀、左龍方太遠或太低，這就形成不了藏風聚氣的條件，若無公家資金的挹注恐怕早就倒了，但也是經營困難，幾次面臨重組。

☞　**生基是風水術不是法術。**
現在有一種騙子，拿宮壇中道士經常用的蓋魂，及放草人儀式，配合剪些頭髮指甲，裝置甕中再埋到土裡，謊騙稱爲做生基，一次詐騙收費數十萬元，魚目混珠。有緣讀到本書，留意受騙，生基所用的頭髮指甲至少要一年的量才夠。

☪ 東勢劉氏家族雄牛鬥崁奇穴，富甲一方

☞清末.玄空大師.馬泰青《三元地理辨惑》：

一問：近日地理多門，當以何者為專主？

答：看龍之來，必須有起伏擺折，有屏幛，有枝腳，至結穴處，必須有砂環水繞，內有窩鉗乳突，此等語，人人能說，及至覓地時，拉山抵水，往往皆錯。**蓋看地之法，先以形勢為體，理氣為用，形勢一錯，則體非其體，用非其用，無往而不錯矣，以勢為專主，深明龍穴砂水之法，則於地理一道，亦思過半矣。………**

☞ 正文

前述美人照鏡一文，介紹了傳奇風水師蝨母仙的故事，本文再分享蝨母仙更加爲人傳誦的一局。在前文中已經提到劉氏家族因爲美人照鏡龍局，已經漸漸發展了上來，成爲地方上的旺族。

清乾隆時期，大批廣東潮州的客家人，渡海來到台中東勢、石岡墾荒，這批先民多以劉姓爲主。其中，第三代有一位劉文進，爲人忠厚誠懇，與人爲善，正直感人，感得中部地區傳奇風水師「蝨母仙」指點他將祖母舊墳遷葬至石崗區的「美人照鏡穴」，劉氏依蝨母仙指示，此後的經營都財源滾滾，奇蹟式的發家。

後來劉文進仙世時，蝨母仙也指點其後代，將他安葬在東勢三聖宮附近的「雄牛鬥崁」穴。蝨母仙在爲劉氏點葬此穴時，曾事先交待，這是「雄牛鬥崁」奇穴，葬後墳墓的石碑會漸漸向前傾倒，特別交待後人，絕對不可以將碑扶正，如果將之扶正就會出現災難。

劉家人丁興旺，而且富甲一方，但三百年來就是沒有人敢把倒下的墓碑扶起扶正，由此不尋常的事實，可證明當初蝨母仙預言的神奇。

雄失鬥崁穴的對面有一案山，背陡面緩，經常會有土石崩落，每次崩落劉家就會進財，這也是蝨母仙點葬穴時所預言，因爲雄牛犄角有力，所以前方土石會崩落。

以上這些都屬於傳說層次，但探其事實，就會發現雄牛鬥崁穴的傳說在當地人人皆知，而且說法頗爲一致，墓碑也確實向前傾倒。後代子孫近三百年來，雖然昌盛繁衍，但卻沒有人將傾倒的墓碑扶正，年年掃墓祭祖，但卻任由如之，也算是民俗上面的一個奇觀。

蝨母仙雄牛鬥崁奇穴，由後方看玄武來龍的形態，像不像是兩支牛角？相片中黃色箭頭所指，正是穴場所在。

從以上的這些事實，幾乎可以肯定雄牛鬥崁穴的傳說確有其人其事，否則沒有任何子孫會任由其祖墳傾倒的，更何況是在子孫繁衍昌盛的情形之下。

劉氏族人以傳統習俗舉行的「雄牛鬥崁」祭祖儀式，至今已經進行了三百多年，不但成爲他們家族的傳統，這座名墓與蝨母仙的傳奇色彩，也成爲了台中東勢附近家喻戶曉的故事，成了閩粵先民來台墾荒的見證，成爲了一頁台灣的鄉野傳奇。

現今網路發達，許多資訊都可以在網路上找到資料，雄牛鬥崁奇穴也是一樣。阿璽老師因爲要撰寫這篇文章，也到網上查找了一些看法，卻不由訝異，功力不足卻胡言亂語者，真是多如牛毛，有以各種門派強爲解釋的，有全盤否定的，有部份疑質的………，這也是風水這行的特色，看到的接觸到的大多是錯的……………，但想要將它講清楚，真的是沒有那個時間，也沒有那個力氣與人鬥嘴，莫可奈何，眼睜睜看著它墜落。

實在講，任何龍局的成立，不離窩、鉗、乳、突，風水師鑑穴「**入山尋水口，登穴看明堂**」，發現窩、鉗、乳、突四勢顯然，自然成局，看不出來的就回去再練練，真正能有益世人了再出來爲人服務吧！

☞ 風水的智慧

阿璽老師曰：「皇朝有最好的風水師，為何敗亡？」

阿璽老師聽過許多批評風水術的言論，例如迷信、騙財、不科學……。坦白而言，都有其道理，實在是自己風水界的老師們太多的作爲令人反噁。前面舉列的那些違法亂紀之徒，也不過是冰山一角而已。

這個行業沒有政府把關，專業知識的門檻不高，小學程度就可以唬得大學教授一楞一楞的。2008年黃琪以十七歲之年，騙得台灣總統上套，把台灣地區的總統玩弄於股掌之上，讀者由是可以略略嗅出其中真味，五術這個行業很特殊，魚龍混雜，騙人技倆多端，許多道貌岸然著書立說的名師，多詐偽之徒充斥，把學生當提款機，傳授之技不盡不實，想求助或學習的人自已當心。

一般人爲什麼要詰難風水術呢？一方面風水師形象不佳，害人詐財的事件時有所聞；另一方面風水師的門派太多，應驗太少，難以取信於人。「皇朝有最好的風水師，為何會敗亡？」這是聽過的質疑聲音中，乍聽之下頗有理，又得到其他人認同的問題。但，實際上事實如何呢？

一、皇陵都葬得很深。陵墓工程浩大，尤如迷宮，種種設計想要延續帝皇生前的富貴權勢。首先，這就犯了風水上的一個大忌~~~葬太深！《葬經》說：「淺深得乘，風水自成。」龍穴的太極暈 (五色土) 不可能在如此深的地底。試問，好風水的人家不少，有聽那家那戶的祖墳葬到地底幾十公尺下的嗎？

二、怕被找到及盜墓。古代帝王陵寢的營造，雖可找到最佳的風水大師來協助，問題是風水大師也使不上力，還要小心腦袋。爲何？帝王陵寢都具極高的保密性，不可讓外人知悉。帝陵自古以來都有陪葬的陋習，葬得如此之深及隱密，就是不要讓人找到，怕被盜墓，這才是帝王陵寢設計所真正要達成的目的，風水大師這時候只是一個協助工具而已，至於風水好不好？這真不干風水師的事。

三、帝皇下葬過程充滿殘酷宮鬥。古代君王自稱“寡人”，寡人者無恩無情之人也，帝皇駕崩，留下的江山與權位誰來繼承？有沒有危機？京城內外情勢穩定嗎？大臣們派系權鬥如何？軍隊有無異動？有沒有殺身之禍？所有的這一切事情都重要過風水的好壞，誰還有心情去管風水呢？所以，「皇朝有最好的風水師，為何會敗亡？」這句話根本是不成立的。

☞ 經典幕後之森

清末.玄空大師.馬泰青《三元地理辨惑》：

「一問：近日地理多門，當以何者為專主？

答：看龍之來，必須有起伏擺折，有屏幛，有枝腳，至結穴處，必須有砂環水繞，內有窩鉗乳突，此等語，人人能說，及至覓地時，拉山抵水，往往皆錯。蓋看地之法，先以形勢為體，理氣為用，形勢一錯，則體非其體，用非其用，無往而不錯矣，以勢為專主，深明龍穴砂水之法，則於地理一道，亦思過半矣。

馬泰青作爲玄空風水的一代大師，也算是玄空法中承先啓後的標竿性人物，但他的《三元地理辨惑》實在是一本自相矛盾的書，而會產生這種嚴重的矛盾，原因也不難理解～～～就是對風水學一道並未真正理解，走上了岔路，但又想要賣瓜自誇，爲自己也爲玄空法增光長臉，所以出現了如此莫名奇妙的一本書。

何以筆者此評斷？「水以勢為專主，深明龍穴砂水之法，則於地理一道，亦思過半矣。」

我們在此仔細分析與看看這段文章的內涵。

1、**「以形勢為體，理氣為用。」**意思很清楚，理氣頂多只是輔助，形勢巒頭才是重點，看風水或學風水若不把形勢巒頭徹底弄個清楚明白，只花精力去學習理氣法的那些簡風水公式，到最後終歸是一個字「錯」。而若您還是一位風水師，一生執業爲人看宅，能想像一生工作害人無數有多可怕嗎？

2、「形勢一錯，則體非其體，用非其用，無往而不錯矣。」如果不明形勢，而以理氣爲主，那會怎麼做怎麼「錯」。問題是～《三元地理辨惑》整本書中除了第一問良心發現外，或者說是爲自己搞不定的理氣理論預留一個詰抗的伏筆外，整本《三元地理辨惑》都是在大談特談三元玄空有多美妙，多麼神驗，甚至是沒有元運形勢也沒有用，內容上根本是鬼打架，讀者有興趣可以自行去參看，網路上就有資料，一查便知。

3、「以勢為專主，深明龍穴砂水之法。」何意？文章中再次申明風水應該以形勢巒頭爲主要，要深刻的體驗到龍穴砂水的應用之法。舉個簡單的常識，若是龍脈由東而西行龍過來，依古賢傳法，龍在末落脈處開帳結穴，那麼你就不要把穴場點在山頂上涼快；也不要點在過水的地方，形成背水一戰；更不要明明山是由東而西，高度由東往西降，你卻點穴在坐西向東，變成前面是高山，後面是河流的宅局。

讀者們千萬不要以爲阿璽師想太多，怎麼會有人這樣點地呢？偏偏這種「山上吹風」「背水一戰」「出門撞壁」的陰陽宅多的很，多是風水名師的傑作，被害慘的人也是不計其數，阿璽師二十餘年來所見多矣，絕不誇言。

學形勢巒頭難，明師亦難尋，學理氣公式法簡單，老師到處都有，兼通兩者的千中得一，這是事實，想學風水的人深思吾言。

4、「則於地理一道，亦思過半矣。」這句話阿璽師深表同意，能通形勢巒頭，則對風水一術已得十之七八矣！所以說不

懂形巒的人，不要再誇言理氣風水如何如何了，趕快去補漏洞吧！

術數本於陰陽五行，五行天人時空合一論，「生、剋」二字的精義奧妙難言，用在中醫學則是博大精深的中醫臟象學說，用在軍事、庭園、書畫、工藝、飲食………也都形成了傳承數千年的文化。用於風水學理結合山川大地巒頭形勢，更是相得益彰，風水的理氣部份不管如何變化，萬變不能離其宗，不離正體五行，所謂**「生居覆載之內，盡在五行之中」**也。

然則馬泰青在《三元地理辨惑》中十八問：「形勢雖美，元運不合，將棄之歟？答：然，若勉強用之，其凶立至。…」十八問的這一段，若與第一問併看，不免讓人產生錯覺，那到底是形勢重要，還是理氣重要？一方面強調形勢重於一切，另一方面又說形勢好也沒用，元運理氣不對則凶禍立至。這種牛頭不對馬嘴的風水術法，很清楚明白的顯示出了作者的騎牆派思維。所以如此者，無非風水師本身對風水造詣不足，行有不得，不免疑神疑鬼，到處攀附，跟蔣大鴻氏如出一轍。

玄學理論再怎麼辯也說不出個高下來，只有用事實來驗證才能見到實情。玄空祖師蔣大鴻氏的一生造作陰陽宅不少，卻被鄉里故人評爲「害家破人亡，不知凡幾。」其中詳情、事證與考據，在阿璽師的前著作講述明清風水歷史一節，皆有詳細論述，讀者可以自行參看，在此不贅言。

「二十問:元運理氣之應，捷如桴鼓，近世習玄空者甚少，間有習之，用亦不驗，是何以故？

答：蓋有故焉，蔣氏之書，文理深奧，懦者喜讀之，亦只視作三合之書，可遊覽而得也，又不肯屈身從師，自逞聰明，肆行臆解，愈迷愈謬者有之。亦有俗士，慕元空之美名，口稱得傳，其實一無所得者有之。抑或虛心向學，不辨真偽，所讀非書，所師非人，以盲引瞎者有之，故用之多無驗，而元空之受謗，實斯人皆之也。」

又「四問：當看何書為是？

答：有形勢之書，有理氣之書，楊公撼龍疑龍二經，吳景鸞望龍經，廖金精撥砂經，沈六圃地學，此數書，言形勢最為的當。其餘各書，但言形勢者，尚屬可看。至言理氣，則悖謬矣。惟地理辨正，天元五歌，是真理氣之書。」

馬氏的這些個「自問自答」「自說自話」的所謂“辯惑”，實則是愈辯愈不明，自相打架自相矛盾，全文中老王賣瓜的地方多不勝數。相要知道風水真書有那些，建議不妨去看清初.欽天監.博士監正.高大賓等人合著的**《地理醒世切要辯論》**，蔣大鴻氏的《天元五歌》就是高大賓等人所唾棄的害人僞書，可惜還一堆人奉爲經典。有心學習風水的同好，千萬要走對方向，否則花錢花時間，最後害人害己，白忙一場，辜負了眾多前賢的苦心。

☪ 阿璽師的風水故事

宋.楊筠松《撼龍經‧總論》云：

須彌山是天地骨，中鎮天地為巨物。如人背脊與項梁，生出四肢龍突兀。四肢分出四世界，南北東西為四派。西北崆峒數萬程，東入三韓隔杳冥。惟有南龍入中國，胎宗孕祖來奇特。黃河九曲為大腸，川江屈曲為膀胱。分肢擘脈縱橫去，氣血勾連逢水住。大為都邑帝王州，小為郡縣君公侯。其次偏方小鎮市，亦有富貴居其中。

大率龍行自有真，星峰磊落是龍身。高山須認星峰起，平地龍行別有名。峰以星名取其類，星辰下照山成形。龍神二字尋山脈，神是精神龍是質。莫道高山方有龍，卻來平地失真蹤。平地龍從高脈發，高起星峰低落穴。高山既認星峰起，平地兩傍水勢尋。兩水夾處是真龍，枝葉周回中者是。莫令山反枝葉散，山若反兮水散漫。

外山百里作羅城，此是平洋龍局段。星峰頓伏落平去，外山隔水來相顧。平中仰掌似凹窠，隱隱微微立丘阜。傾從丘阜覓凹窠，或有勾夾如旋螺。勾夾是案螺是穴，水去明堂聚氣多。四傍繞護如城郭，水繞山還聚一窩。霜降水涸尋不見，春夏水高龍背現。此是平洋看龍法，過處如絲或如線。高水一寸即是山，低水一寸水回環。水纏便是山纏樣，纏得真龍如仰掌。

窠心掌裏或乳頭，端然有穴明天象。水繞山纏在平坡，遠有岡陵近有河。只愛山來抱身體，不愛水反去從他。水抱應知山來抱，水不抱兮山不到。莫道高山龍易識，知到平洋失蹤跡。藕斷絲連正好尋，退卸愈多愈有力。高龍多下低處藏，四沒神機便尋得。祖宗父母數程遙，誤得時師皆不識。凡到平地莫問蹤，只觀環繞是真龍。念得龍經無眼力，萬卷真藏也是空。

☞**正文：**

易經有言：「神而明之，存乎其人。」阿璽師風水天涯路，半生爲人造作風水、考察風水、研究風水、驗證風水、體驗風水………，經過漫長的時光淘洗磨練，把我由一個普通麻瓜，變化爲一個對風水堪輿有特殊感受的地師，這節中我列舉幾個有趣又神奇的事件分享給讀者同好們。

在此我要事先說明，這些事件雖說都屬於鬼神或無形界的範疇，但都是真實的事案，行文必求其真實，有一說一，有二說二，其中有許許多多的訊息，讀者同好們可以自行解讀。生命充滿了大愛、開濶、光、幸運與豐收，生命充滿了趣與奇，在此分享給大家。

一、慈心三姐妹，好人有好報。

當初在佛光大學生命學研究所就讀時，因緣與一位南投來的同學特別的投緣，總能在她的身上感受到一股慈悲真誠又認真的正能量，也發現她們全家人都慈悲喜捨，做了很多的善事。兩年同學下來，遂結上深厚的情誼，並由此與她全家都熟識了起來。

初識她時，曾應她之邀去勘察她家陽宅，發現明堂有犯煞，確實家中出了事情，雙親都提早亡故。後來經由我不斷的提醒與催促，希望她們換個新房子，我自願義務的爲她們找房子。最後，她們終於下定決心要來換屋，但好宅不好找，要風水好，又要格局空間、地點、價位等等適合，確實不容易，後來斷斷續續找了約兩年的時間，最後才找到一間滿意的房子，並順利的搬了進去。

有趣的是，三個姐妹都是公務人員，財務上都是穩定而已，但自從搬進去之後，原本在體系內許多犯小人的現象消失了，工作變得順利，而且每有驚喜，例如參考一些競賽，都能意外的得到好名次，身體與精神也變好了。

這應該就是所謂的善有善報吧！這也是我在工作上追求的目標。

二、破土三次立筊，土地公指示坐向。

2021年時我承接了一個廖姓家族墓園的個案，於是開始在中部地區尋龍點地，最後在魚池鄉山上找到好的吉地，接著就開始進行各項的程序，首先就是要擇吉日良辰破土、定分金與淨五方煞，同時定出此局坐乾向巽。

奇妙的是當天破土儀式畢，跟山神擲筊請示時，竟然連續兩次立筊，當下我注意到不尋常，於是再請示一次，是否土地神指示坐向，沒想第三次擲筊時依然是立筊，而且三次立筊都是指向同一個方向，乾山巽向，與我所定坐向相同，真的不可思議！於是再請示山神是否祂來指示陰宅坐向，果然得到聖筊。這時候在旁觀摩的學生，都對此嘖嘖稱奇，也對自己所學更加有信心。

乾山巽向這個坐度，就是原本我想要立的坐向，後來該廖姓家族墓園就是照此坐向施作，過程順利，有緣東家也十分的滿意，相信不久後就可以聽到他們的好消息。

三、先天通靈體的母親夢見祖墳發光。

之前文章中曾提過，在南投為黃姓先人的家族墓園造葬，過程中出現了好幾次的大光明的感應，從破土開始到完墳謝土期間，都有奇妙的靈光的感應。

東主中有一位與我連繫較密切，在謝土完成後，有一天打電話來，說有件事想跟我講，說他的母親是一位先天通靈的人，自小他們家族中有什麼事情，他母親都會事先知道，他舉例自小他若在外有發生或將發生一些不尋常的事時，都會接到母親的電話，非常靈驗。

接著說，家族墓園施作期間，他母親因為身體不佳都沒有參與，但謝土圓滿當天晚上，他母親夢見他們家的祖墳散發出光芒，很是殊勝，特別把這件事來跟阿璽師分享。

真為他們感到非常高興，所謂念念不忘，必有廻響，風水師所追求的無非就是造福有緣，能如此，也算不負這一生從事這個工作了。

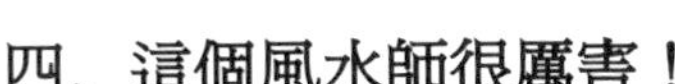

四、這個風水師很厲害！

我有位客戶是虔誠的修行者，她追隨頭城清修的三位師父，是奇人，入定可以數月才出定，住在宜蘭頭城的山上，平常並不對開放，也不受弟子供養，只有在講經說法時才會讓弟子上山，講經時盤腿一坐，可以整日不下坐，不吃飯也不吃水，也不須要去上厠所，已經到了道家斬赤龍、斬白虎的境界。是當前台灣少見的道家大修行者。

這位客戶的丈夫非常理性且社會經驗豐富，平日裡不信鬼神玄學等等，之前初識時，他直話直說，表示不信玄學命理風水等，是後來多次見到筆者的實務後才改觀。

但他非常的信仰山上的這三位師父，因爲他曾親眼見到一位癌末的病人，被山上的師父用手隔空揮過幾下，然後很神奇的，病就慢慢痊癒了，從鬼門關前搶回了性命。此外，還有許多山上師父神奇的事蹟，他才誠心的信仰。

一次，該伉儷要找好房子，委託我代他們來做選擇，但他又有點信不過，於是就利用到山上的機會，向山上的師父尋問，他要找房子是否可以找我來協助。他們後來就把選購陽宅的事委託給我，並轉述山上師父的話說：「這個老師很厲害！帶天命的，可以交給他。」也因爲這個緣份，大家後來成爲好友，有時間都會相約喝茶。

五、東華帝君的因緣

實在講，我對「東華帝君」這尊高階的神聖，從來沒有聽說過，第一次知道有這尊大神是在一個偶然的機會。許多年前，有次與台中的鄭姓友人到宜蘭旅遊，順便勘察宜蘭的龍脈山水，因爲宜蘭冬山的三清宮是道教總廟，名氣很大，就與友人商量一起上山參拜。

到達山上時，都還沒有點香祭拜，也沒有進入大殿，就突然在殿外看見亮晃晃的全身散發光芒的一尊大神像出現在眼前。我驚奇之餘，馬上轉頭告訴友人，友人立時跟我說，進去看看是那尊神。進入大殿後，剛才那全身發光的大神已經不見，變成了縮小版的神尊金身在神案上，我趨前細看了一下，座前有名牌寫著：東華帝君。這是我此生中第一次知道有東華帝君這位神聖，也是第一次看見祂的金身。這事只有我與台中的鄭姓友人知道。

再次接觸到東華帝君，則是完全沒有想像到的情況。事情是這樣的，一位客戶來找筆者觀元辰宮，最後完成前一般我都會幫案主找尋他的指導靈、護法神或元神，爲案主找些額外的幫助或指示。這次也一樣，但沒想到案主指導靈竟然是「東華帝君」，當下因爲在施法進行中，也沒有多想，沒想到被催眠的案主竟對筆者說：「東華帝君有話要跟老師講。」我當時嚇了一跳，因爲這是從來沒有出現過的狀況。於是我回說：「好的！請示帝君有什麼指示？」

案主回說：「東華帝君說要送老師一個禮物。」

我不由問說：「是什麼禮物？」

案主回說：「一把劍，很大，很亮，看不到邊。」

我恭敬伸雙手，收下東華帝君的餽贈，此後在處理許多難事時，都會觀想請出這把寶劍來協助，對我助益很大，也幫助了許多有緣的客戶朋友。

第三次與東華帝君接觸，是帶領學生赴台東戶外教學時，在台東寶華宮慈惠堂，在偏殿見到東華帝君，因這個因緣讓我又想起三清宮的東華帝君，於是在2022年5月再次來到宜蘭三清宮參拜，並且用手機拍下了東華帝君的相片。後來一次機會，我把這張相片傳給一位朋友，這位朋友也是通靈者，他答說：「你們是老朋友。」

我則回：「前世是啥都不重要，這一生要是不過關，是什麼都沒有用，只是一個笑話。」

自與東華帝君因緣始，阿璽師身上發生許多奇妙的因緣，引導我走上一條全新的風水修行路。

宜蘭三清宮　東華帝君 聖像

六、做生基的真實感應

這些年下來，筆者爲有緣人尋找上吉龍穴造作活人生基，大約將近有50個左右，經驗算很豐富了，事後的驗證也的確是不錯。在此略舉幾個例子分享給讀者。

1、宜蘭的陳姓師兄，因爲身體不佳，及想要報考花蓮東華大學某研究所博士班，但該博士班競爭激烈，且該組只錄取一人，他衡量競爭對手條件，覺得自己過不了關。

後來，筆者爲其找到一個龍穴，收集他的頭髮指甲及衣物，造作了龍穴生基寶地，沒隔幾個月陳姓師兄傳來好消息，博士班考上了。更奇妙的是，陳姓師兄是少年白，至五十餘歲，早已是滿頭白髮，沒有想到生基作了幾個月後，平時飲食作息也沒啥改變，竟然由耳際及後腦部位開始長出黑髮，陳師兄直呼太神奇了，他因此還特別到筆者的臉書上留言證實並感謝。

2、第二個實例，也很奇妙。這個客戶是全家都來造作生基的，一次作了全家四口人，夫妻兩人及兩個女兒。原本只是普通人家，但造作了生基之後，發展迅速，男主人事業突飛猛進，成爲一家大公司的總經理，領有分紅。而兩個女兒則是名校畢業，又留學英美名校，畢業後各自找到了難以想像的好工作，年薪超高。

3、第三個實例，案主全家三人都請筆者協助做生基，生基做後不到三年，女兒學業進步如願考上理想的大學，夫妻兩人則是事業突發猛進，工作上每逢遇到瓶頸，就會出現一些不可思議的貴人來相助，把原本無法突破的難關，輕鬆的處理圓滿，因此事業愈做愈大，夫妻兩人的身體也變好了許多。

4、這個個案是兩位在學的中學生，父母親因爲想要讓孩子未來的考運及學業變好，所以收集了他們的頭髮及指甲，委託尋找到吉利的龍穴地理，擇良辰吉日做了生基。很妙的是，兩個青少年的生基做了之後，學業都變得更加優異，在校的成績都提高不少。這樣過了幾年之後，大學的學測來臨，兄弟兩人都以十分優異的成績考上了台灣大學的熱門科系，而且在接下來的大學生涯中，依然表現亮眼，不只學業成績出色，在各種全國校際比賽中，也屢次得到好成績，孩子的父親說：「太值得了！」

5、這次的案主是一位退休的公務員，她請筆者全權協助，爲了她自己及兩個兒子來營做生基。我爲他們在新北市平溪鄉找到上好的龍穴生基寶地，擇良日吉時施作了生基。生基做後，案主及她的兩個孩子喜事頻傳，首先是案主投資發財，連買了兩棟房子，兩個兒子也都事業順利，在新北市購屋，並且結婚成家。另外，案主的退休生活也多采多姿，除了做公益、旅遊之外，又考上了東華大學的研究所，過著健康又充實的退休生活。(下圖爲生基裝甕的實作翦影)

☞ 風水的智慧

阿璽老師曰：「陰宅力量更重於陽宅。」

現在社會風水的學人大多是學習陽宅，而陽宅的方法幾乎95%以上，都是用理氣的公式來套，把房子畫分成九宮格或廿四山，然後不管它合不合理，科不科學，常識通不通，就把理氣公式套進去，因爲這樣學風水與運用風水最省力。

因爲現在都市地理當道，城市當中那有什麼巒頭水局可看(其實是不會看，因爲素養不足無法變通)，結合速食文化與名利勾牽，所以，理氣風水大行其道。

此外，隨著政府火葬的推廣，陰宅土葬漸漸消失，風水師們無利可圖，反而火化後進靈骨塔，簡單方便，風水師們還可以收到靈骨塔方的紅包，一般地師幾乎都轉去支持火葬，誰還那麼辛苦在大太陽下或風雨中在戶外搞土葬？還有另一個現象，就是大量的女性投入這個行業，而女性風水師幾乎不願去碰觸陰宅；民俗上一般人也較不願意投入陰宅研究，總是覺得心裡毛毛的。所以現在學用陰宅的後學，真的是愈來愈少了，而這恰恰是風水術發展的硬傷。

只懂陽宅的人，於堪輿的瞭解還不到1／2！

這是很多風水師不理解的。因爲風水術的發展，是由陰宅發展成熟後再擴及到陽宅的，這段的歷史實情，曉得的風水老師實在不多。因爲大部份的風水老師們賺錢都來不及了，要再拿出長久的時間去研究歷史古籍資料，能發這種心的風水老師真的是鳳毛麟角。但也因爲對整個風水術的全貌沒有深入的瞭解，就更容易走偏走錯了方向而不自知。

筆者在風水術的研究過程中，跟從過多位台灣的名師，但因為斯時對整個風水的歷史全貌沒有深入瞭解，於祖師爺經典瞭解不夠透徹，也陷入了一般風水學人學習風水易犯的「先入為主」的迷陣當中，整整走了十多年的冤枉路，寫這本書的目的，就是不希望還有人無辜受害。

現代的大學教育在訓練學生時，大部份的學科有會有一門「通論或導論」的課，就是希望學生在學習之前能先有整體的概念，後續的學習才有方向。**風水的學習也是一樣，最好是先研習整個風水的發展史，然後再進入細部的基礎學理裡面，以祖師爺真正的經典為依歸，這樣才不會愈走愈偏，愈偏愈錯，害人愈多。**

只是依現前的社會環境條件，要實現這樣的理想，恐怕是力有未逮，只能是個別的風水老師依良心爲之了。也因此，風水術難走上正軌，劣幣驅逐良幣，結果就是把風水的真學拋棄，把陰宅從風水術中漸漸的切離開。

這就造成了現代地師對風水術的認知出現極大的誤會，這也是因爲素養不足無法正確判斷所致，現代風水師的養成都是在教室黑板學個一年半載，就出來掛牌當大師，這個社會現象比比皆是，網路上多的很，速食文化之下，無足怪也！

不少學過風水的人，都會問：「陰宅與陽宅哪個吉凶的影響力比較大？」

一般得到的案都是：「各百分50%。」

如果遇到只懂陽宅或偏重陽宅的風水師則是：「你住的陽宅是最重要也最直接的。」

甚至會告訴你：「你住過的房子都會影響你，你擁有所權的房子也會。」

讀者覺得好笑嗎？或者你也這樣以為！這些都是多年實務上我常碰到的狀況，現代人對玄學風水術等的認知低落離譜到令人難以想像的地步，很可怕！這也造成了社會上這類五術騙徒橫行無忌的現象，受害之人多如過江之鯽，事後也求助無門。

風水術中陰宅與陽宅的吉凶影響力，實際上的情形是~~~

陰宅 〉 陽宅

陰宅影響的人數與層面比諸陽宅更深廣得多，陽宅一定要人住在其中才會受影響，若人住得太多還會把吉凶影響力分散掉一些，例如分租套房、學校宿舍、工廠宿舍……等。陽宅影響的只會是住客，不住就不會有影響。如果風水會影響所有權人，那些有錢人的房子那麼多，風水就亂套了，哈！

陰宅則不同，不管亡者有幾個子女，這些子女後來又生了多少孫輩，一概都在影響之列，就算你跑到天涯海角，住到歐美澳洲，甚至跑到外太空去，都不能躲開祖先陰宅對你的吉凶影響力，這是事實！祖先靈骨裡有與你相同的DNA，它對子孫的影響是穿越有形無形空間與時間的。印證實情也多可以發現，大富大貴人家陽宅未必多好，但七成左右都擁有一個條件極佳的陰宅（還有命理條件)，台灣那些大家族王氏、蔡氏、許氏、張氏、郭氏、辜氏、林氏………多是如此。政治上能得高官厚祿者，亦然，二十多年來看遍台灣政商名流陰陽實況，得出這個結論，絕非無的放矢，有心學習好風水術的同好，細思吾言。

筆者從事風水教學多年，經常帶學生到戶外學習、考察、觀摩、實作，去看這些個案，以事實印證學理，所教出的學生也多已經成爲箇中高手，這是爲師者最大的快樂。

☞ 經典幕後之森

宋.楊筠松《撼龍經》云：

須彌山是天地骨，中鎮天地為巨物。(龍脈是天地的脊樑)

如人背脊與項梁，生出四肢龍突兀。(也像人的脊椎與四肢)

四肢分出四世界，南北東西為四派。(四肢分出四方天地)

西北崆峒數萬程，東入三韓隔杳冥。(西北方爲高山，東至韓)

惟有南龍入中國，胎宗孕祖來奇特。(往東南入中原孕育大地)

黃河九曲為大腸，川江屈曲為膀胱。(河流是大地的臟腑)

分肢擘脈縱橫去，氣血勾連逢水住。(山不離水，水不離山)

大為都邑帝王州，小為郡縣君公侯。(大格局帝都，小爲郡縣)

其次偏方小鎮市，亦有富貴居其中。(小格局成鄉鎮，亦可取)

大率龍行自有真，星峰磊落是龍身。(龍即山脈)

高山須認星峰起，平地龍行別有名。(龍有山地龍平地龍之分)

峰以星名取其類，星辰下照山成形。(凸起的山峰以形來取類)

龍神二字尋山脈，神是精神龍是質。(山脈是龍，具有形無形之氣)

莫道高山方有龍，卻來平地失真蹤。(山地有龍，平地也有龍)

平地龍從高脈發，高起星峰低落穴。(平地龍由高山變化而來)

高山既認星峰起，平地兩傍水勢尋。(山地龍認巒頭平地龍認水局)

兩水夾處是真龍，枝葉周回中者是。(兩水夾處中間必有行龍)

莫令山反枝葉散，山若反兮水散漫。(山水的形勢要聚集不散)

外山百里作羅城，此是平洋龍局段。(平原地區有平洋龍)

星峰頓伏落平去，外山隔水來相顧。(龍落脈水來纏繞)

平中仰掌似凹窠，隱隱微微立丘阜。(平洋龍局形似凹巢當擇凸泡)

傾從丘阜覓凹窠，或有勾夾如旋螺。(龍局山水呈現圓抱形勢)

勾夾是案螺是穴，水去明堂聚氣多。(龍穴四方有山水來聚氣)

四傍繞護如城郭，水繞山還聚一窩。(山圍如城牆水聚如窩池)

霜降水涸尋不見，春夏水高龍背現。(平洋龍春夏水多易發覺)

此是平洋看龍法，過處如絲或如線。(平洋龍隱伏形跡難察覺)

高水一寸即是山，低水一寸水回環。(平洋龍認脈要訣)

水纏便是山纏樣，纏得真龍如仰掌。(水纏繞必有來脈)

窠心掌裏或乳頭，端然有穴明天象。(龍穴有窩有突天然形成)

水繞山纏在平坡，遠有岡陵近有河。(我高水低又有山水圍繞)

只愛山來抱身體，不愛水反去從他。(喜山水環抱，忌反弓斜飛)

水抱應知山來抱，水不抱兮山不到。(山抱則水抱，水反則山反)

莫道高山龍易識，知到平洋失蹤跡。(山地龍易認平地龍不顯)

藕斷絲連正好尋，退卸愈多愈有力。(過峽剝換愈多龍愈長活)

高龍多下低處藏，四沒神機便尋得。(龍結低處須辨四勢蛛跡)

祖宗父母數程遙，誤得時師皆不識。(惑於千里龍勢卻難界定區穴)

凡到平地莫問蹤，只觀環繞是真龍。(平洋龍認水察真龍行跡)

念得龍經無眼力，萬卷真藏也是空。(尋龍點穴最要培養眼力辨察)

這一篇佳作是地學祖師楊筠松的風水術總綱領，觀此一篇文章就可以清楚了解祖師爺楊氏的的風水術法為何，也能明白祖師爺或者風水師最愛掛在口中的「氣」是什麼東西。

「惟有南龍入中國，胎宗孕祖來奇特。黃河九曲為大腸，川江屈曲為膀胱。分肢擘脈縱橫去，“氣”血勾連逢水住。大為都邑帝王州，小為郡縣君公侯。其次偏方小鎮市，亦有富貴居其中。」清楚了嗎？大由帝國，小到縣城住居都是由山川影響而成，所謂的「氣」就是山川之間流動的能量，而不是一堆假稱楊氏爲祖師爺的僞書中所稱的那些三元九運、二元八運、大小遊年星、先後天位、分金、星宿、河圖洛書、九宮………。那些僞書的名單及範圍，讀者可以參考清.欽天監.博士監正.高大賓等人所著的《地理醒世切要辯論》一文，即可以明瞭。

這一篇楊筠松祖師爺的經典，說得夠清楚，但想要領略真義，就算有明師肯教你，二十年也未必能明瞭，除非那位明師願意毫無保留傾囊相授，否則經典在你手中也是無用，所謂「念得龍經無眼力，萬卷真藏也是空。」

筆者說得是實情，師父領進門修行在個人，明師、努力、耐心、機緣缺一不可。比較之下，套公式的理氣派風水，不管是百多派中的那一派，都簡單多了，問題是錯誤的東西不管學多精~~~也還是錯的，風水學人真的很不容易，祝福大家都有福氣遇到願意傾囊相授的明師！

這位老董在山谷裡擺放了許多兵馬甬，山谷中陰氣壯盛，住在山谷中的修行師父與主人都病痛纏身，阿璽老師以特殊的法門將成千上萬的生靈送走，願他們都能如願去輪迴、跟從菩薩去修行，阿彌陀佛！

☪女性創業多艱難，調整好風水，一發如雷。

《地理辟徑集.眠弓案》：

「又論近案曰：凡點穴，看近案，台案分明值萬貫，高要齊眉低齊心，莫合坐下山岡亂。又曰：吉地須有逆流案，有案直須生本幹，幹上生來過我前，諸峰籍此為護捍，更有羅星塞水口，定作王侯。」

《山水斷》曰：「如人坐，如人臥，只是胸前有手過，又曰：古人一字值千金。高要齊眉低齊心。又曰：外拱千重，不如眠弓一案。又曰：欲求真的，遠朝不如近案。又曰：伸手摸著案，定作發財斷。又曰：伸手摸著案，稅錢十萬貫。又曰：一要富，二要富，案山手摸到。」

☞ **正文**

這一個真實的案例在桃園市，案主是一位了不起的女性，勇敢的面對一次婚姻的失敗，辛勤的工作養活全家，用自己的身教言教帶大三個孩子，孩子也懂事爭氣，能爲媽媽著想並且分憂解勞。

案主對餐飲頗有心得，手藝相當不錯，幾年前還自行創業開了間餐飲小店，只是店雖然開起來了，生意也尚可，但總是距離心中的目標還有一大段距離。後來她想要擴大經營規模，投入不少資金，但也擔心經營造成虧損。恰巧她的好友是阿璽師的學生，知道老師風水功力深厚，擅長處理疑難雜事，經由她的好友介紹，她連絡我，請我爲她勘察陽宅與店面，並主持她的新店開市事宜。

案主的陽宅是大樓式住宅，內外局形勢有許多不利的因素，可以調整的部份都指導她用最省力但最有效的方式去調整，以及避掉外來的形煞。無法去改變的部份，則指導案主特別的法門，利用「空間能量清理」與「空間能量加持」的方式來為自己的陽宅加分。

其實風水犯煞的話，不是都要大動干戈的，許多風水老師在勘察客戶風水時，往往出於專業高傲的態度，動輒要客人搬家、拆牆壁、買東買西…，錢沒賺到就先花了一大筆錢，根本是本末倒置。有些客人財務狀況不佳，根本無力去改變，更不可能搬家，風水看完之後反而斷了最後一絲希望，只能坐以待斃，這樣的風水師就是無良。不客氣的講，電視上的那群名師幾乎都是這一類人，市場上也不乏如此的地師，想改善風水的有緣，事前要打探清楚。

在針對案主的陽宅給出佈局建議之前，我已經前往新店面勘察過，做了整體的擺設調整，指定大門位置及大小，安置了辦公桌位、並指定方位安置爐灶，建議她在開市之時為餐廳安奉灶君，如此必能一開張就大吉大利，財源滾滾。

因為學生介紹的緣故，同時也感動於女性創業之不易，在開市當天，還特別為案主的店面做了制化小人的法術，以及召喚「祿馬貴人」。

新店面一開張就生意興隆，紅紅火火的，顧用了幾個人手都還忙不過來，案主特別吩咐介紹的友人，請我一定要去給她請客，因為生意真的好到都出乎她意料之外。而且有人快手快腳的就已經想要來與案主談加盟，這些都是案主之前沒想像到的。

風水師的快樂，就源於幫助有緣人找到幸福安詳人生。

(彩圖9) 阿璽師爲客戶點葬的家族墓地，外行人應該也會感覺能量充滿吧！

☞ 風水的智慧

俗師曰：**「南半球的風水與北半球不同，吉凶相反！」**是耶？非耶？

最近一位知名的風水同行，宣稱南北半球的風水看法不同，如果把北半球的傳統看法套在南半球上，吉凶就會完全相反…，理由一套一套的，大部份基礎學理不足的風水師，也難搞清楚。觀於這種論點不客氣的講，就是標新立異，目的無非在於牟利，自己錯了還要拉著大家一起錯。

見到這樣的論點，腦筋略微轉了一下就知道出自那個理氣門派，也只有純理氣派的技法才會得出這結論。而且技法中必然有順轉、逆轉的觀念，如此則不難推知是那個門派的思維了。道德淪喪的年代，總是有一堆風水師喜歡搞玄虛搞明堂來撈錢，風水五術界的生態，不標新立異好像撈不到錢似的。

爲什麼說純理氣派的風水術才會編出這一種結論呢？因爲理氣派的風水技法容易編創，若依照這位同行的思路，難不成陽宅到了南半球就喜歡蓋在水裡、沼澤、沙漠不成？在南半球就山頂變熱平地變冷？山頂風小平地風大？陽宅就不喜歡通風採光？風水到了南半球就不怕路沖了？壁刀也變成吉利象徵？到了南半球就喜歡住在養雞場、養豬場旁邊聞香了？

這其實只是很簡單的常識，連風水學都談不上，也談不上任何高深的風水理論。但好玩的是，任何東西只要把它套上易經河洛的罩子，這個東西就會立時變得神秘無方，不可說不可道，非常人可以理解，所以大家就都不用去理解，照單接收就

好，把錢交出來就好。因爲就只有這位仙仔會，別人不會，想學嗎？想弄明白嗎？交錢！

風水學理裡面有所謂陽順陰逆的說法，這種說法自古有爭議，中華先賢早有多人提出批判，其中就包含了一代宗師誠意伯劉基。爲何如此？並不是說陽順陰逆的學理不對，而是不能爲了套用而套用，不能因爲易經裡有陽順陰逆的說法，就認爲這世間所有一切東西都可以套上陽順陰逆的理論。

那你怎麼不單數日用左手，雙數日用右手？怎麼不白天用腳走路，晚上用頭走路？男生到了南半球變女性，女生到了南半球變男性？一切有形無形的存在，只要南北半球一交換，就上下左右順逆都要反過來，物理、化學、數學的定律都要改寫嗎？那天下還不大亂！提出這種看法的風水師，必然對風水術的認識存在很大誤區，當初跟的老師就沒選對人，先入爲主，也就回不了頭了。

☞ 經典幕後之森

《地理辟徑集.眠弓案》：

『凡點穴，看近案，台案分明值萬貫，高要齊眉低齊心，莫合坐下山岡亂。

又曰：「吉地須有逆流案，有案直須生本干，幹上生來過我前，諸峰藉此為護捍。」更有羅星塞水口，定作王侯。

《山水斷》曰：「如人坐，如人臥，只是胸前有手過」；

又曰：「古人一字值千金。高要齊眉低齊心。」

又曰：「外拱千重，不如眠弓一案。」

又曰：「欲求真的，遠朝不如近案。」

又曰：「伸手摸著案，定作發財斷。」

又曰：「伸手摸著案，稅錢十萬貫。」

又曰：「一要貴，二要富，案山手摸到。」

這段文章名稱叫做「眠弓案」，全文在探討龍脈結穴時朱朱雀方朝案的形態與判斷的基準。文章中有三句話要特別留心，「外拱千重，不如眠弓一案」，「伸手摸著案，定作發財斷」，「高要齊眉低齊心」，「遠朝不如近案」這幾句是全篇文章的重點精要，理解了，也就對精確判斷穴場的能力又往前提升了一大步。

在龍脈的點穴上，這是一件困難的專業，沒有多年的專業苦心，很難搞定千變萬化的自然山川形勢，此所以祖師會強調「三年尋龍，十年點穴」的功夫，都是在勉勵後學要堅持以往，傳承絕學。當然現代人學習點穴尋龍功夫不必如古人那般的辛苦費時，因為現代交通發達，又有衛星空照圖，還可以做成3D立體，若能得明師指點，並且實際觀察驗證，依阿璽老師多年教學經驗而言，短時間內就具備了基礎功夫。

在實務尋龍點穴時，常常見到立向時不問自然環境情勢如何的風水師，這些理氣家但問元運、十二長生位、城門訣、運星到向、零神正神、納氣方位、廿四砂水方位、先後天方位……等等理氣思維，而犠牲自然環境的均衡性。

雖然理氣各門各派也是鬼打架，「一個九宮格，各自表述」，吉凶互異，但反正客戶都不通，也只能任由風水師說一是一，說二是二，一路錯下去。

在文中這一段話裡，強調的是一種正穩平衡的精神，這是點出龍穴的大原則大方向。

1、「高要齊眉低齊心。」是要求穴場與對案的高度比例，穴場高度要與對案呼應。

2、「外拱千重，不如眠弓一案。」眠弓是指人躺著時側睡彎身，就好像是弓一樣，稱做「眠弓」。文中明示朱雀方有案朝時，案的重要性遠大於朝，也就是龍局成立時，可以無朝，但不能無案，所以說「外拱千重，不如眠弓一案。」眠弓的要點在於彎抱向我，如此則開窩圓大，乘金、相水、穴土、印木與暖火，四勢具全自然成局。

3、「遠朝不如近案。」朱雀方有所謂案與朝，案只有一重，但朝可能有多重，案的高度要與穴場高度成比例，站在穴場前，案的高度大約眼睛平視3度左右而已，不能太高或太低，高則壓迫，低則氣散。案之後爲朝，朝可以有多重，此時「**遠朝不如近案**」，愈近的案山對我穴場愈有助益，可以協助聚氣。

4、「**伸手摸著案，定作發財斷。**」這句指示尋龍點穴時，案山不可以太遠，遠則氣散，近則高壓，所以案山與穴場的距離要適中最好，以200公尺至350公尺爲適中，感覺好像只要一伸手就可以摸到案，如此的龍局自然富中有貴，主早發，距離愈遠則發達時間愈遲，甚至退耗。

對初學者而這，這句話是很抽像的，因爲對風水案朝的遠近沒有概念，不知道何謂遠？何謂近？這就要明師指點，再由老師帶領戶外教學，多看多學，自然能學熟應用。

☪《點穴歌訣》

山昂穴窄高處點，四面平和低處凹，砂局均勻中正作，
旁寬旁緊穴當偏，水斜山亂窩中隱，樂空下短定翻身，
有來有去尋結穴，山窮水盡向腰尋，四圍高逼穴易壓，
嶺上尋縱為最宜，四處低曠穴恐露，麓下留情窟藏好，
左高壓穴宜尋右，右高壓穴宜尋左、前逼穴宜向後移，
後逼穴宜趨前點，或近壓而遠眼，或內卸而外收，
穴須高取而論周圍，或遠粗而近孵，或外窄而內寬，
法須低藏而求窩聚四畔圍彎。

宜識穿弓架箭，眾山粗雜，須知移步換形（言粗中求秀，雜中求清）山水兩佳局罕有，官祿兩就法須知，山不如水之有情，祿當就則就之，水不如山之秀拱，官當迎則近之。

來脈若天然，休貪朝穿而誤轉，進水如弓反，喜得砂蔽以深藏，眾大一細，取其室女坐閨中而不露。眾細一特取其鶴立在雞群而自奇，坐忌空不忌短，此系常理，豈可執朝翻身回結之局。

山直來穴橫受，多犯眾忌，彼烏知脫龍就局之權，勢逆砂順，誰識離鄉其取貴，水朝砂抱須知此地好救貧，諸脈亂出有跌斷者是真龍，三山齊來望縮藏者可尋穴，山水之變態不一，咫尺之轉換頓異，低視醜者忽焉高視美，左視妍者忽焉右視虐秀氣在下點高則誤，情意偏右扡右則虧，此是仙傳真秘訣，明此點穴永無差。

☪ 富貴貧賤的一般看法要訣

富貴貧賤均由巒頭形式所確定，看風水首先看龍脈山水氣勢及結穴條件。因此可以說富貴貧賤還是出在巒頭之上，也與朝案水法有關。

一、富

一富明堂寬大，二富賓主相近，三富龍降虎伏，四富朱雀懸鐘，五富主山高聳，六富四水歸朝，七富山山轉腳，八富嶺嶺園豐，九富龍高虎抱，十富水口關鎖。

二、貴

一貴青龍雙擁，二貴龍虎高聳，三貴嫦娥清秀，四貴旗鼓圓豐，五貴硯前筆架，六貴官誥覆鐘，七貴圓生白虎，八貴硯筆青龍，九貴屏風走馬，十貴水口重重。

三、貧

一貧水口不鎖，二貧水落空亡，三貧城門破漏，四貧水破直流，五貧背後仰瓦，六貧四水無情，七貧水破天心，八貧潺潺水笑，九貧四顧不應，十貧孤脈獨龍。

四、賤

一賤八風吹穴，二賤朱雀消索，三賤青龍飛反，四賤水口分流，五賤擺頭撓尾，六賤前後穿風，七賤山飛水走，八賤左右皆空，九賤龍崩山裂，十賤有主無賓。

☪ 三合派 風水術介紹與評論

▲ 介紹三合派風水術~1

三合風水起於北宋，至明朝而盛，是風水學中較爲權威的一種。以龍、穴、砂、水、向，這地理五訣用於堪察陰宅和陽宅吉凶。

三合法認爲以之用於陽宅，會使人財旺，健康吉祥。佈局不当，能導致丁財破敗，疾病纏身。用於陰宅，能使後代興旺發達，諸運亨通。若葬的不好會家業敗落。

三合風水是風水術的主流之一，也是運用最爲廣泛的風水術。但流弊甚多，廣被批評。但在現今陰宅風水方面，它仍然占據著主導地位，尤其是在台灣地區。

☞ 什麼是三合？

一般人大多以爲~~三合，係指地支而言。即申子辰三合水局，亥卯未三合木局，寅午戌三合火局，巳酉丑三合金局。但實際上應是~龍.水.向三合吉局，配合砂手、穴場論其吉凶。

一、簡明三合羅盤(由內而外)

1、中間爲天池，指針尖頭指南，寬頭指北。

2、內層第一圈是八宮曜煞，專門用於曜煞。

3、內層第二圈是黃泉煞，用於向上起黃泉。

4、地盤正針，磁力子午線，用於格龍定向。

5、人盤中針，消砂用。

6、天盤縫針，雙山五行，納水用

再配合上各種分金納音，就構成了三合風水羅盤的主軸。

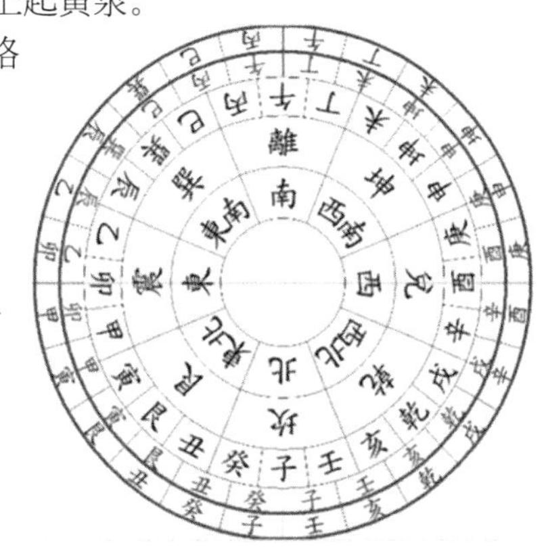

▲介紹三合派風水術~2

○ 廿四山.正體五行

甲寅乙卯巽-------屬木

丁巳丙午----------屬火

庚申辛酉乾-------屬金

亥壬子癸----------屬水

辰戌丑未坤艮-----屬土

○ 廿四山.三合五行

亥卯未、乾甲丁，木局

巳酉丑、巽庚癸，金局

寅午戌、艮丙辛，火局

申子辰、坤壬乙。水局

☞ 口訣：

亥卯未屬木，乾甲丁從之。

巳酉丑屬金，巽庚癸從之。

寅午戌屬火，艮丙辛從之。

申子辰屬水，坤壬乙從之。

○ 廿四山.雙山五行（納水用）

乾亥、甲卯、丁未，三合局木

巽巳、庚酉、癸丑，三合局金

艮寅、丙午、辛戌，三合局火

坤申、壬子、乙辰，三合局水

~~~由壬子起算，依12地支。
~~~

☞ **口訣：(青囊奧語)**

坤壬乙，文曲從頭出；

艮丙辛，位位是廉貞。

巽庚癸，俱是武曲位；

乾甲丁，貪狼一路行。

○ 龍與水

三合派風水把天干”甲丙庚壬”屬陽，為動象，把它比喻為水；”乙辛丁癸”屬陰，為靜象，把它比喻為山，有山有水，有陰有陽，乃為夫婦相配。

○ 廿四山.中針五行（撥砂用）(紅色部份為人盤中針)

火砂——子午卯酉，甲丙庚壬

水砂——寅申巳亥

木砂——乾坤艮巽

金砂——辰戌丑未

土砂——乙辛丁癸

▲介紹三合派風水術~3

◎三合派羅盤的用法

○ 羅盤三層：

地盤正針、人盤中針、天盤縫針。

以地盤爲主，順時針錯7.5度是天盤，逆時針錯7.5度是人盤。

地盤正針24 山，用來確定坐向和格龍。

人盤中針用於消砂。

天盤(縫針，雙山五行)主要看來水和去水(但地理五訣以此盤立向及測來去水)。

○ 在三合風水中，”龍分四式”：

1.從癸丑、艮寅、甲卯而來爲東方木龍。

2.從乙辰、巽巳、丙午而來爲南方火龍。

3.從丁未、坤申、庚酉而來爲西方金龍。

4.從辛戌、乾亥、壬子而來爲北方水龍。

右旋爲陽龍，左旋爲陰龍。

○三合水法中””水分四局””，依””出水口””方位而定局：

1.””乙丙交而趨戌””。

水從北方水龍~辛戌.乾亥.壬子.流出爲火局，水從辛戌流出爲火局正格。

2.””金羊收癸甲之靈””。

水從西方金龍的~丁未·坤申·庚酉·流出爲木局，從丁未流出爲木局正格。

3.””斗牛納丁庚之氣””。

水從東方木龍~癸丑.艮寅.甲卯.流出爲金局，從癸丑流出爲金局正格。

4.””辛壬聚而會辰””。

水從南方火龍~乙辰.巽巳.丙午.流出爲水局，從乙辰流出爲水局正格。

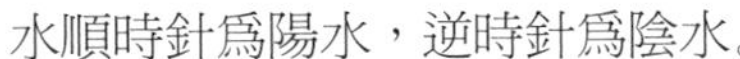

水順時針爲陽水，逆時針爲陰水。

☞ 四大局及出水口整理如下:

金局——癸丑 艮寅 甲卯(木龍)

木局——丁未 坤申 庚酉(金龍)

水局——乙辰 巽巳 丙午(火龍)

火局——辛戌 乾亥 壬子(水龍)

▲介紹三合風水術~4

◎ 三合羅盤的用法要訣：

1、地盤（正針，正五行）

地盤按後天八卦方位分成八方，每卦3山，共計 24 山，每山各占 15 度，24 山共計 360 度。24 山方位是用 12 地支、八干（甲乙丙丁庚辛壬癸）、四維（乾艮巽坤）組成。

◆ 主要用於陽宅 立坐向、格龍。

八卦24山詳如下:

坎方~壬子癸，艮方~丑艮寅，

震方~甲卯乙，巽方~辰巽巳，

離方~丙午丁，坤方~未坤申，

兌方~庚酉辛，乾方~戌乾亥。

2、人盤（中針，中針五行）

作用在於消砂，定四方**山頭**吉凶。

☞ 人盤廿四山五行:

甲丙庚壬、子午卯酉為火，

乾坤艮巽為木，

寅申巳亥為水，

辰戌丑未為金，

乙丁辛癸為土。

☞ **消砂吉凶訣：**

剋我者爲~殺砂，凶

生我者爲~生砂，吉

我克者爲~奴砂，吉

我生者爲~泄砂，凶

比和者爲~旺砂，吉

真正的”我”是”局”，而不是坐山。三合風水中分四大局，即火局、水局、木局、金局。比如葬得一地，根據水口確定爲火局，這個火局就是”我”。如果亥方有**山头**則爲不吉，因爲亥中針五行爲水，克我火。

如果巽方有山头則吉，因爲巽中針五行爲木，生我火。

3、天盤（縫針，雙山五行，下圖紅色部份爲天盤。）

主要看來水和去水（地理五訣以此盤立向及收來去水），三合法講究~龍分四式，水分四局。

☞ **龍分四式係指來龍入首：**

從乙辰、巽巳、丙午來爲火龍。(水法爲水局)

從丁未、坤申、庚酉來爲金龍。(水法爲木局)

從辛戌、乾亥、壬子來爲水龍。(水法爲火局)

從癸丑、艮寅、甲卯來爲木龍。(水法爲金局)

~~~右順旋爲陽龍，左旋逆爲陰龍。

皆由**乙丁辛癸方**變局，乙丁辛癸下各領6山爲一局，其五行看法約同正體五行。
~~~

☞ **水分四局則是：(龍/水的區分相同，但五行局不同。)**

出 乙辰 巽巳 丙午 爲水局

出 丁未 坤申 庚酉 爲木局

出 辛戌 乾亥 壬子 爲火局

出 癸丑 艮寅 甲卯 爲金局

~~~皆由**乙.丁.辛.癸**方位變局，各領6山。視辰戌丑未四個墓庫位，即知爲那個五行水局。例如，辰爲水局，未爲木局，丑爲金局，戌爲火局。

從西方金龍的流出爲木局，

從丁未流出爲木局正格，

此爲**金羊收癸甲之靈**。癸龍。(癸丑艮寅甲卯，癸甲代表此六山)

從北方水龍流出爲火局，

從辛戌流出爲火局正格，

此爲**乙丙交而趨戌**。乙龍。(乙辰巽巳丙午，乙丙代表此六山)

從東方木龍流出爲金局，

從癸丑流出爲金局正格，

此爲**斗牛納丁庚之氣**。丁龍。(丁未坤申庚酉，丁庚代表此六山)

從南方火龍流出爲水局，

從乙辰流出爲水局正格，

此爲**辛壬聚而會辰**。辛龍。(辛戌乾亥壬子，辛壬代表此六山)

水從左倒右爲陽水，水從右倒左爲陰水。
~~~

☞ ***在確定形局的時候，首先要確定水口，這是最關鍵的一步。***
來去水都要在天干字上，因爲天主動，地主靜。

☞ 十二地支按照生.旺.墓三合成局，如下：

申子辰三合水局，

寅午戌三合火局，

巳酉丑三合金局，

亥卯未三合木局。

☞ 辰戌丑未分別是水、火、金、木的墓庫，

是龍水陰陽交媾的重要場所，稱爲「四大水口」。

▲ 介紹三合風水術~5

◎ 三合水法1~四大水口法（原則順行，也有支派採逆行）

了解三合風水，首先要注重”” 四大水口””，否則，就難以”” 立向””。古人云：「有絕人之地，無絕人之水，有絕人之水，無絕人之向。」說明”” 立向”” 是堪察風水的關鍵所在。

「入山看水口，登穴看明堂，能知四庫位，方是識陰陽。」這是三合派地理師常說的一句術語。三合地師看風水，先看水從何方來，再看水流向何方。***<u>不論陰陽宅水法，先要觀其水口，次要察其來源，才能立出吉向。</u>***在實際應用時將二十四山分成金、木、水、火四大局，以出水口來確定這塊地是何局。

例如：有塊地前有水，後有山，但不知屬於何局。用羅盤測出水口在辛戌，就可知這塊地爲火局；若量出水口在丁未，就是木局...

☞ 依出水口決出四大局：

出 癸丑 艮寅 甲卯 爲金局

出 丁未 坤申 庚酉 爲木局

出 乙辰 巽巳 丙午 爲水局

出 辛戌 乾亥 壬子 爲火局~~~~~皆由 **乙.丁.辛.癸** 方位變局

☞ 判斷一塊地可不可以用？

1、先從”” 來龍”” 入手，看龍是否在長生、冠帶、臨官、帝旺的位置入局。(陰干逆行12長生)

2、”” 來水”” 要從生旺方過來，而往衰、病、死方去，然後流入墓、絕、胎方。以上是可不可用判斷的標準。

水法界定先觀水口爲四大局的那一局，再依此局五行，向上起12長生，論收去水吉凶。

三合水法以”” **養、生、冠、臨、旺、衰**”” 方” 來水” 爲**六吉水**；以”” 沐、病、死、墓、絕、胎”” 方”” 來水” 爲**六凶水**。

○ 十二長生水法分析：

1、五行的12宮位：

長生—沐浴—冠帶—臨官—帝旺—衰—病—死—墓—絕—胎—養。

稱爲”” 十二長生訣””。

2、” 水法” 起十二長生訣是從” 向上” 起長生的方法：

坤申.壬子.乙辰的向位(申子辰)，爲水局，從申上起長生，從左順排。

艮寅.丙午.辛戌的向位(寅午戌)，爲火局，從寅上起長生，從左順排。

乾亥.甲卯.丁未的向位(亥卯未)，爲木局，從亥上起長生，從左順排。

巽巳.庚酉.癸丑的向位(巳酉丑)，爲金局，從巳上起長生，從左順排。

3、山法起12長生，陰干逆行。

三合派風水把天干” 甲丙庚壬” 屬陽，爲動象，把它比喻爲水；” 乙辛丁癸” 屬陰，爲靜象，把它比喻爲山，有山有水，有陰有陽，乃爲夫婦相配。因爲山皆爲陰象，故山分爲癸木龍6山、乙火龍6山、丁金龍6山、辛水龍6山，以此各起12長生，旺爲吉，死絕爲凶。

4、十二長生的排法：

例如：子山午向起長生的排法：

陽宅定十二長生水法方位，是以” 主宅的大門” 放羅盤定位起長生。

陰宅定十二長生水法方位，是以” 墓碑” 拜堂放羅盤定位起長生。

例如：某氏祖宅子山午向兼癸丁，其中水從乙辰方來水，出水從丁未方流去爲木局。水法看天盤。

☞ 分析：本宅坐向是子山午向，向方從乙辰方來水，則爲衰水來，而從丁未方去水，則爲木局的墓位出，因此按水法論而構成吉水來而凶方水出，則爲丁財兩旺之宅，所以該宅入住後，人丁興旺，發財百萬。

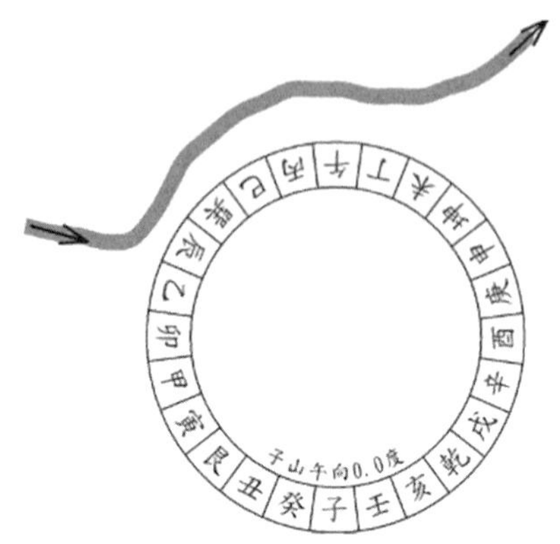

☞ 論收水旺衰,下圖~

本宅出水口乙辰爲水局。向上收長生右來(逆行)（貪狼），出乙辰墓口，旺財。水看天盤。

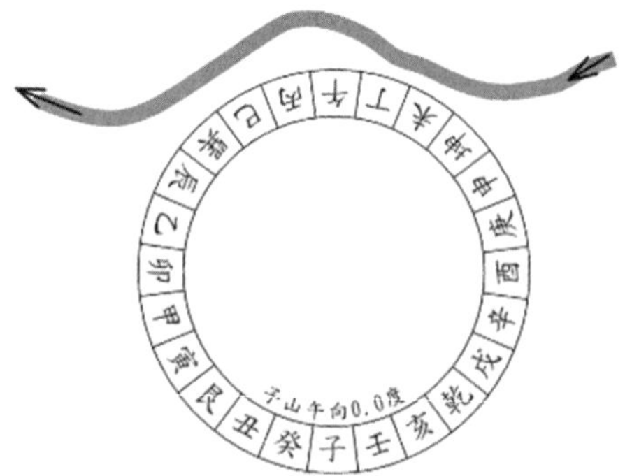

☞ 論來龍旺衰，下圖~

本宅水局同上，子山午向、或壬山丙向，稱之爲（坐旺衰向）。辛起長生在子，戌乾亥方來龍爲冠帶旺龍，主旺丁。***水看天盤，龍看地盤。***

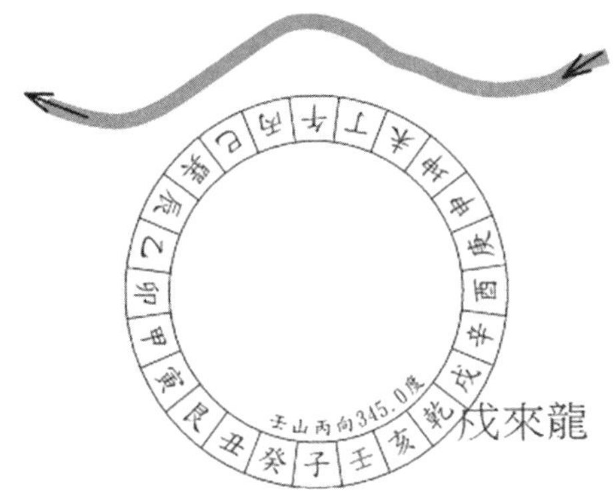

5、十二長生水法斷訣：

長生與養水(即是貪狼星)

第一養生水到堂，貪狼星照顯文章。

長位兒孫多富貴，人丁興旺性忠良。

水曲大朝官職重，水小灣環福壽長。

養生流破終須絕，少年寡婦守空房。

沐浴水(即是文曲)

沐浴水來犯桃花，女子淫亂不由他。

投河自殺隨人走，血病自災破敗家。

子午方來田產盡，卯酉流來好賭奢。

若還流破星神位，墮產淫聲戴枷鎖。

冠帶水(即是文昌星)

冠帶水來人聰明，也主風流好賭奢。

七歲兒童能作詩，文章博士萬人夸。

水神流去最爲凶，少年兒童死不差。

更損深閨嬌態女，此方停蓄方爲佳。

臨官水(即武曲星)，

臨官位下水聚積，祿馬朝元喜氣新。
少年早入青雲路，貴相籌謀佐聖君。
最忌此方山水去，成才之子早歸陰。
家中寡婦常啼哭，財谷空虛徹骨貧。

帝旺水(即武曲星)

帝旺朝來聚面前，一堂旺氣發莊田。
官高祿重威名顯，金谷豐盈有餘錢。
最怕休囚來激散，石崇富貴不多年。
旺方流去根基薄，乏食貧寒怨上天。

衰水(即巨門星)

衰方觀局巨門星，學堂水到發聰明。
少年及第文章富，長壽星高金谷盈。
出入起居乘駟馬，宴遊歌舞玉壺春。
旺極總宜來去吉，也須彎曲更留情。

病死水(即廉貞星)

病死二方水莫來，天門巽戶不爲昌。
更有科名官位重，水若斜飛起大災。
換妻毒藥刀兵禍，軟腳風癱女墮胎。
必主其家遭此害，癆蒸損瘦形骸消。

墓水(即是破軍星)

墓庫之方怕臨水，破軍流去反爲禎。
陣上揚名反武貴，池湖儲蓄富春申。

蕩然直去家資薄，欠債終年不了人。

水來充軍千里外，三男三女總凋零。

絕胎水(即是祿存星)

絕胎水到不生兒，孕死休囚後代絕。

縱使有兒難休養，父子生情夫婦離。

水大女人淫亂走，水小私情暗會期。

此方只宜爲水口，祿存流盡佩金魚。

☞ 風水術理論抄來抄去，有大同小異者，有大異小同者，反正都是那些素材，組合來組合去，都是騙人的把戲。以上三合的十二長生水法，明明跟山法九星不同，與北斗九星(含輔弼)也不相同，但是也要硬拉個關係，偏偏又要多拉一個文昌生，不倫不類，也算是風水門派的通病吧！

去水吉凶訣

1.長生與養位，水流去主絕子孫。

2.冠帶位，水流去主損聰明子孫。

3.臨官帝旺位，水流去損丁又破財。

4.沐浴水來，主桃花淫亂，遇水去主旺地莊之富。

5.墓水來主破田莊，遇水去墓位主旺田莊萬富。

6.病死絕水來，主破財損丁，遇水去主消災而人丁興旺。

總之，吉方水來，凶方水法，論吉；

吉方水去，凶方水來，論凶。

▲ 介紹三合風水術~6

◎ 三合派流傳的歷史部份幾全是僞造的。

三合水法，它注重看水來去的方向，以判斷吉凶。在套用時，該派將二十四山向配十二長生位，再看水從何方來，又向何方去。”” 楊公”” 所創的三合派是風水界的主流，用三合的理論勘察陰陽宅的易友不計其數。

只是楊公年代還沒有羅盤，這廿四山的12長生位，楊公是要怎麼玩啦！？要編歷史來騙人，也用點心。不過風水中人古來大多都屬於九流之人，沒有什麼學問，也就難怪了。但到現今網路時代，而且教育普及，還要玩這一套，阿璽師都替他們臉紅。

☞ **三合風水也有不同的分支，**

1、三合古法

2、三合新法

3、向上三合法

4、還有民間流傳異法

以上衍生出的流支甚多，理論與技法出入頗大，作法互異，三合學人自己都不必搞得清楚。何以如此呢？這就是風水術的病根，不管您搞出什麼理論，只要歪理勉理說得通，或甚至不通，都沒關係，因為不會有人去抓包，不會有政府去監督，也很少人搞得通，更河況還有易經河洛這張虎皮可以唬人，這就就風水數術界的現實。想要學或利用風水的人，要有福報，也要有智慧才行，才能得風水真正的智慧與幫助。

🌢”” 三合古法”” 是目前最爲隱秘的風水術，三合學者都稱其創始人爲風水鼻祖楊筠松，主張用天盤雙山配十二長生納水，代表作有《天玉經》、《玉尺經》、《青囊奧語》等，世稱「楊公九經」(實皆僞作，原因前文中多已提及，另清欽天監高大賓等宗師皆已批判)。

🌢又稱”” 三合新法”” 的創始人傳說爲楊公之徒裔，宋代明師賴布衣(沒

有根據)，他在羅經上增添了” ” 人盤” ” ，使羅經天、地、人三才合一。其格龍(地盤)、立向(地盤)、納水(天盤)等仍然用三合古法，但主張用二十八宿五行配合人盤雙山消砂，人盤中針消砂五行與地盤、天盤不同，代表作有《催官篇》(亦是稱名的偽作)等。

♦ ” ” 向上三合” ” 爲明清風水大混亂時期，徹瑩和尚和趙九峰所創，將風水術的龍、穴、砂、水、向五要素，用” ” 立向” ” 作爲最終的統一，並從向上起長生，反而把最關禍福的龍、水降爲次要地位。其代表作主要有《地理五訣》、《地理原真》等。

♦ 三合概念

三合指的是金木水火四局的生、旺、墓三合，也就是地支三合。如木生於亥，旺於卯，墓於未。

但是三合風水的核心不是地支三合，而是龍、水、向三合連珠。經典解釋乃是指龍、水、向三者之間的配合，即“龍合水，水合向”。

三合風水講究的是要求「**龍的入首、立向、水口**」三卦合一，如水口是四大局的金局水口，來龍入首是金龍，就要求穴的坐度一定得控制在金龍的坐度之內。

高雄阿公店水庫上游，陳田錨議長的母墳，具有奇特的地理形勢。前方兩水滙聚，水口緊鎖，明堂開窩，玄武束咽落脈，宜乎其吉。

▲ 介紹三合風水術~7

◎ 三合水法2~坐山十二長生水法

三合水法有不同分支，介紹另一技法~「坐山12長生水法」，以三合”雙山五行”定之，”長生分金五行”定坐向，故稱之。

十二長生指~長生、沐浴、冠帶、臨官、帝旺、衰、病、死、墓、絕、胎、養。12個五行旺衰的變化歷程。

1、坐山長生分金五行:

甲寅辰巽戌子辛申----------八山屬水

丑癸坤庚未-------------------五山屬土

午壬丙乙----------------------四山屬火

酉丁乾亥----------------------四山屬金

艮卯巳------------------------三山屬木

2、起法

凡” ”**坐山**” ” 屬水者，從「申」起長生，” ” 順佈” ” 十二長生於地支上。

納水時，爲納入天干，故以雙山之天干納之。

凡坐山屬土者，亦從「申」起長生。(土水同宮)，佈法納法與前相同。

凡坐山屬火者，從「寅」起順佈長生，佈法納法亦同。

凡坐山屬金者，從「巳」起順佈長生，佈法納法亦同。

凡坐山屬木者，從「亥」起順佈長生，佈法納法亦同。

例如:

屋宅坐巽向乾，巽山屬水，水由「申」起長生，順佈~~~

坤申爲長生，庚酉爲沐浴，辛戌爲冠帶，乾亥爲臨官，壬子爲帝旺，癸

丑爲衰，艮寅爲病，甲卯爲死，乙辰爲墓，巽巳爲絕，丙午爲胎，丁未爲養。

3、十二長生吉凶（略述）

十二長生中，吉方宜來水，凶方宜去水。長生、帝旺最吉。冠帶、臨官次吉。養字與長生同論，但力量不如長生。衰，代表人至中年以後，仍以吉論。其餘病、死、墓、絕爲凶，沐、胎則處於吉凶之間。

◆以下內容可參看上一篇文章：

(1)、長生位：水來爲吉，去水則凶，來水人丁興盛，有功名。去水流破，敗絕。

(2)、沐浴位：介于吉凶之間，來水則犯桃花，敗家。

(3)、冠帶位：介于吉凶之間，來水子孫有才，但風流又沾賭。去水則不利，防兒童及閨女意外而亡。

(4)、臨官位：來水則輝煌騰達，並能發財。去水，子孫恐先亡，逐漸退財敗家。

(5)、帝旺位：來水則出富貴之人，官名有餘財。去水，貧寒相怨。

(6)、衰位：屬半吉之星。水到少年文章華富。去水亦吉。喜曲水有情。若斜流或直來直去，子弟不賢。

(7)、病位：此位不吉，水不宜來，去水則吉。

(8)、死位：此位極凶，來水必有禍事，去水則能納福。

(9)、墓位：屬半吉之星。水不宜來，去水則有半吉尚能旺人，但不可蕩然直去，恐應家貧借債終年無力償還。來水人飄零，丁稀少。

(10)、絕位爲：來水不可，去水則吉。水來無兒，有兒難養活，骨肉無情相離，女子淫亂。

(11)、胎位：去水可生人發財，但只限於初年，因凶位不能久遠。

(12)、養位：喜來水，唯只應初年發財，亦難久遠，去水則不吉，與長生位略同。

陳田錨母墳的玄武來龍，束氣，落脈，結穴。

▲三合派風水術介紹~8

◎ 三合水法3~橫、朝、斜、順四局：

三合風水的水法”立向”，人站在穴位上，觀察水流形勢，判斷形局，要先知道水由何去？又由何來？依河流的形態，分四大局：橫水局、朝水局、斜水局、順水局。然後，用天盤測量來水和去水的方位，四局水法均要符合三合水法理氣要求，旺方來水，衰方去水。

其中朝水局爲三合家最愛，其次是橫水局、斜水局，最後是順水局。但是逆潮水，　但一不小心就成爲大凶之局，台灣三合法老師很多，阿璽師多次見到收逆潮水而發凶的陰陽宅。

這其間的道理來說來很簡單，何也？風水講究的是要「藏風聚氣」，水逆向而來，若沒有四勢配合得當，容易產生又急又冷的風煞，氣自然不聚，且水沖而來，帶來水氣，陰陽宅易因潮濕而滋生青苔、黴菌、細菌、病毒，硬體材料也容易損壞，大大不利人體健康，尤其老人小孩首當其衝，呼吸系統、消化系統最容易出問題。

還有，明堂方來水，不勉沖刷地基，宅太近若遇颱風，要特別當心，就算小有距離，也要注意老人小孩到河邊時，小心失足。台灣每年玩水出事的不在少數，切莫輕忽。

讀者看到這裡，應該不難得出結論，風水理氣說得玄幻莫測，神妙無方，如何易經，如何河洛，但一旦違反自然界法則，全都是渣。只是到時你去找當初的那個風水老師，他可不會負責任的，這樣大家應該知道為什麼風水界騙子特別多了吧！因為~~~騙了還不用負責任，而且消費者還好騙的不得了，什麼都不懂。

♦ 橫水局(彎抱水)

先須注意到~~~水從左倒右爲“陽水”，水從右倒左爲“陰水”。

1、左邊水經過堂前，向右邊流去。

☞ 凡是左水倒右宜立~

甲卯、丙午、庚酉、壬子四”**旺向**”；

或者立乙辰、丁未、辛戍、癸丑四”墓向”。

可收長生、冠帶、臨官、帝旺方的吉方來水，流出方是衰、病、死、墓凶方。(三合水法有多種流支不同，本節僅列供參考。)

2、右邊水經過堂前，向左流去。

☞ 凡是右水倒左，宜立~

乾亥、坤申、艮寅、巽巳四”**長生**”向；

或者立辛戍、丁未、癸丑、乙辰等四”養”向。

可收帝旺、臨官、冠帶、長生吉方來水，流出衰、病、死、墓凶方。

(三合水法有多種流支不同，本節僅列供參考。)

朝水局(逆潮水)

朝水局就是水從前逆流而來。

1、如朝水來，再由右後方流去，宜立~

丙午、甲卯、庚酉、壬子四”旺”向。

水法可収長生、冠帶、臨官、帝旺方來水。水從死、墓、絕凶方流出。

2、如朝水來，由左後方流去，宜立~

乾亥、艮寅、巽巳、坤申四”長生”向，或者立辛戍、丁未、癸丑、乙辰等四”養”向。

水法可收帝旺、臨官、冠帶、長生方來水，水從死、墓、絕凶方流出。(三合水法有多種流支不同，本節僅列供參考。)

但朝來之水，必須是左前方或者右前方，宅位置要高一些。切不可與水口同高，或矮於來水口，否則就成了”穿心水”。

◆ 斜水局 (雷同橫水局)

斜水局是水從”左後方”來、再由右前方流出；或者是水從”右後方”來、再由左前方流出。

1、水從左後方來由右前方流出宜立~

丙午、甲卯、壬子、庚酉四旺向。

可收長生、冠帶、臨官、帝旺方來水。從衰方出水叫做”借衰出水”。

2、如果水從右後方來、再由左前方流出，宜立~

乾亥、坤申、艮寅、巽巳四”長生”向；

或者立辛戌、丁未、癸丑、乙辰等四”養”向。

可收帝旺、臨官、冠帶、長生方來水。從衰方出水叫做”借衰出水”。(三合水法有多種流支不同，本節僅列供參考。)

凡是斜水局到堂只宜彎曲緩慢流去，切不可急流而去，變成”斜飛水”。

◆ 順水局(此局水未過堂)

順水局就是水從左或右後方來，再由陰陽宅堂前方流去。

1、水從右後方來，再由右前方直去可立~

乙辰、辛戌、癸丑、丁未四”墓”向。

可收長生、養方來水，從絕方流出。

2、水從左後方來，再由左前方直去可立~

乙辰、辛戌、癸丑、丁未四”墓”向。

可收長生，冠帶、帝旺方來水，從病死方流出。(三合水法有多種流支不同，本節僅列供參考。)

　　無論水從左後方來水還是右後方來水，流到陰陽宅明堂前宜彎曲緩慢爲吉，傾斜、水急、直流水主爲凶，稱之爲””元神外泄””。 但即使彎曲也容易變成”反背水”。

后里區千年樟樹公，這裡地理條件特殊，難怪會出現這難得一見的神木。讀者有緣經過此地，可以特別去研究一下。

▲ 介紹三合風水術~9

◎ 三合水法4~

本節再談：三合風水術的第四種及第五種水法，即向上”” 八干陰陽”” 水法，及”” 三合五行四大局”” 之12長生水法。二者概皆以**天盤縫針**消納水。

我想大家讀到這裡，大概要翻白眼口吐白沫了，怎麼可以一個門派的技法理論可以如此混亂呀！每個支派又都講得頭頭是道，一般人根本分不出到底對還是錯，吉凶差異時誰對誰錯，萬一我的房子被搞砸了，我怎麼辦？萬一我學了三年才發現不對，該怎麼辦？

光一個門派就如此複雜，那更複雜流派更多的玄空法豈不是天下大亂了？是啊！以當今的風水界而言，的確是亂了，以假亂真，跟這個社會一樣，騙人害人的反而說話很大聲。

但其實這些令人眼花撩亂的玄學學理，到處都是破綻，一抓就是一把，只是一般初學人及執業多年的風水師大多根基不紮實或毫無基礎，當初學風水時全憑運氣，跟到誰就是誰，於風水的發展沿革不夠深入，道聽塗說，且對相關學理的出處及作用不甚了解，才會覺得如入五里霧中。阿璽老師這本著作，就是要為這個風水界留下一股清風，給後學有緣的人，指出一個堪輿行道的方向。

一、8干陰陽12長生水：

看”” 向”” 上 “水的順逆”定”長生”。

＊ 左水倒右用陽干（甲丙庚壬），右水倒左用陰干（乙丁辛癸）。

☞ 陰陽干於三合水法的應用~~

亥卯未，乾甲丁（甲木氣)。

寅午戌，艮丙辛（丙火氣)。

巳酉丑，巽庚癸（庚金氣)。

申子辰，坤壬乙（壬水氣)。以上爲甲丙庚壬陽干。

午寅戌，丙艮辛（乙木氣)。

酉巳丑，庚巽癸（丁火氣)。

子申辰，壬坤乙（辛金氣)。

卯亥未，甲乾丁（癸水氣)。以上爲乙丁辛癸陰干。

納水法把24山按”雙山五行”分爲，長生、沐浴、冠帶、臨官、帝旺、衰、病、死、墓、絕、胎、養等十二個組。

☞ 縫針8干陰陽12長生水法應用:

1、凡是陰陽宅立向，不同方向的來水，左水倒右爲陽，用甲丙庚壬；右水倒左爲陰，用乙丁辛癸。

2、水從向方的左邊來，往右邊走~用甲、丙、庚、壬，陽干氣，陽干順行12長生；水從向方的右邊來，向左邊走~用癸、乙、丁、辛，陰干氣，陰干逆行12長生。

3、據陰陽干本體五行12長生，用於定吉凶。生旺方來水爲吉，病死絶方去水爲凶。

4、將水的左右流向確定之後，再將十二長生運，配在十二雙山五行下。納生旺方水來，向衰墓方出爲吉，反之爲凶。

二、“向上三合五行四大局”的12長生水法

以四大局~”向上”~”雙山五行”起長生，依三合五行””順佈””12長生，在應用時主要配合當時地形。

☞ **三合五行（向上）**

申子辰水局，而坤壬乙從之；

巳酉丑金局，而巽庚癸從之；

寅午戌火局，而艮丙辛從之。

亥卯未木局，而乾甲丁從之。

☞ **雙山三合五行**

坤申、壬子、乙辰屬水；

巽巳、庚酉、癸丑屬金；

艮寅、丙午、辛戌屬火；

乾亥、甲卯、丁未屬木。

天盤縫針主要用於”三合五行”，推算12長生水，以判斷其宅吉凶。

☞ **天盤縫針的用法：**

將廿四山分成十二組，謂之雙山五行，再將每一雙山配上五行。

具體配法按照””向上””三合的五行~

寅午戌.艮丙辛~屬於火局，

申子辰.坤壬乙~屬於水局，

巳酉丑.巽庚癸~屬於金局，

亥卯未.乾甲丁~屬於木局。

以此確定””三合五行局””，並查出24山雙山五行每一組的五行。在此阿璽老師要提醒一點觀念，在三合法中，水的認定，不僅僅指江河、

溪流等實水而已，雨後的水流，道路、水溝、地勢之類氣動的虛水，也算歸在水法之中。

以上這些其實就八字學中地支三合化氣的觀念，沒有什麼不同。考諸八字的發展在三合之前，以及三合法出現的時代與基礎理論，不難推知，三合法實質上就是八字學理的擴張運用。把八字學的干支五行理論，變化應用到山川地形之上，以論吉凶而已。

致於為何可以如此，這樣擴張應用是對的嗎？一者沒有人監督，政府也不管；二者，一般人也不懂；三者，有利可圖。這就造成了風水術發展上必然走上「劣質化」的根本基因。想學好風水術，或想利用風水術，受風水庇蔭者，只能碰運氣、靠自己福報了。

陳水錨母墳的正面照，爲九星中的右弼星結穴的標準型。

▲ 三合派風水術介紹~~10

♦ 談談「三合風水」的分流

三合風水術中最爲代表著作爲~~~

1、清.趙九峰的《地理五訣》、

2、清.徹瑩和尚著的《地理原真》、

3、元.國師 劉秉忠著《玉尺經》、

4、清.葉九升《地理大成》。

以上各法，皆稱其學理來自河洛理數，法宗楊筠松祖師，但這當然是假的，楊筠松的學理與三合法截然不同，這樣也能拉在一起，真的是想太多了，至於能不能用，還是要實務上驗證了才知道。

上述諸法，雖有不同，但只是12長生的套用有差異而已，內容不外乎龍、穴、砂、水、向，用以斷驗陰陽宅吉凶，即現在我們統稱的”” 三合水法””，但其實內容差異很大，吉凶也不同。

☞元.劉秉忠的《玉尺經》以生、養、衰、旺、冠、臨方來水爲六吉水；以沐、病、死、墓、絕、胎六字來水爲之六凶水。

☞徹瑩和尚《地理原真》以“四大水口”立向定局，”” 水法””順布十二長生，”” 龍法”” 逆布十二長生。

☞葉九升的《地理大成》以“向”定局，僅有旺向與衰向，立”陽向”則順布十二長生，立”陰向”則逆布十二長生。

☞《地理五訣》以三合中的生、旺、墓爲向，以“向上順布”十二長生定水局。

總結各種” ” 十二長生水法” ” ：

有以 “” 來水” ” 起長生，

有以 “” 水口” ” 定局，起長生，

有以 “” 向” ” 起長生，

有以 “” 坐山” ” 起長生，

有以 “” 七十二龍納音” ” 起長生。………等。

當然還有” ” 民間流傳” ” 的三合別法，各不相讓，不知學用三合的師傅，知道幾种？您用的又是那一种？

▲介紹三合風水術~11

◎ 三合水法5~~~黃泉水法

黃泉水，來源於《天玉經》中，假託楊筠松所作，黃泉水是三合水法中重要的理論基礎，在三合風水實務中應用很多。

但什麼是黃泉水？什麼是黃泉煞？什麼是八干黃泉？什麼是殺人黃泉？和救人黃泉？等等問題我們還得從頭論述。

☞ 什麼是黃泉水？

黃泉水是三合水法應用以長生十二位順逆構成，即長生，沐浴，冠帶，臨官，帝旺，衰，病，死，墓，絕，胎，養。

此法是陽生陰死，陰生陽死，陽順陰逆之原則，找出臨官和帝旺之位，**“臨官、帝旺”二山不能出水，如果二方去水稱之爲””黃泉水””。**

也就是旺氣方去水，財氣耗散，易損子，影響健康，貧困，疾病災難等。所以在風水立向方面稱之「黃泉煞」，也叫「殺人黃泉」。

☞ 什麼叫八路（八干）黃泉？

歌訣:

「庚丁坤上是黃泉，

乙丙需防巽水先，

甲癸向中休見艮，

辛壬水路怕當乾。」

意思說八個天干上，庚丁坤上是黃泉，凡是陰陽宅立向，立庚向或丁向的，只要見到坤方有水流出就是黃泉水。反之，如立坤向的陰陽宅見庚方或丁方有水流出的也叫「黃泉水」。

依此推，乙丙向見巽位出水，甲癸見艮，辛壬見乾位，稱之爲「黃泉水」，反之，立巽向見乙丙方出水也是黃泉水。

十天於扣除戊己入中不出，只有八個天干，因而稱「八路黃泉」。由於水出臨官和帝旺位，衝破了旺水，當然要損子，又稱之爲”” 黃泉煞””。

♦為了正確掌握「黃泉煞」的理解，要注意以下幾點：

1. 甲丙庚壬 四陽干，

   乙辛丁癸 四陰干。

2. 十二長生位依次順序。

3. 三合水法24山，雙山五行

   兩山一組配12長生位，即

   壬子，乙辰，坤申

   癸丑，巽巳，庚酉

   艮寅，丙午，辛戌

   甲卯，丁未，乾亥

   配~長生，沐浴，臨官，帝旺，衰，病，死，墓，絕，胎，養。

4. 立陽向，從左向右起12長生。

   立陰向，從右向左起12長生。

   均不過明堂向線。

5. 三合水法起12長生，有不同的操作方式， 論黃泉水也各派不同， 吉凶有差異 ，不可不知。

6. 注意凶水忌來宜去，吉水宜來忌去水。

   即旺水朝堂來主吉，凶方水朝堂來主凶。例病，死，墓，絕方來水主凶，如果從臨官帝旺方來水，主吉。則爲”” 救人黃泉””。

☞ 救人黃泉水

歌訣：

辛入乾宮百萬莊

癸歸艮位顯文章

乙向巽流清富貴

丁坤終是萬斯箱

黃泉方水來即”” 臨官.帝旺”” 方來水，即旺水朝堂，當然是發人發富。簡單說，旺位宜來水忌去水，凶位宜去水，不宜來水。就是”” 救貧黃泉水”” 。

☞ 如何理解掌握呢？

辛壬屬水局，水長生在申，如到乾宮亥子臨官帝旺位，當然發財。

癸甲是木局，木長生在亥，艮歸癸，艮是木局的臨官位，亥卯未合木局，艮方臨官水到，木旺即能發文章。

乙向是乙丙火局，火長生在寅，巽方巳宮是火的臨官位，火局巽方臨官位來水，即可發貴發官。

丁坤是庚丁金局，巳酉丑金局，庚金長生在巳。坤位即申方是金的臨官位，坤方臨官位水到即萬豐箱。

以上臨官水朝來來稱爲”” 救人黃泉”” 。

▲介紹三合風水術~12（完結）

穿山72龍(分金)

用來穿定來龍，即在”” 過峽”” 或”” 入首束咽處”” 穿定”” 來龍””。

72龍分布於24山，每山3龍。

72龍組成

地支山3龍，中位是”” 正線龍”” ，左右爲”” 兼線龍”” ，所謂支兼干。

干維山3龍，中位爲”” 空亡龍”” ，左右也爲”” 兼線龍”” ，所謂干兼支，歸入所兼地支山的5龍群組。

24山分布72龍，以”” 12空亡龍”” 爲分界線、以12地支山爲主導，共12組地支的五行龍。每個地支有5龍，涵蓋金、木、水、火、土五行（納音），12組x5，擁有”” 60甲子五行龍””。

從納音五行角度看72龍，每個五行擁有12龍；因土龍歸屬水龍，故五行水龍有24龍，金龍、木龍、火龍各12龍。

72龍五行

“12空亡龍”沒有五行，故三合法認爲立山定向時”不宜取用”。

72龍中的60五行龍，其五行由60甲子”” 納音”” 決定。每個地支山中，陽地支統領5陽龍，陰地支統領5陰龍。

72龍排列

72龍分布於24山之下，每山得三龍。起”甲子”於地盤壬山的末位，每一”地支”下排五位，陽支甲丙戊庚壬，陰支乙丁己辛癸；每支五位之始皆按十干的順序。於八干四維之下正中各空一格，此空格處曰「大空亡」。即下圖之”” 正”” 字格。

龜甲空亡

每山三龍，除大空亡外，有戊子旬之12支，氣失融和，如龜甲之硬、氣不能通，故曰「龜甲空亡」。

陰差陽錯

72龍有” ” 陰差陽錯” ” 24干支，皆不可用，即壬子、癸丑二位、甲寅旬十位、甲子旬十位及甲戌、乙亥二位。

可用之72龍分金

惟丙子及庚子二旬干支，共二十四位，為旺相可用之線。

訣曰：

甲子孤虛丙子正，戊子龜甲庚子旺，

壬子差錯是空亡，穿山七二一路詳。

透地六十龍

用以導龍氣入穴。在穴星降脈後的” ” 束咽處” ” 定 盤針；或在” ” 穴後八尺” ” 巒頭、即” ” 入首處” ” 下盤針，定來脈入首，看束咽” ” 近一節” ” 屬何干支。

即導龍氣入穴中棺木的干支。

透地六十龍據說始於楊筠松師徒，原置縫針下；自慎庵氏『解定』始，起甲子於” ” 地盤正針” ” 壬初。

透地六十龍 組成排列

六十龍排法，以十二支爲主，分二十四山爲十二組，每組兩山，壬子、癸丑、艮寅、甲卯、乙辰、巽巳、丙午、丁未、坤申、庚酉、辛戌、乾亥，（即雙山五行也），每兩山排五位。如壬子山下排甲丙戊庚壬五子；癸丑山下排丁己辛癸五丑……。

其用法類同穿山七十二龍分金，即亦取正氣脈（丙子旬）和旺氣脈（庚子旬）爲吉。冷氣脈（甲子旬）、敗氣脈（戊子旬）及退氣脈（壬子旬）爲凶。

其用法雖相似，但穿山所推是” ” 遠脈” ” ，透地所推是” ” 近脈” ” 。

平分六十龍

平分六十龍的排列與透地六十龍相同，惟多出分度一層。其分度有三：

1、正度：即正陽氣、正陰氣；包括丙子、庚子兩旬干支。

2、三七分度：其陰陽多少是根據三合正針盤的陰陽來確定的。

七陽三陰：甲子、丙辰、戊午、壬申、庚申、戊辰。

七陰三陽：癸亥、乙卯、己未、癸丑、辛未、己巳。

七三皆陽：壬戌、乙亥、壬子、乙丑、甲寅、丁卯。

七三皆陰：辛酉、甲戌、癸酉、丙寅、丁巳、庚午。

3、五五分度：甲午至己亥，戊子至癸巳十二位干支。

♦盈縮六十龍

盈縮六十龍與透地六十龍的干支排列次序相同，所不同者有二：

1、盈縮六十龍的甲子開始於地盤正針”” 亥”” 未，因爲這是論”天氣”之盤。蓋天氣之來也，節雖未至，而此方之氣己先萌動也；甲子起於”” 亥”” 未者，迎一陽之氣也。

2、每一龍格的度數寬狹，並非平均分配，有些稍闊，有些稍窄。

P.S　羅經之制，愈演愈繁。百廿分金、穿山、透地、平分、盈縮、384爻........。以後還會有人發明出更匪夷所思的盤出來，事實上現在就己經出現了。

阿璽老師想要跟這些腦袋短路的風水老師說，搞這種東西出來，不會令你名留青史，反而會讓你遺臭萬年，因留傳久遠後，害人不淺，你的惡業報應永無止休，貪得一時名利，因果萬劫不復，划得來嗎？

例如，台灣地區經常地震，今年做宅，明年坐向分金就變了，甚至連卦位都變了，此外，還地球的 " 磁偏角 “的問題呢！這種狀況阿璽師看多了，台灣頭到台灣尾的公墓地上，到處都是！

這些還在搞分金、度數、爻位的老師，自己摸摸良知，搞這種東西有意思嗎？不信的話有空去量量你幾年前做的陰陽宅看看，分金秘線變動了沒？類似這些理論，皆可不必理会，實務與理論都不通，又違常理，就看看算了吧。

廿四山與七十二龍分金

玄空挨星派 風水術介紹與評論

◎介紹三元玄空風水術~1

三元玄空風水學，可以用在陽宅，也可以用在陰宅。開創祖師蔣大鴻繼承唐朝三元九運風水理論，与宋朝邵雍384爻,，新開創出來的風水理論。

因爲大量運用了易經的學理， 而華人看到易經又有倒頭便拜的習慣 ，所以繼三合風水術之後， 廣爲風水的學人喜愛， 漸漸流行開來。

三元玄空風水習者，總喜歡說楊筠松是玄空的開創祖師， 這其實是錯的 ，仔細去了解歷史的沿革就能明瞭。

接下來，林老師將逐一把整個玄空挨星理論、操作、取用和大家分享。

◎ 三元玄空的基礎理論：

（一）：三元玄空24山

✓ 三元龍：

1、天元龍：子午卯酉.乾坤艮巽

2、地元龍：辰戌丑未.甲庚丙壬

3、人元龍：寅申巳亥.乙辛丁癸

每一卦含有三山，八卦~總共24山。包含有~~~

八天干~甲乙丙丁庚辛壬癸；

四維~乾坤艮巽；

十二地支。

☞ **組成八卦24山。**

坎宮：壬子癸三山；

艮宮：丑艮寅三山；

震宮：甲卯乙三山；

巽宮：辰巽巳三山；

離宮：丙午丁三山；

坤宮：未坤申三山；

兌宮：庚酉辛三山；

乾宮：戌乾亥三山。

（二）24山陰陽屬性：

陰：子午卯酉，辰戌丑未。乙辛丁癸。

陽：乾坤艮巽，甲庚丙壬，寅申巳亥。

陽順佈，陰逆佈，九宮挨星。依此排出卦盤。

24山陰陽是玄空法的根，整套玄空都是建築在24山陰陽順逆飛的基礎上而發展起來的，如果24山陰陽有誤的話，玄空法根本上來說，就是錯的。

讀者諸君可以思考一下，這樣的分法合乎易經或陰陽五行學理嗎？應該不難發現其不合學理之處吧！

○ 三元九運：

一個大元180年，大元中包括上中下三個元，每元60年，60年為一甲子，所以，每元從甲子開始至癸亥結束。

九運，就是洛書中的一至九，一大元180年，平均分到九運，每運20年。所以，每三個運組成一個元。

◆ 近代三元九運劃分：

上元：

一運坎水，1864年-1883年。

二運坤土，1884年-1903年。

三運震木，1904年-1923年。

中元：

四遠巽木，1924年-1943年。

五黃中運，1944年-1963年。

六運乾金，1964年-1983年。

五黃中運，前十年歸巽，後十年歸乾運。

下元：

七運兌金，1984年-2003年。

八運艮土，2004年-2023年。

九運離火，2024年-2043年。

三元九運從1864年（甲子）開始，行到下元九運，到2043（癸亥）年結束，總共行三個六十甲子一百八十年。

→例：下元八運爲艮運，八白土主事。所以，在排飛星盤中的向盤，山盤，八星所到之處爲旺星所臨。

當值之星爲”” 當旺之星””，

將來之星爲”” 近旺之星””，

已過之星爲”” 衰星””，

過之以久之星爲”” 死氣之星””。

→ 下元八運，

八爲當旺之星，

九爲近旺之星，

一爲遠旺之星。

七爲衰退之星，

五、六爲死氣之星。

二、三、四爲過度之星，論其五行即可，不必論旺衰。

巽 四	离 九	坤 二
震 三	中 五	兑 七
艮 八	坎 一	乾 六

▲ 介紹三元玄空挨星風水術~2

◎ 玄空24山陰陽的學理

→ 玄空派風水將24山，依” ” 先天八卦” ” 和” ” 三元龍” ” 而分陰陽：

乾坤艮巽，甲庚丙壬，寅申巳亥這十二山屬陽，九宮順飛。

子午卯酉，辰戌丑未，乙辛丁癸這十二山屬陰。九宮逆飛。

四正卦的” ” 地元龍” ” 甲庚丙壬皆屬陽；四隅卦的地元龍辰戌丑未皆屬陰。

四正卦的” ” 天元龍” ” 子午卯酉皆屬陰；四隅卦的天元龍乾坤艮巽皆屬陽。

四正卦的” ” 人元龍” ” 乙辛丁癸皆屬陰；四隅卦的人元龍寅申巳亥皆屬陽。

✓ 十天干的陰陽之理為：

天1生壬水，地6癸成之，壬為陽癸為陰，一六共宗居坎北。

地2生丁火，天7丙成之，丙為陽丁為陰，二七同道居南方。

天3生甲木，地8乙成之，甲為陽乙為陰，三八為朋居東方。

地4生辛金，天9庚成之，庚為陽辛為陰，四九為友居西方。

天五生戊土，地十己成之，戊為陽己為陰，五十同途居中宮。

此即陽奇陰偶之數理。即甲庚丙壬屬陽，乙辛丁癸為陰。

✓ **四維乾坤艮巽四山，均屬陽的陰陽之理為：**

依洛書數，6乾。2坤。8艮。4巽，為偶。合生成數为奇數，為陽。

16共宗，合之為7，奇數，故乾屬陽。

27同道，合之為9，奇數，故坤屬陽。

38為朋，合之11，奇數，故艮屬陽。

49為友，合之13，奇數，故巽為陽。

此段顯不合理，棄己而变，太過牽強。坤會屬陽，那易經經文全文大概要改寫半本。又奇數為陽，偶數為陰，偶數陰加奇數又變陽，強辭奪理，那可不可以奇數陽再加上自已，又化為陰呢？ 顯然是先射箭再畫靶，是人編造的學理，而非天地自然之理。

✓ **十二地支的陰陽之理為地支藏干：**

☞ **子午卯酉：**

子藏癸、午藏丁、卯藏乙、酉藏辛，乙辛丁癸均屬陰乾。故子午卯酉屬陰。

☞ **寅申巳亥：**

寅藏甲丙戊、申藏庚壬戊、巳藏丙戊庚、亥藏壬甲戊，均藏陽干，故寅申巳亥屬陽。

☞ **辰戌丑未：**

辰藏戊乙癸、戌藏戊辛丁、丑藏癸辛己、未藏己丁乙。戊己屬中央不出卦。

受”乙丁辛癸”等陰干影響，故為陰。

此段陰陽~也是自說自話。這樣的劃分有”牽強”、”不合理”、”硬套”的地方，釡鑿痕跡明顯，學者可以自行思考。

以上了解了三元玄空的基礎，我們開始學習飛星排盤,依照下卦圖的運盤、山盤、向盤的順序學起

排下卦圖

（一）排運盤：

不論陰陽，皆以”　”當運之星”　”入中宮”　”順佈”　”各宮，比如一運時則以一白入中宮；二運時則以二黑入中宮。。。以此類推，現在我們是八運則以八代入中宮順挨星。

排運盤是以後天八卦的順序去排，現在我們把當運8代入中宮，然後順飛星得出如下圖，這就是八運的運盤。

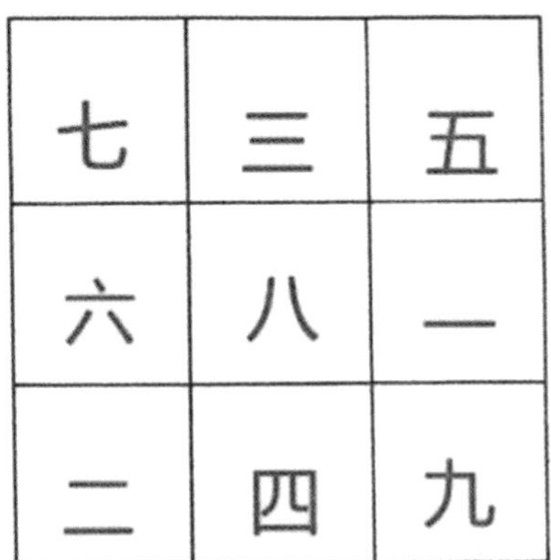

七	三	五
六	八	一
二	四	九

▲ 介紹三元玄空挨星風水術~3

◎ 如何排出山盤(地盤)？

1. 找出山盤挨星~~~

以”運盤”的”坐山”宮位挨星””數””爲””山盤””。

例如:8運，子山午向。

運盤的坐山宮位挨星數~”4巽”。

2. 山盤挨星數入中宮~~~

再將”坐山宮位星數”代入中宮爲山盤。

（一般山盤挨星寫在星盤每格左上邊）。

以子山午向例，將”4巽”代入中宮。

3. 找出山盤對應的”24山”~~

將入中的”山盤挨星數”轉爲”洛書數”的八卦，並轉爲該卦的24山。

同前例，4巽~辰、巽、巳三山。

6. 決定順飛、逆飛~~~

“山盤3山”對應”坐山宮位3山”的三元龍，天對天、地對地、人對人，取出””對應山””。

同前例，子山午向，辰巽巳v.s壬子癸，坐山”子”對應到”巽”天元龍。

巽爲陽，順飛九宮。

7. 注意：若遇5沒有方位，則山盤以坐山，水盤以向山的陰陽，斷順飛或逆飛。

8.大空亡線上爲大凶，皆不能用，不論兼卦。

☞ 整理上述例子給大家理解，這樣比較快。

例：子山午向：

1. 子山爲後天八卦的”坎卦”，對應到運盤(基本盤)爲4。
2. 將”4巽”代入中宮爲山盤。
3. 4爲在洛書數上爲”巽卦”，巽卦有辰、巽、巳3山。

“辰”是地元龍，

“巽”爲天元龍，

“巳”爲人元龍。

9. 子山”爲坎卦之”天元龍”，則對應巽卦之天元龍爲巽山，而巽山屬於陽，所以以順飛九宮挨星。

☞ **再複習前面的24山陰陽~~**

陰山：子午卯酉.辰戌丑未.乙辛丁癸（逆飛九宮）

陽山：乾坤艮巽.甲庚丙壬.寅申巳亥（順飛九宮）

這樣我們就得出了””下卦圖””的山盤了。

如以下圖例。

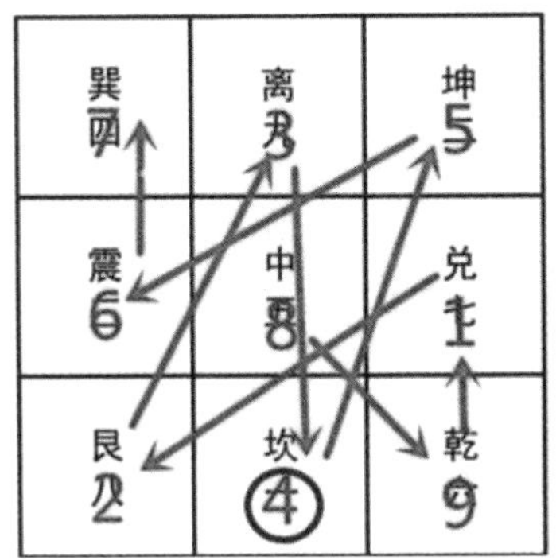

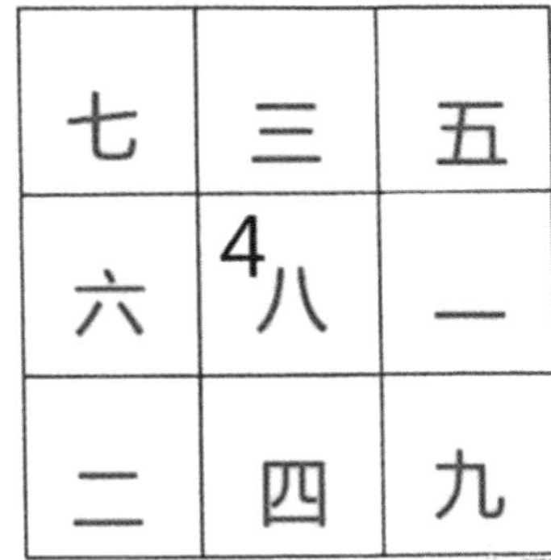

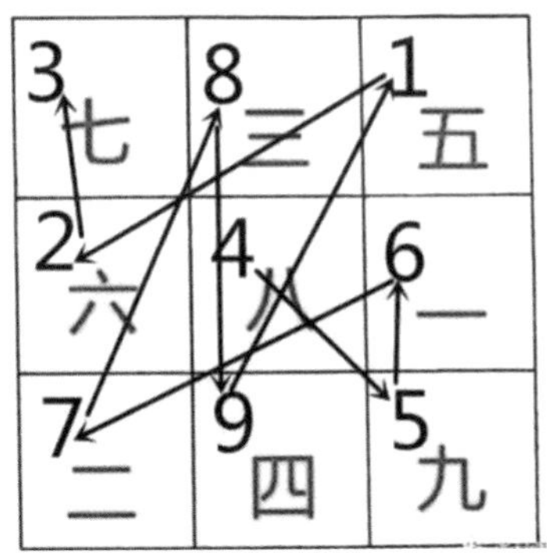

8運，下卦圖的山盤

▲ 介紹三元玄空挨星風水術~4

◎ 如何排出向盤(水盤)？

方法及原理同排山盤，参前文。

1. 找出向盤運星~~~

以”運盤”的”向山”宮位挨星””數””爲””向盤””。

例如:8運，子山午向。

運盤的向山宮位挨星數~”3碧震”。

2. 將向盤挨星數入中宮~~~

再將”向山宮位星數”代入中宮爲向盤（一般向盤挨星寫在星盤每格右上邊）。

以子山午向例，將”3碧震”代入中宮。

3. 找出向盤對應的”24山”~~

將入中的”向盤運星數”轉爲”洛書數”的八卦，再接著轉爲該卦的3山。

同前例，3碧震~甲、卯、乙三山。

4. 決定順飛、逆飛~~~

“向盤3山”對應”向山宮位3山”的三元龍，天對天、地對地、人對人，取出””對應山””。子山午向，甲卯乙v.s丙午丁，向山”午”對應到”震卦3山”天元龍”卯”。卯爲陰，逆飛九宮。

注意：遇5沒有方位，則山盤以坐山，水盤以向山陰陽，斷順逆。

☞ **再複習前面的24山陰陽~~**

陰山：子午卯酉.辰戌丑未.乙辛丁癸（逆飛九宮）

陽山：乾坤艮巽.甲庚丙壬.寅申巳亥（順飛九宮）

這樣我們就得出了””下卦圖””的向盤了(紅字部份)。

參考右圖例。

巽	巳	丙 午 丁	未	坤
辰	風雷益 巽東南 殺 ③ 4 殺 七	艮爲山 午向 離正南 旺 ⑧ 8 旺 三	天水訟 坤西南 生 ① 6 衰 五	申
乙 卯 甲	山地剝 震正東 死 ② 5 殺 六	雷風恆 111.05.19(15:中) 下卦 殺 ④ 3 殺 八	水天需 兌正西 衰 ⑥ 1 生 一	庚 酉 辛
寅	火澤睽 艮東北 退 ⑦ 9 生 二	澤火革 子山 坎正北 生 ⑨ 7 退 四	地山謙 乾西北 殺 ⑤ 2 死 九	戌
艮	丑	癸 子 壬	亥	乾

▲ 介紹三元玄空風水術~5

◎ 補充說明”玄空”基礎概要

◆ 羅盤廿四山~

圓周360度作24等分，也即將八卦的每卦3等分，平分的每個方位角各占15度，爲一山。

由八天干:甲、乙、丙、丁、庚、辛、壬、癸。

四維山:乾、坤、艮、巽。

12地支:子、丑、寅、卯、辰、巳、午、未、申、酉、戌、亥。

共24個山來組成。

◆ 一卦管三山

坎卦~壬子癸、

艮卦~丑艮寅、

震卦~甲卯乙、

巽卦~辰巽巳、

離卦~丙午丁、

坤卦~未坤申、

兌卦~庚酉辛、

乾卦~戌乾亥。

◆24山分”天、地、人”元龍

以每卦中間的山爲””天元龍””，

右邊的山爲””地元龍””，

左邊的山爲””人元龍””。

三元龍佔各15度。

再分5分金，各3度。

子午卯酉.乾巽艮坤.爲”天元龍”。

辰戌丑未.甲庚丙壬.爲”地元龍”。

寅申巳亥.乙辛丁癸.爲”人元龍”。

◆ 2 4山分陰陽

乾巽艮坤.寅申巳亥.甲庚丙壬~陽;

子午卯酉.辰戌丑未.乙辛丁癸~陰

◆ 空、實、山、水

空指水、低地。”坐空向實”即背水面山、後低前高。

山指：來龍入首、山峰、高突處、建築物。”坐實向空”即背山面水、後高前低。

◆ 宮、星、盤

宮~指八方的宮位。

星~指各宮所飛佈九星。

盤~元運所飛佈八宮稱”天盤(運盤)”；

山星所佈稱”山盤(丁盤/地卦)”；

向星所佈稱”向盤(水盤/財盤/天卦)。

◆ 紫白九星

一白水星，坎宮正北，爲生氣貪狼木，主中男。

二黑土星，坤宮西南，爲天醫巨門土，主老母。

三碧木星，震宮正東，爲禍害祿存土，主長男。

四綠木星，巽宮東南，爲六煞文曲木，主長女。

五黃土星，中宮，爲五鬼廉貞土。

六白金星，乾宮西北，延年武曲金，主老父。

七赤金星，兌宮正西，絕命破軍金，主少女。

八白土星，艮宮東北，伏位左輔土，主少男。

九紫火星，離宮正南，伏位右弼火，主中女。

◆ 下卦與替卦

☞**下卦：**正向星盤簡稱爲”下卦”，而”兼向”星盤也可以稱之爲”替卦”。下卦與替卦的區別是在於坐山度數上。

羅盤有24山，共360度，平均每山15度。決定用”下卦”起法的山向度數，就是在定向時，羅盤線壓在24山中某山正中線的左右各4.5度之間，共計9度(稱爲正向)。

☞**替卦：**決定用”替卦”起法的山向度數，就是在定向時，羅盤線壓在以24山中某山正中間9度外的左右各3度之內，共計6度（也稱兼向）。

另一種區別方法就是綜合羅盤在每一山下都會有五格分金，”中間三格”分金爲下卦，”旁邊左右二格”爲替卦。

亦即，把15度除以5，等於每格分金3度，中間三格9度爲正線”下卦”，左右二旁邊各3度爲兼線”替卦”，這也是一種區別下卦.替卦的方法。

依”替卦訣”飛佈的星盤，稱爲”替卦圖”。

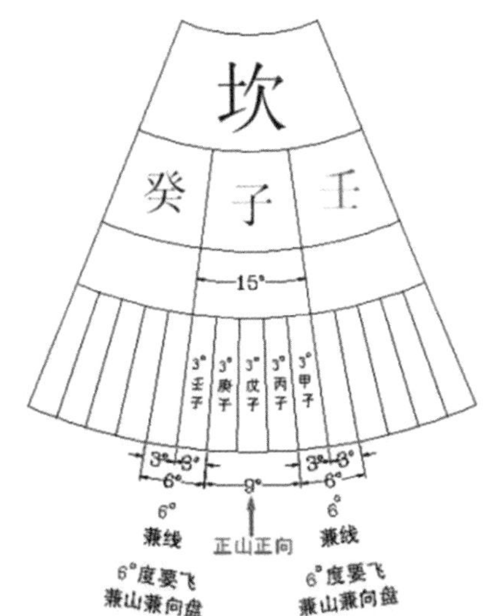

(本圖引用自”每日頭條”網路圖片資料)

O 玄空派中不同支派有多種不同作法 ，蓋因發明人蔣大鴻氏初創時尚思慮未周，無法講明，遮遮掩掩，不同時期的弟子學到不同的做法所致。此由文獻上可知，不另贅敍。另可參阿璽師所著《風水有真有假，你知道嗎？》一書。

◆ **令星入囚**

指”當運”的旺星入中宮，如人犯法入獄。山星入囚，主人丁不旺，向星入囚，爲禍猛烈，主家破人亡。

例如，八運，山星之8入中宮。或向星之8入中宮。

◆ **反、伏吟**

指挨星的山、向星與”元旦盤”相同時，稱爲伏吟，相反時，稱爲反吟。元旦盤即洛書九宮盤。

當令猶可，失令則爲禍猛烈，主疾病、破財、橫禍、甚至絕嗣。要逢水或挨星遇三般卦，才能解化其凶象。

◆ **合十**

表示山水之氣相通，主有運運貞吉、人緣廣闊、處處貴人、逢凶化吉、錦上添花的作用。分爲”” 山、運合十”” 與”” 向、運合十”” 。

山、運合十，是指飛到每宮山星數和該宮運盤數相加都等於10。

向、運合十，是指飛到每宮向星數和該宮運盤數相加都等於10。

◆ **三般卦**

分爲父母三般卦與連珠三般卦。

父母三般卦~指運、山、向盤各宮，合147、258、369的規律。

連珠三般卦~九宮合星數連續的規律。例如,123。234。345。....

◆ **元旦盤**

固定的洛書九宮格，即5入中宮，稱爲”元旦盤”或”五運盤”。

◆ 玄空挨星法

包括運盤挨星、山盤挨星和向盤挨星。九星飛佈依洛書的飛佈順序。

(1)運盤挨星，以用元運的星(洛書)入中宮，順飛八宮，稱爲運盤。

(2)山、向盤挨星，以飛至坐山與向方的運盤星數，入中宮。再分辨出其陰陽，然後按陽順飛、陰逆飛的原則飛佈九宮。

從”坐山”挨排出的稱”山盤”，

從向方挨排出的稱”向盤”或”水盤”。

◆ 玄空地師必知法則~

(1)熟練運用下卦、替卦挨星。

(2)知道元旦盤與運盤;運盤與山、向盤;山盤與向盤;向盤與山盤(邊卦)的主與客生剋關係。

(3)立坐向及收龍、砂、水，能分清天地人三元龍，不犯出卦、差錯。

(4)運用正神、零神。

排山、排水要

“”正神正位裝，撥水入零堂””，

“”山上龍神不下水，水裡龍神不上山””。

(5)熟悉玄空四大局。

旺山旺向。

雙星到山。

雙星到向。

上山下水。

(6)會避反、伏吟。

(7)知道收山與出煞的操作方法。

(8)城門訣的運用。

(9)北斗七星打劫。

以上介紹的項目概要，後文中都會一一詳細介紹。

▲介紹三元玄空風水術~6

○ “” 替卦” ” 星盤安星法

替星理論同前文所述，請參看。

在三元羅盤24山下，有120分針，每一個山皆被分成五格分金，每格爲3°，量得的山向若落於五格之最外側的2格6°內，即爲” 兼山/向” 。

如磁針不在子山中間九度而在靠壬山這邊的三度內，稱爲” 子兼壬” ；

如磁針不在午山中間九度而在靠丙山這邊的三度內，稱” 午兼丙” 。立向時稱爲” ” 子山午向.兼壬丙” ” 。

♦ 替星應用與口訣：

兼星的三種形式：

一、同性相兼。(陰陽同)

二、異性相兼。(陰陽不同)

三、出卦相兼(大空亡線左右3°)

而且，不同的玄空支派在這點上還有差異存在。

→ 替卦的口訣，有3种~~~~~其挨星陰陽順逆之法同下卦圖。

一、

坤壬乙，巨門從頭出；

艮丙辛，位位是破軍；

巽辰亥，儘是武曲位；

甲癸申，貪狼一路行；逢5則5直接入中宮順逆飛。

二、

子癸並甲申，貪狼一路行；

壬卯乙未坤，五位爲巨門；

乾亥辰巽巳，連戌武曲名；

酉辛丑艮丙，天星說破軍；

寅午庚丁上，右弼是星臨。逢5則5直接入中宮順逆飛。

三、

貪狼甲申子癸路，

巨門壬卯乙未坤；

武戌乾亥辰巽巳，

丑艮丙辛酉破軍；

還有四山不曾說，

庚寅丁午右弼臨。逢5則5直接入中宮順逆飛。

以上背哪一個都可以，若仔細去思考其學理，不難發現不合易經學理之處甚多，但學入先入爲主，幾乎是出不來了，而且會自圓其說，自我合理化，這其實也是人性的必然。

☞ **子癸並甲申：**

這4個山，如兼山向，便用一白貪狼星入中宮，來代替飛入山向宮位的運星。

☞ **壬卯乙未坤：**

這5個山向若用替卦，便用二黑巨門星入中宮，代替飛入山向宮位的運星。

☞ **戌乾亥辰巽巳：**

這6個山向用替卦，便用6白入中來代替四綠，入山向的運星。

☞ **酉辛丑艮丙：**

這5個山向，若用替卦，便用七赤入中，代替飛入山向宮位的軍運星。

☞ **寅午庚丁上：**

這4個山向，若用替卦，便用九紫星入中，代替飛入山向宮位的運星。

☞ **若是逢5，沒有方位，直接以5入中宮。**順逆飛之法同下卦圖。山盤以坐山，水盤以向山之陰陽斷順逆。

◆替星虛與實：

口訣裡寫明了24山的替星，其實對照一下各卦宮之數與替星，就會發現24山的替星裡只有13個山有替星，其他11個山宮位沒有替星可尋。例如乾卦三宮本來數就為六，替星仍是六，即無替星可尋。若要問說有何道理？強為說辭都很勉強，何以致之？問題出在根本上！假的就是假的，愈扯只會離常情愈遠。

○舉例：

☞八運。午山子向兼丙壬。替卦。

1、 運盤八運以八入中順飛。

2、 坐方天星三碧，三碧天元為卯。卯挨巨門，故不用三碧，而用2黑入中，卯為陰，故二黑入中逆飛。

3、 向首天星為四綠，四之天元為巽，巽挨武曲，故不用四綠而用六白入中，巽為陽，故六白入中順飛。

巽	巳	丙　午　丁	未	坤
辰	山雷頤 巽東南 殺 ③ 5 殺 七	水澤節 午山 離正南 退 ⑦ 1 生 三	雷山小過 坤西南 殺 ⑤ 3 殺 五	申
乙 卯 甲	巽為風 震正東 殺 ④ 4 殺 六	天地否 111.05.19(15:申) 起星 死 ② 6 衰 八	山火賁 兌正西 生 ⑨ 8 旺 一	庚 酉 辛
寅	火山旅 艮東北 旺 ⑧ 9 生 二	地天泰 子向 坎正北 衰 ⑥ 2 死 四	澤水困 乾西北 生 ① 7 退 九	戌
艮	丑	癸　子　壬	亥	乾

八運午山子向兼丙壬。替卦圖。

♦替卦各支派有不同作法：

1、二十四山分屬八個卦，每卦之中有地元龍，天元龍，人元龍各屬一山，以六親稱呼他們之間的關係：天元龍稱”父母卦”，地元龍稱”逆子卦”，人元龍稱”順子卦”。

由於有順子和逆子卦之分，父母和子息之間有””可兼和不可兼””的關係。(真是妄想胡扯到一知所云了，自己編謊又自己圓。)

子午卯酉，乾巽坤艮，爲天元龍，又爲父母卦，可以兼人元卦，即可以兼癸丁乙辛寅申巳亥。

相反，人元龍卦就不能兼天元龍卦，至於地元龍，和父母卦陰陽相反，一般都不能兼用。但是立山向貴在不兼，一卦清純爲好，不但地元龍要純清，天元龍，人元龍都要純清。

2、有些山向雖有兼，但立向時，山向二星無替可尋，仍然是原山向二星入中挨排，這叫””不替之替””。雖然挨到旺山旺相，但不做旺山旺相論。

上文”替星虛實”所指就是這種狀況。

3、用兼向替卦之法會有特殊組合出現~就是””八純卦””。此種卦與山向飛星皆字字相同，無變化，無生息，屬大凶之卦。亦稱爲是犯””反吟.伏吟””之卦。(其實就是數學公式的組合機率而已)

八純卦在起星二百一十六局中，只有六局，全部發生在五運之乾巽兩宮。

4、立兼向替卦天.地.人元龍，陰陽有兼、有不兼；逆子、順子；各支派作法不同。

☞ **爲何同是蔣氏一門，紛歧如此多？**

因爲蔣氏初創玄空，思考未週， 實務上行不通之後， 創出了一個又一個的特例原則， 以至於早中晚期弟子學的功夫都不一樣， 造成徒弟打徒弟，徒孫打徒孫的狀況 。

替卦法只是其一，做法没有合理邏輯，自說自話，所以只好各自表述，各自發展，各自自欺欺人了。讀者若有興趣可以看看蔣氏弟子姜垚的”從師筆記”，大概你也會瞠目結舌吧！

明堂前方見山形崩破，主損人丁、功名不濟，意外招災，陰陽宅宜避之。

▲ 介紹三元玄空風水術~7

○ “” 中州派替卦” ” 與” ” 沈氏玄空” ” 之異同。

因玄空中州派使用者眾， 它的替卦法稍有不同，在本文介紹之。其實玄空法分支太多，學玄空的人自己也搞不清楚，爲何會變得如此？大家皆宗蔣大鴻氏，蔣氏年代距今不遠，到底出了啥問題？竟可以分支至百多派支，也算風水界的奇觀。

☞ 中州派替卦法則如下：

在同一卦宮內，陰兼陰，陽兼陽不替，陰陽互兼才用替。亦即同卦3山內，天元龍與地元龍相兼時才用替卦。

天、人元龍相兼由於陰陽屬性相同，因此不用替卦。

例如坎宮三山內子山與癸山同屬陰，若磁針是在” 子山內.靠癸山” 旁邊的3°內不用替星；若磁針是在” 癸山內靠子山” 旁邊的3度內亦不用替星，此即爲” ” 陰兼陰” ” 不用替卦。若磁針在子山內靠壬山旁邊的3°內則要用替星卦！

由此可見一卦宮內同陰同陽不替，” ” 陰陽不同” ” 用替。

→ 出卦必替~不同卦的24山互兼時，無論陰陽屬性是否相同，都用替卦。

“出卦” 是指每個卦中的山去兼鄰卦的山即爲” ” 出卦” ” ，只有人元龍與地元龍相兼向時會發生此種情況，天元龍在每卦的中間山，故而不會產生出卦兼的可能。例如在坎宮壬山兼乾宮的亥山，必用替；艮宮的丑山兼坎宮的癸山，必用替。因爲都兼到不同的卦位。

○ 中州派替卦訣如下：

替星只用13位。(24山中的13山）

卻用貪狼配甲.申。(1入中）

用替巨門壬.卯.乙。(2入中）

丑.艮.丙山替破軍。(7入中）

辰.巽.巳山皆武曲。(6入中）

庚.寅右弼兩星臨。(9入中）

24山中用替的13山爲:

丑、艮、寅、甲、卯、乙、

辰、巽、巳、丙、申、庚、壬。

不能用替卦的11山爲:

午、丁、未、坤、辛、酉、

戌、乾、亥、子、癸。

解說：

坎宮“壬子癸”本屬於一白貪狼，但子癸仍是一白貪狼，不能成替卦，只有“壬”字用替卦成爲“2黑巨門”。

離宮“丙午丁”本屬九紫右弼，但午丁仍是九紫右弼，不能成替卦，只有“丙”用替卦成爲“7赤破軍”。

震宮“甲卯乙”本屬於三碧祿存，但“甲”用替卦成爲“一白貪狼”，“卯乙”用替卦成爲“2黑巨門”。

兌宮“庚酉辛”本屬七赤破軍，但“酉辛”仍是七赤破軍，不能成替卦，只有“庚”用替卦，成爲“9紫右弼”。

乾宮“戌乾亥”本屬於六白武曲，三字完全用不著替，故不能成爲替卦。

巽宮“辰巽巳”本屬於四綠文曲，但三字皆用“6白武曲”成爲替卦。

坤宮“未坤申”本屬於二黑巨門，但未坤仍是二黑巨門，不能成替卦，只有“申”用替卦成爲“1白貪狼”。

艮宮“丑艮寅”本屬八白左輔，但“丑艮”用替卦成“7赤破軍”，“寅”山用替卦成爲“用9紫右弼”。

O 替卦布盤方法如下：

1.佈好元運盤。

此與下卦法完全相同，然後看落入山方與落入向方之星，可將其寫入中宮，左上角爲山飛星，右上角爲向飛星。

2.查入中宮之山飛星與向飛星數所對應的宮卦，在該宮中找出同元的山龍，即可知道用何九星來替。

3.用替星入中宮飛佈山向。

此時的順逆飛佈方法，依照原本下卦圖的山向星飛佈方式。

☞ 例:艮宮之艮爲天元龍，數字爲八，由於兼向而用七破軍代替之，此時七的陰陽仍然按艮宮的天元龍艮來定，艮爲陽，則七入中後順行排布。

☞ 又如:巽宮的人元龍爲巳，用武曲六替換之，此六入中後之陰陽仍然按巳山的陰陽斷，巳人元龍爲陽，故此六入中之後順排。

4.如果五入中之後，對應的中宮無替可尋，仍以建物坐向的元龍性質定陰陽，然後確定順排逆排。

◆ 現舉八運”” 壬山丙向兼亥巳”” 星盤爲例：

☞排運盤：

先將八運入中宮立極順飛，得出運盤。

☞ 排山盤：

“出卦必用替”，壬山丙向兼亥巳，壬屬坎卦與屬乾卦相兼，是爲出卦相兼則用替卦。

四到坐，四之地元龍爲辰，根據中州派替卦訣：”辰巽巳山皆武曲”，故不用4而用6入中，寫在中宮左上角，辰山屬陰，飛星逆行。

☞ 排向盤：

三到向，三之地元龍爲甲，根據中州派替卦訣：”卻用貪狼配甲申”，故不用3而用1入中，寫在中宮右上角，甲山屬陽，飛星順行

(詳”八運壬山丙向兼亥巳”替卦圖)。

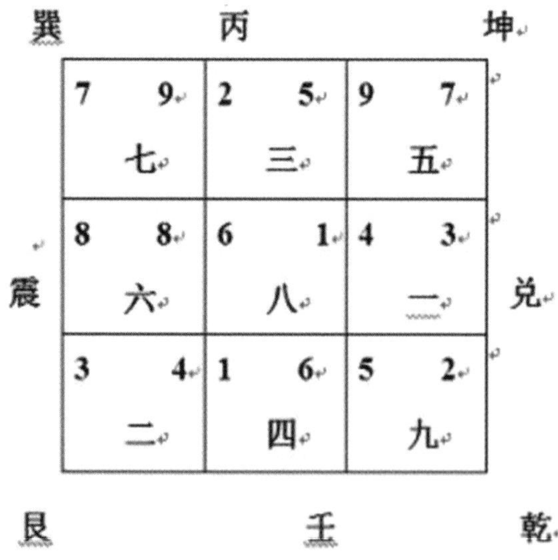

8運壬山丙向兼亥巳

▲介紹三元玄空風水術~8

○ 玄空風水吉凶四大局<1>~

♦旺山旺向

1、何爲”” 旺山旺向””？

旺山旺向也叫”” 到山到向””，是指排出飛星盤後，”山星盤”上的”當令旺星”剛好飛臨在”坐山宮位”，是爲”旺山”。

而”向星盤”的”當令旺星”又剛好飛臨在”向首宮位”，是爲”旺向”。

它是玄空風水非常好的一種理氣格局，凡是建宅與選宅之人都希望自己的住宅是旺山旺向之格局，並能配合周邊山水形勢，以達到旺丁旺財的目的，被認爲是玄空理氣最佳格局。

2、何爲”當令旺星”？

三元九運每運當令之星即爲”當令旺星”或”當運旺星”。

例如:

一運之一白星、

二運之二黑星、

三運之三碧星、以上上元運

四運之四綠星、

五運之五黃星、

六運之六白星、以上中元運

七運之七赤星、

八運之八白星、

九運之九紫星。以上下元運

3、何爲旺山?

所謂旺山，就是指坐山宮之運星入中飛佈，恰好當運旺星飛臨”坐山宮位”的情形。

4、何爲旺向?

所謂旺向，就是指向首宮的運星入中飛佈，恰好將當運旺星排到”向首宮位”的情形。

5、旺山旺向48局

想確定自己的住宅是否是旺山旺向，需先要確定住宅的山和向。三元九運中，”旺山旺向”共有48種，簡稱”48局”。
這由玄空的公式就可以推出來，這是固定的模式，讀者可以稱之爲””風水的公式””，所以說風水並不難，比國中數學還簡單多多，但卻因爲罩著玄學外衣，加以學校教育沒有教，導致不肖之徒可以以此惑人行騙。

☞ 再說四十八局，是指從二運到八運共有四十八局旺山旺向，一運和九運沒有。(所以說一、九運這40年世界就會比較差？？？)

其中二、三、四、六、七、八運各有六局，五運有12局，共48局。(所以五運全世界會好上一倍，不過這是風水公式推出來的機率，看看就好。)

二運、八運：
乾山巽向、巽山乾向、巳山亥向、亥山巳向、丑山未向、未山丑向。
三運、七運：
卯山酉向、酉山卯向、乙山辛向、辛山乙向、辰山戌向、戌山辰向。
四運、六運：
艮山坤向、坤山艮向、寅山申向、申山寅向、甲山庚向、庚山甲向。
五運：
子山午向、卯山酉向、乙山辛向、丁山癸向、辰山戌向、丑山未向。
目前正處於八運（2004——2023）中，八運中旺山旺向格局有6局，如上。

○ 旺山向須配合外局形勢

旺山旺向的格局想要完全得以發揮，須配以" "背山面水" "地勢。

對於鄉村民宅來說，背後有秀麗端莊的山峰，前面有曲折的水流環抱，或者是有池塘湖泊。住宅的坐向不能犯出卦、差錯。如果符合局勢，則享福長久，財運旺盛，多添人丁，富貴長壽。

對於現代城市中的旺山旺向，房後沒有山，可以用樹林或高大建築代替，前面沒有水可以用路代替。

這種說法破綻很多，學理邏輯都不通，現代那種一整排同坐向的透天陽宅，如果旺山旺向，背山面路，就全部都發了嗎？或全部都不發了呢？會不會有的發有的不發呢？那種才接近真實？白癡一樣的學理，披著玄學易經的皮，就可以大騙特騙，這就是現今的風水界實況。

☞ 旺山旺向理論上是可以丁財兩旺的，但是有時感覺不到好運，反而事事不順呢？玄空法學者在此又因此設下說詞，以防穿掷，以下分析玄空法旺山旺向但又不旺時如何自圓其說的虛辭：

1、外局沒有配合

大家都知道滿足旺山旺向的先決條件，就是坐方有山，向上有水。如果你的房子在該有山的地方沒有，該有水的地方沒有，當然形巒無法配合理氣，有旺山旺向的星盤也沒有用。

這裡還要注意，陽宅上講的山水和實際山水不同，有高一寸爲山，低一寸爲水的說法。

2、不在向上宮位開門

旺山旺向的向上雖然是旺氣，但是大門如果不是在向上宮位開，那大門也沒有納旺氣。陽宅的財氣從門，如果大門不收旺氣，旺向也不如預期的好。

3、四隅向大門不在向上宮位

這個原因一般人並不清楚，24山中八卦分爲四正向和四隅向，四正向就是東、南、西、北。四隅向是東南、東北、西南、西北。

八運中的旺山旺向，大多是四隅向，如丑未向、巽乾向、巳亥向。當坐向爲四隅向時，大門的宮位常常不在正常的宮位上，你以爲大門開在向上，實際上大門的宮位在隔壁宮。

☞　例如：一個亥山巳向的房子，大門的位置在向上，但是由於巳向是隅向，因此大門實際上在離宮而不是在向上的巽宮。很多人以爲大門收巽宮八白旺氣，實際上大門納的是離宮三綠衰氣。這就是該旺而不旺的原因，根本沒納到旺氣。

4、大門旺星受”流年星”剋洩

2004-2023八運期間，艮土當令是最旺的星，如果流年的三綠四碧木星到大門，就會克害大門的旺土，嚴重的可能會有官司。

如果流年的六白七赤金星到大門，旺土生金，旺氣泄露，花錢如流水了。

因此即使旺向.旺星到門，流年九星中也只有三個年份會財運增加，其他年份還是會讓你感覺不順利。

5、門路不配合

由於財運的好壞是靠門路的配合來決定，如果你是旺山旺向，大門也是納旺氣，流年九星也配合生旺門氣，是否一定保證了財運亨通呢，那可不一定！有可能你室內外的門路安排不當，旺氣一路生出，財運也就只出不進了。

由此可知，風水常常是環環相扣，需要整體配合的，如果只是有一個旺山旺向的格局，就想要能夠運勢順利，那天下有這樣格局的有千萬，但也不會全發了。

(這種說法，其實破綻百出，都自說自話，先射箭再畫靶，當笑話了解就可以。)

○ 快速判斷”旺山旺向”訣竅：

1：在排”山星盤”與”向星盤”時，只要山、向入中之星””雙雙遇陰””””逆飛”,，必是旺山或旺向！

2：坐山宮與向首宮之”運星”對應之卦，是四正卦宮。即

a.坐山宮與向首宮”運星”爲一白坎、三碧震、七赤兑、九紫離。四正卦。實際的坐山朝向恰巧爲”天元龍或人元龍”，此局必爲旺山旺向。

b.坐山宮與向首宮的運星對應的是””四隅卦””。即

坐山宮與向首宮的運星爲二、四、六、八，而實際的坐山朝向剛好是””地元龍””，該局也必定是旺山旺向之局！

♦ 如下元八運之運星盤如下：

西北乾宮與東南巽宮的運星分別是9與7，代表的是離卦宮與兌卦宮，爲四正卦宮，而四正卦宮中的天元龍與人元龍必定爲陰，故此兩宮中的天元龍與人元龍山向的宅命盤肯定是旺山旺向，即乾山巽向、亥山巳向、巽山乾向、巳山亥向，都是旺山旺向的格局。

♦ 再看東北艮宮與西南坤宮的運星分別是2與5，分別代表的是坤卦宮與艮卦宮（由於五黃「老家」在中宮，本身無卦，亦沒有地、天、人三元龍，只能依附當令旺星而論之），是爲四隅卦宮。

而四隅卦宮的地元龍爲陰，故此兩宮中的地元龍山向之宅的飛星盤必定亦是旺山旺向，即丑山未向、未山丑向。

通過這種訣竅來進行判斷，只需一見到某一元運的運星盤即可快速判斷出哪幾局是旺山旺向格局，不但大大地節約了時間，又便於記憶，而且顯得非常專業，充分顯示出運星盤的巨大作用與功能。

但這其實是死法的風水公式，實際上陽宅的吉凶，依八方卦位是呈常態分配，沒有某運的某坐向就發達的人特別多這種情形，如果有的話也一定是與自環境有關，而不是元運的坐向。例如山腳下的陽宅，背靠山的宅往往優於面山的宅，這是自然環境造成，而非元運。

○示例

1、六運造，寅山申向宅。下卦。

此局運星九紫到坐山，九即爲丁，丁爲陰，故山星盤以九入中逆飛，恰好可將當令旺星六白排到坐山艮，此即爲旺山。

運星三碧到向首，三即爲乙，乙爲陰，故向星盤以三入中逆飛，恰好當令旺星六白飛臨向首坤宮，此即是旺向。

巽	巳	丙 午 丁	未	坤
辰	風水渙 巽東南 ① 4 衰 五	山天大畜 離正南 退 ⑤ 8 生 一	天雷无妄 申向 坤西南 殺 ③ 6 旺 三	申
乙 卯 甲	天地否 震正東 殺 ② 5 退 四	雷火豐 111.05.19(15:申) 下卦 死 ⑨ 山訂 3 殺 六	水澤節 兌正西 生 ⑦ 1 八	庚 酉 辛
寅	火天大有 寅山 艮東北 旺 ⑥ 9 死 九	澤風大過 坎正北 衰 ④ 7 生 二	地山謙 乾西北 生 ⑧ 2 殺 七	戌
艮	丑	癸 子 壬	亥	乾

2、七運造，酉山卯向宅。下卦。

此局九到坐山，九即爲午，午爲陰，故山星盤以九入中逆飛，恰好當運旺星七赤飛臨坐山酉方，此爲旺山。

五到向首，五即爲酉，酉爲陰，故向星盤以五入中逆飛，恰好將當運七赤排到向首卯方，此爲旺向。

巽　巳　丙　午　丁　未　坤

辰	天水訟　巽東南 ① 6 退 六	水澤節　離正南 衰 ⑤ 1 二	山雷頤　坤西南 殺 ③ 8 生 四	申
乙 卯 甲	澤地革　卯向　震正東 殺 ② 7 旺 五	澤火革　111.05.19(15:申) 下卦 生 ⑨ 向引 5 衰 七	雷澤歸妹　酉山　兌正西 旺 ⑦ 3 殺 九	庚 酉 辛
寅	地天泰　艮東北 退 ⑥ 2 殺 一	火風鼎　坎正北 死 ④ 9 生 三	風山漸　乾西北 生 ⑧ 4 死 八	戌

艮　丑　癸　子　壬　亥　乾

3、八運造，丑山未向宅。下卦。

此局二到坐山，二即爲未，未爲陰，故山星盤以二入中逆飛，恰好可將當運旺星八白排到坐山丑方，此乃旺山。五到向首，五即爲丑，丑爲陰，故向星盤以五入中逆飛，恰好當運旺星八白飛臨向首未方，此乃旺向。

旺山旺向之星盤，山星盤中的當令旺星剛好排入坐山宮，向星盤中的當令旺星恰巧排入向首宮，故而叫做旺山旺向。

巽　巳　丙　午　丁　未　坤

辰	天雷无妄　巽東南 殺 ③ 6 衰 七	水澤節　離正南 退 ⑦ 1 生 三	艮為山　未向　坤西南 殺 ⑤ 8 旺 五	申
乙 卯 甲	澤風大過　震正東 殺 ④ 7 退 六	山地剝　111.05.19(15:申) 下卦 死 ② 向引 5 殺 八	雷火豐　兌正西 生 ⑨ 3 殺 一	庚 酉 辛
寅	地山謙　丑山　艮東北 旺 ⑧ 2 死 二	火天大有　坎正北 衰 ⑥ 9 生 四	風水渙　乾西北 生 ① 4 殺 九	戌

艮　丑　癸　子　壬　亥　乾

▲ 介紹三元玄空風水術~9

■ 玄空風水吉凶四大局<2>~

♦「雙星到向」和「雙星到坐」

"雙星到向"和"雙星到坐"，是使用玄空飛星法堪輿時，兩種特殊情況。

☞ 雙星到向

是指"山盤"和"向盤"的當令旺星"同時飛到向宮，此格局旺向不旺山，旺財不旺丁。玄空風水學中把這種特殊情況稱爲「雙星到向」。

又因山管人丁，水管財帛，所以此宅主人丁凋零，多對身體健康不利，但財運茂盛。這種格局最適應的地形是房屋前面寬敞，有池塘、湖泊。

雙星到向的格局，因犯""下水""，故須向山立局。

雙星到向格局，需要朝向上有空曠的平地，而遠處有高山、大樓或者大樹等，同時最好有舒緩的河流流過。

如果前方有山無水，此局就只能旺人丁(所以旺不旺丁只看山就好？)，若有水無山，就只能旺財。如果既無山也無水，在一些情況下反而會變成凶局。

玄空法在城市中，會將大馬路視爲水，將樓房及遠處的樹林視爲山。

"雙星到向"是一種主吉局，但需要與山水相配才能使其效果發揮出來。當山星與向星齊聚一個風水局朝向的宮位上，就意味著這個方位上「生氣」最爲旺盛，因此便需要在此方位上有較爲寬闊的空間，同時有山水相合，以使藏風聚氣的效果能得到保障。

下元八運（2004—2023）雙星會向總共有：

四正山向2局 / 天干山向4局

子山午向、卯山酉向、

庚山甲向、丙山壬向、

乙山辛向、癸山丁向。

玄空法中的這種學理，不合常理的地方很多，例如既然雙星到向了，還有合山水情勢才能論吉，無山無水，則反而變凶，那麼如果山水重要，又何必九宮之吉；其次，將大馬路視為水，水性就下，馬路可未必就下，馬路與大地形也未必相同，何以路可以論為水？讀者思考之，自能看見多違常理都談不通的地方。

☞八運中”雙星到向”範例

例1， 七運，午山子向。下卦。

第一步，先排當值運星盤

第二步，排山星盤和向星盤

以坐山星2入中宮，因2在元旦盤中屬坤宮，坤宮管未坤申三山；又因坐山的”午”屬天元龍，故取坤宮之天元龍，即是坤，坤屬陽，故順飛，填入左左小圓圖。

以向山星3入中宮，因3為震宮，震宮管甲卯乙三山；又因子為天元龍，故取震宮之卯山，卯為陰，逆飛布九星（見紅色字體）。

如下圖所示，7運星皆飛到了向盤，故此為”雙星到向”局，旺財不旺丁。

乾	亥	壬 子 癸	丑	艮
戌	地雷復 乾西北 殺 ③ 2 殺 八	兌為澤 子向 坎正北 旺 ⑦ 7 旺 三	火澤睽 艮東北 衰 ⑤ 9 生 一	寅
辛 酉 庚	水風井 兌正西 死 ④ 1 九	雷地豫 下卦 殺 ② 3 殺 七	澤火革 震正東 生 ⑨ 5 衰 五	甲 卯 乙
申	天山遯 坤西南 生 ⑧ 6 退 四	山天大畜 午山 離正南 退 ⑥ 8 生 二	風水渙 巽東南 ① 4 死 六	辰
坤	未	丁 午 丙	巳	巽

☞ **例：八運，丙山壬向。下卦。**

按同法排當值運星盤、山星盤和向星盤如下，8運星飛到了向方，亦爲”雙星到向”局。如下圖~

戌		壬		丑
	雷風恆 乾西北 殺 ④ 3 殺 九	艮為山 壬向 坎正北 旺 ⑧ 8 旺 四	水天需 艮東北 衰 ⑥ 1 生 二	
庚	地山謙 兌正西 殺 ⑤ 2 死 一	風雷益 111.05.31(14:未) 下卦 殺 ③ 4 殺 八	天水訟 震正東 生 ① 6 衰 六	甲
	澤火革 坤西南 生 ⑨ 7 退 五	火澤睽 丙山 離正南 退 ⑦ 9 生 三	山地剝 巽東南 死 ② 5 殺 七	
未		丙		辰

☞ **雙星到坐**

是指”山盤”和”向盤”的”當令旺星”同時飛到”坐山宮”，這種格局旺山不旺向，旺丁不旺財。都市的陽宅遇這種格局，宅後有空地、水池、花園，其後又有高樓爲佳。如果沒有水池、花園，可以人工開掘，用路代替，或者後通大路。

♦下元八運（2004—2023）雙星到坐的局共6局。

午山子向、酉山卯向、甲山庚向、壬山丙向、辛山乙向、丁山癸向。

因爲山盤、向盤旺星都在坐方，所以山旺水不旺，主財運不濟，但人丁興旺，對健康有利。

雙星到坐的格局，因犯”上山”，所以背後須有水 (哈~可笑)，因爲丁財當令旺星都坐山宮位。

這種格局最適宜的地形是背後有塘埤、湖泊，後面又有高起山崗、丘陵等，前面則是寬平地勢。

另外，最好前面的建築比本身的低些，後面的先低後高

同樣的，這種說法也是錯誤連連，自古以來立宅，沒有前山後水說，不信的話去翻翻祖師爺的典籍就知道了，不必強辯，玄空風水流弊之大，可謂風水術的大倒車，自此之後，風水術真學一去不復返矣。

☞八運中”雙星到坐”示例

例，六運 ，亥山巳向。下卦。

排當值運星盤、山星盤和向星盤如下，坐山和向山的6運星飛到了坐方，爲”雙星到坐”。此局旺丁不旺財。如下圖~

乙	巳		丁
雷火豐 震正東 死 ⑨ 3 殺 四	風山漸 巳向 巽東南 生 ⑧ 4 衰 五	火雷噬嗑 離正南 殺 ③ 9 死 一	
寅			申
山風蠱 艮東北 衰 ④ 8 生 九	天澤履 111.05.31(14:水) 下卦 生 ⑦ 5 退 六	地水師 坤西南 ① 2 殺 三	
水地比 坎正北 殺 ② 1 二	乾為天 亥山 乾西北 旺 ⑥ 6 旺 七	澤天夬 兌正西 退 ⑤ 7 生 八	
癸	亥		辛

例，八運，辛山乙向。下卦。

排當值運星盤、山星盤和向星盤如下，坐山和向山的8運星飛到了坐方，亦爲”雙星到坐”之局。此格局旺丁不旺財。如下圖~

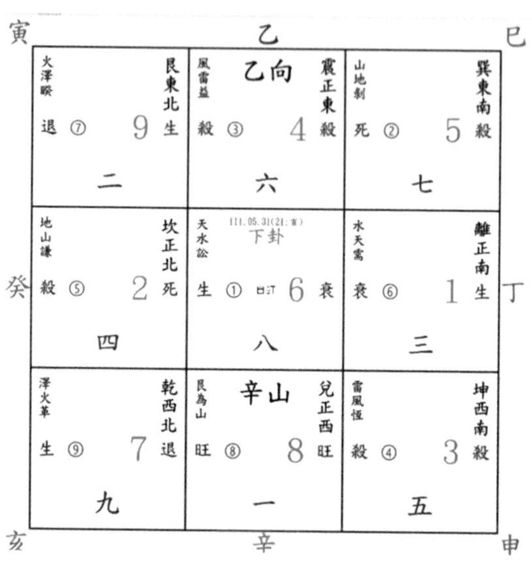

▲ 介紹三元玄空風水術~10

○ 玄空風水吉凶四大局<3>

♦ 上山下水

☞ 何爲上山下水？

玄空理氣“上山下水”格局，又叫“顛山倒向”，山盤中的當令旺星跑到了對宮的向首方；向盤上的當令旺星飛到了對宮的坐山方。

換一種方式來說，就是山盤當令旺星““下了水(向爲水盤)””，向上當令旺星“““上了山(山盤)””。

☞ 判斷上山下水格局訣竅

法1：

在起排山星盤與向星盤時，當坐山宮運星與向首宮運星入中之後，遇陽雙雙順飛，則此局一定是“上山下水”之局！

法2：

坐山宮與向首宮的“運星”所對應的是“四正卦”，即爲一、三、七、九時，而實際的坐山朝向爲“地元龍”，則該局必定爲“上山下水”之局！

法3：

坐山宮與向首宮的運星所對應的是“四隅卦”，即爲二、四、六、八時，而實際的坐山朝向是“天元龍或人元龍”，則該局肯定是“上山下水”無疑！

♦ 三元九運上山下水（共48局）

1、上元一運與下元九運沒有上山下水之局，二運、三運、四運、六運、七運、八運各六局，五運有十二局；

2、在三元九運二十四山向當中，唯有子山午向、午山子向、癸山丁向、丁山癸向沒有上山下水之局。

3、上元二運與下元八運、上元三運與下元七運、中元四運與六運的上山下水之局坐山朝向完全一致，只有中元五運是一個特殊的元運，它沒有“雙星會向”與“雙星會坐”，只有旺山旺向與上山下水，各占十二局。

例一：七運造，乾山巽向宅。下卦。

此局運星八白到坐山，八即為艮，艮為陽，故山星盤以八白入中順飛，山上當運旺星七赤飛到了向首，此為山上當令旺星「下水」。
運星六的到向首，六即為乾，乾為陽，故向星盤以六入中順飛，向上當運旺星七赤飛到了坐山，此為“水星上山”。
但全局合123、234、345、456、567、678、789、891、912“連珠三般卦”，若砂水形勢得當，可以略補不足。至於何為“連珠三般卦”，後文再做介紹。

卯 乙	辰 巽 巳	丙 午	
甲	風天小畜 震正東 退 ⑥ 4 死 五	兌為澤 巽向 巽東南 旺 ⑦ 5 衰 六	水雷屯 離正南 殺 ③ 1 二	丁
寅 艮 丑	火地晉 艮東北 殺 ② 9 生 一	天山遯 111.05.31(21:亥) 下卦 生 ⑧ 6 退 七	雷澤歸妹 坤西南 衰 ⑤ 3 殺 四	未 坤 申
癸	地風升 坎正北 死 ④ 2 殺 三	澤火革 乾山 乾西北 生 ⑨ 7 旺 八	山水蒙 兌正西 ① 8 生 九	庚
子 壬	亥 乾 戌	辛 酉	

例二，八運造，辰山戌山宅。下卦。

該局運星盤七到坐山，七爲庚爲陽，故山星盤以七赤入中順飛，山上當運旺星八白剛好飛到了向首乾宮，此爲“山星下水”。

運星九紫到向首，九紫對應離卦同元龍爲丙，丙爲陽，故向星盤以九入中順飛，向上當運旺星八白飛到了坐山，此爲“水星上山”。

此局與例一的七運乾山巽向下卦都有一個共同的特點，那就是雖爲上山下水之局，但全局每宮都合“連珠三般卦”。

庚		戌		壬
	地火明夷 兌正西 生 ⑨ 2 死 一	水山蹇 戌向 乾西北 旺 ⑧ 1 生 九	山雷頤 坎正北 殺 ③ 5 殺 四	
未	天風姤 坤西南 殺 ④ 6 衰 五	火澤睽 111.05.31(21:亥) 下卦 退 ⑦ 9 生 八	雷水解 艮東北 生 ① 3 殺 二	丑
	風地觀 離正南 死 ② 4 殺 三	山天大畜 辰山 巽東南 衰 ⑥ 8 旺 七	澤山咸 震正東 殺 ⑤ 7 退 六	
丙		辰		甲

例三，八運造，艮山坤向宅。下卦。

該局二黑到坐山宮，二即爲坤，坤爲陽，故山星以二入中順飛，將當運旺星八白排在了向首，此乃“山星下水”。

◎ 玄空法的廿四山陰陽的區分，從基礎上就不合易經學理，例如坤劃分爲陽，完全沒有道理，看遍整本易經找不出一個字句說坤爲陽的，就只有玄空法敢亂用這種小孩分糖菓的粗糙作法，整個玄空廿四陰陽山的學理，就是自說自話，這叫做錯在根上了，後續的一些叠床架屋的理論，根本也就不用看了。

五黃到向首，這是一種特殊情況，因爲五黃無方位，則以“对应卦位”陰陽斷順逆，故向星以五入中順飛，當運旺星八白飛臨坐山，此爲“水星上山”。

此局也是一個上山下水之局，而且向星犯伏吟 (五入中宮順飛，各宮伏吟，吉凶加劇之意，另有單宮伏吟，這是借用“八字學伏反吟”的名詞所創，也是不倫不類)，如果巒頭形局上坐實向空，則是一個敗局。

　　但此局合147、258、369之格局，名爲「父母三般卦」，可以減少凶象。“父母三般卦”後文中会另行介紹。

午	丁	未　坤　申	庚	酉
丙	火天大有　離正南 衰 ⑥ 9 生 三	地山謙　坤向　坤西南 旺 ⑧ 2 死 五	澤風大過　兌正西 殺 ④ 7 退 一	辛
巳 巽 辰	風水渙　巽東南 生 ① 4 殺 七	山地剝　111.05.31(21:亥)　下卦 死 ② 5 殺 八	天雷无妄　乾西北 殺 ③ 6 衰 九	戌 乾 亥
乙	雷火豐　震正東 生 ⑨ 3 殺 六	艮為山　艮山　艮東北 殺 ⑤ 8 旺 二	水澤節　坎正北 退 ⑦ 1 生 四	壬
卯	甲	寅　艮　丑	癸	子

上山下水之局吉凶判斷

玄空法說：「山上龍神不下水，水裡龍神不上山。」而上山下水之局，山上的龍神下了水，水裡的龍神上了山。

又說：「山管人丁，水管財。」山上龍神跌落水中，是傷丁之兆；水裡龍神困在山上，是破財之象，故而是丁財兩傷的格局。

事實上，理氣只是為用為條件，巒頭才是為體為依據，離開巒頭而論理氣，完全是一紙空談而已。任何一種理氣格局，只有在與巒頭形勢配合的情況下才會發生作用，才會顯示出吉凶。玄空法又要故弄玄虛搞飛星，又要湊合巒頭，處處捉襟見肘，削足適履，愈錯愈遠了。

上山下水之局在巒頭形勢上為坐水面山、坐低向高、坐空朝實者為吉，若坐山面水、坐高向低、坐實朝空反為凶。換句話說，實際巒頭形勢若為坐水面山、坐空朝實，適用於上山下水之格局。

但這種格局，看起來總是讓人感覺到有些彆扭。過去，這種格局非常之少。而現在，這種格局越來越多。沿河岸而建的房子和沿公路而建的房子，不少就是這種坐空朝實的。至於是否為上山下水，大多數人應該都沒有去理會它。

當然，上山下水的格局，我們在重點考慮實際砂水形勢是否背水面山或是否背山面水的同時，還要察看其它六宮所面臨的實際砂水形勢與飛星組合情況，綜合進行參斷。

如飛星理氣雖為上山下水之局，但能全盤合河洛生成之數，或合三般卦，或合十，或合城門水口，或合收山出煞，不但不能以凶論之，反而要以吉斷之。

以上吉凶判斷的部分　，觀念有很大的誤差，與楊筠松《撼龍經》、劉伯溫《龍訣歌》、唐卜則巍《雪心賦》、東晉郭璞《葬經》。宋司馬頭陀《地理鉄案》' 近代文林書局編集《地理大全》………等等祖師爺理論全然相反，林老師只做介紹，供參考，不建議採用。

▲介紹三元玄空風水術~11

○玄空的伏吟、反吟~<1>

一、伏吟

所謂伏吟，就是指飛星盤上山星或向星“五黃”入中“順飛”，其到各宮位的飛星與洛書盤的飛星完全相同的情形。

☞伏吟局的規律是：

凡運星五黃所到之卦宮，其所管之三山若為陽性，無論此山為坐或為向，一定是伏吟。若為坐山，則山星犯伏吟；若為向首，則向星犯伏吟。

例：八運，坤山、坤向或申山申向，一定是伏吟之局，為坐者山星犯伏吟，為向者水星犯伏吟。

☞伏吟的兩種情形：

一種是星盤上山星或向星全局都犯伏吟，另一種是星盤中個別宮位的山星或向星犯伏吟。

一、全局伏吟

是指星盤中山星或向星遇五黃入中順飛，致使該山星或向星與洛書盤相同，謂之“全局伏吟”。

例1，七運，甲山庚向，庚寅分金。

運星五黃到山，山星以五入中順飛，山星盤與洛書盤相同，此即為山星全局犯伏吟。此局又是上山下水，伏吟與上山下水交並，為禍更烈。

例2：八運，艮山坤向，辛丑分金。

運星五黃到向，向星五入中順飛，向星盤之飛星與洛書盤完全相同，此局是為向星盤全局犯伏吟。

此局同樣是上山下水之局，但全局成一四七、二五八、三六九，為父母三般卦，可以減凶。

上山下水，又犯伏吟，若巒頭形局又為坐山向水及砂水破碎帶煞，則主家破人亡。

○三元九運伏吟星盤（共24局）

1.上元一運（二局）：壬山丙向（向伏）、丙山壬向（山伏）

2.上元二運（四局）：艮山坤向（山伏）、坤山艮向（向伏）、寅山申向（山伏）、申山寅向（向伏）

3.上元三運（二局）：甲山庚向（向伏）、庚山甲向（山伏）

4.中元四運（四局）：巽山乾向（向伏）、乾山巽向（山伏）、巳山亥向（向伏）、亥山巳向（山伏）

5.中元六運（四局）：巽山乾向（山伏）、乾山巽向（向伏）、巳山亥向（山伏）、亥山巳向（向估）

6.下元七運（二局）：甲山庚向（山伏）、庚山甲向（向伏）

7.下元八運（四局）：艮山坤向（向信）、坤山艮向（山伏）、寅山申向（向吟）、申山寅向（山吟）

8.下元九運（二局）：壬山丙向（山伏）、丙山壬向（向伏）。

二、個別宮位伏吟

1.星盤九宮內某個宮位內山星或向星與“洛書盤”宮位的數字相同；

2.星盤九宮內某個宮位內山星或向星與“該宮的運星”相同。

此兩種情形，都無需考慮山、向飛星是否為五黃入中順飛，只要見宮位內存在上述兩種情形之一，即是“個別宮位”內伏吟。

例：七運，辰山戌向。下卦。

水盤單宮方框內數字與後天八卦數字相同，論爲伏吟。由於宮犯伏吟，故一般不宜在此宮之內用事。

庚		戌		壬
	天風姤 兌正西 死 ④ 6 退 九	兌為澤 戌向 乾西北 衰 ⑤ 7 旺 八	雷水解 坎正北 ①（方框） 3 殺 三	
未	地火明夷 坤西南 生 ⑨ 2（方框） 殺 四	山天大畜 111.05.31(21:亥) 下卦 退 ⑥ 自訂 8 生 七	澤雷隨 艮東北 殺 ③ 5 衰 一	丑
	風地觀 離正南 殺 ② 4 死 二	火澤睽 辰山 巽東南 旺 ⑦ 9 生 六	水山蹇 震正東 生 ⑧ 1 五	
丙		辰		甲

▲介紹三元玄空風水術~12

○ 玄空的伏吟、反吟~<2>

☞ **何為反吟？**

反吟是指山星或向星遇“五黃”入中“逆飛”，山星或向星與洛書盤相反，跑到了對宮。伏吟大多是“上山下水”之局，為禍猛烈，若巒頭形局又配合不當，發禍迅猛。

反吟大多是“旺山旺向”之局，在當旺的元運，若巒頭又配合得當，仍主發福，只有在失運時才會「凶相畢露」。

☞ **伏吟、反吟的規律：**

只要坐山或朝向會穿過運星五黃所在之宮位，不犯伏吟，就犯反吟。如下元八運運星五黃居坤宮，凡經過坤宮的坐山或朝向要麼犯伏吟，要麼犯反吟。

一、全局反吟

反吟與伏吟一樣，也有兩種存在形式，一種是“全局反吟”，另一種是“個別宮位反吟”。

1、全局反吟：全局反吟，是指山星或向星遇五黃入中逆飛之局。

例1，七運，乙山辛向。下卦。

山星遇五黃入中逆飛，使山星盤與洛書元旦盤相比較，飛星恰好飛到了對宮，此局爲“山星”“全局反吟”。

申		辛		亥
	雷山小過 坤西南 生 ⑧ 3 殺 四	澤雷隨 辛向 兌正西 殺 ③ 7 旺 九	山風蠱 乾西北 死 ④ 8 生 八	
丁	澤水困 離正南 ① 5 衰 二	火澤睽 111.05.31(21:亥) 下卦 衰 ⑤ 9 生 七	風火家人 坎正北 生 ⑨ 4 死 三	癸
	水天需 巽東南 退 ⑥ 1 六	地澤臨 乙山 震正東 旺 ⑦ 2 殺 五	天地否 艮東北 殺 ② 6 退 一	
巳		乙		寅

例2，八運，丑山未向。下卦。

向星五黃入中逆飛，使向星盤與洛書盤相比較都飛臨對宮，向星的星盤，與洛書元旦盤剛好相反。

丙		未		庚
	水澤節 離正南 退 ⑦ 1 生 三	艮為山 未向 坤西南 殺 ⑤ 8 旺 五	雷火豐 兌正西 生 ⑨ 3 殺 一	
辰	天雷无妄 巽東南 殺 ③ 6 衰 七	山地剝 111.05.31(21:亥) 下卦 死 ② 5 殺 八	風水渙 乾西北 生 ① 4 殺 九	戌
	澤風大過 震正東 殺 ④ 7 退 六	地山謙 丑山 艮東北 旺 ⑧ 2 死 二	火天大有 坎正北 衰 ⑥ 9 生 四	
甲		丑		壬

☞ 三元九運反吟星盤（24局）

1.上元一運（四局）：子山午向（向反）、午山子向（山反）、癸山丁向（向反）、丁山癸向（山反）

2.上元二運（二局）：丑山未向（山反）、未山丑向（向反）

3.上元三運（四局）：卯山酉向（向反）、酉山卯向（山反）、乙山辛向（向反）、辛山乙向（山反）

4.上元四運（二局）：辰山戌向（向反）、戌山辰向（山反）

5.中元六運（二局）：辰山戌向（山反）、戌山辰向（向反）

6.下元七運（四局）：卯山酉向（山反）、酉山卯向（向反）、乙山辛向（山反）、辛山乙向（向反）

7.下元八運（二局）：丑山未向（向反）、未山丑向（山反）

8.下元九運（四局）：子山午向（山反）、午山子向（向反）癸山丁向（山反）、丁山癸向（向反）

二、個別宮位反吟

指星盤宮位內山星或向星與“洛書盤”數字成“合十”的情形。

一般而言，星盤格局見山星犯反吟，較不利人口及健康；遇向星犯反吟，必敗錢財及罷官職。

但在判斷時必須要分清星曜的生旺與衰死，當運及生氣時為吉，退運衰死時獲凶。某一卦宮內的反吟亦是同理。

向星犯反吟，在旺運時若此方見吉水仍主發財，但在退運時原局反吟之凶就會顯露無遺，會有破敗或其它凶災，宜謹之慎之。

古訣有云：

向得令星吉水照，丁財並茂日興隆。

脫運之星名煞曜，未交之宿不堪用。

反吟伏吟須得運，一脫元運立顯凶。

整個陽宅轉座向，這可是大工程，但比起重蓋一間新的還是便宜許多。重點是改向以後要能愈來愈好，才有價值。

▲ 介紹三元玄空風水術~13

○ 父母三般卦 / 連珠三般卦

玄空風水學認爲，一個人的家宅要興旺發達，要符合玄空風水中關於旺山、旺向的理氣原則。

比如，家宅的坐山，有當令旺星飛臨，則代表家宅人丁興旺，有健康的身體；家宅的向山，有當令的旺星飛臨，則主家宅能夠發達，財運佳。

如果兩者能夠同時擁有，既得旺山，又得旺向，那麼，則說明你的家宅，屬於極佳的風水格局。

不過，爲了怕穿梆，即使旺山旺向了，還有許多講究，避免落人口實。因爲符合旺山旺向，但是又不發達的人太多太多……。

如果是山星、向星和元運星組成了「父母三般卦」這類特殊格局，則也屬於上好的風水格局。

☞ 所謂「父母三般卦」

即宅命盤中的山星、向星和運盤，他們所代表的數字，在每個宮位，全部形成了「147，258，369」這樣的數字組合，就稱爲「父母三般卦」。

玄空學認爲，這种風水格局（其實只是數學上面的排列組合公式而已），只要巒頭与水符合要求，由於自身具有良好的天、地、人「三才」，就不太忌諱山星下水，或者水星上山了。同時，也預示著，家宅主人會有貴人相助，且事事順利吉祥。

☞ 這種格局，需要注意如下事項：

1、主要用於旺財。

主出巨富，而不主顯貴；或者富大於貴。特別利於作經商之用。

2、須與巒頭配合。

父母三般卦的格局，幾乎全部是「上山、下水」的格局。因此，特別適合“坐空朝滿”的房子。

即建築物的向方所處的宮位要見高山，或者較爲高大的建築物；而在坐山宮位，不能見高山，而要見有情朝拱的水路。亦即宅後方要見水之意。反之，如果坐滿朝空的房子非但不會旺財，反而屬於兇相。

真配服蔣大鴻連這種連違反常理的理論也想得出來，數百年來也不知害了多少人了，玄空學人真的醒醒吧！

3、只能適用一個元運。

一般說來，這種格局只能用於一個元運，即只能用於當元，若遇運替，則需要改造，或者另外選擇新居。

因爲運星一變就不符合「父母三般卦」，同時，這本來就是一種權變之策。不然，運過，則主敗絕，凶不可言。

◆ 九運中符合這種格局的如下：

二運：艮山坤向，寅山申向，坤山艮向，申山寅向；

四運：丑山未向、未山丑向，艮山坤向，坤山艮向；

五運：艮山坤向，坤山艮向，寅山申向、申山寅向；

六運：丑山未向、未山丑向；

八運：艮山坤向，寅山申向，坤山艮向，申山寅向。

「父母三般卦」和「連珠三般卦」是在風水堪輿過程中，一個風水局的山星、向星和運星在宅命盤上，出現的兩種特殊的排列格局。

「父母三般卦」的出現，意味著宅命盤中每宮的元運可以貫通上、中、下三元，一般認爲是吉象，其主要性質是旺財，主出巨富，但不主顯貴，或富大於貴，適於經商之用。

此局在台東，堂勢週密，朝案多重，稻田之處正是龍的行度，正今無人點得，留與有緣。

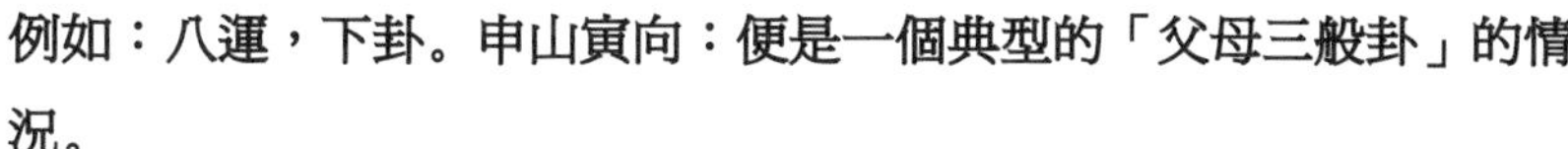

例如：八運，下卦。申山寅向：便是一個典型的「父母三般卦」的情況。

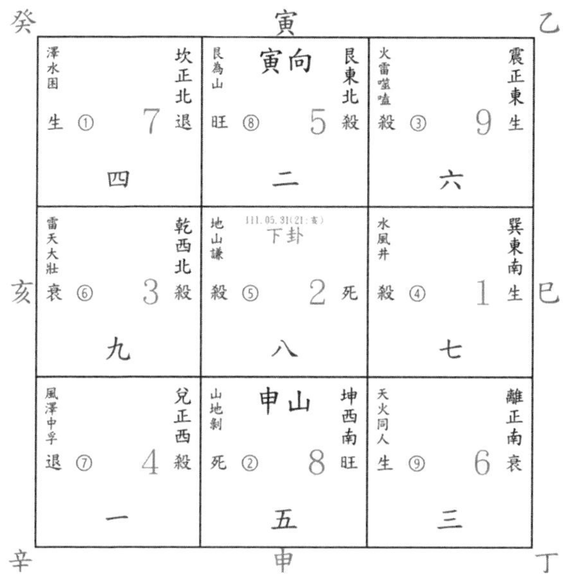

☞ **所謂「 連珠三般卦 」**

每個宮位的山星、向星、運星均構成相連的數字（即：123、234、345、456、567、678、789、891、912共九種），且滿足“運星數字”需在連續數字的“中間”的條件，被稱爲「連珠三般卦」。

例如：七運，下卦，亥山巳向。

便是一個典型的「連珠三般卦」的情況。

「連珠三般卦」與「父母三般卦」的功效類似，可通三元之氣，旺財主富，但必須與環境相合，向星所在必須有水，才能有吉象，否則會形成上山下水之敗局。

乙	巳	丁
風天小畜 震正東 退 ⑥ 4 死 五	兌為澤 巳向 巽東南 旺 ⑦ 5 衰 六	水雷屯 離正南 殺 ③ 1 二
寅 火地晉 艮東北 殺 ② 9 生 一	天山遯 111.05.31(21:寅) 下卦 生 ⑧ 6 退 七	雷澤歸妹 坤西南 衰 ⑤ 3 殺 四 申
地風升 坎正北 死 ④ 2 殺 三	澤火革 亥山 乾西北 生 ⑨ 7 旺 八	山水蒙 兌正西 ① 8 生 九
癸	亥	辛

▲ 介紹三元玄空風水術~14

○ 什麼是城門？如何使用城門訣？<1>

♦城門、正城門与城門訣~~~城門與城門訣不同，不能混淆。

☞ **城 門**：是指玄空法中向首卦位兩旁的宮卦，即稱爲‘“城門”。

☞**正城門**：向首與左宮或右宮的元旦盤星能合成一六同宗、二七同道、三八爲朋、四九爲友者爲正城門，另一宮爲“副城門”。

☞**城門訣**：是指凡合城門者，把飛到城門方位所得的運星，依向首“同元龍”之陰陽入中飛佈，爲陰就逆飛八宮，爲陽者就順飛八宮。最後看兩個城門與當旺運星是否相同，符合者判定爲“城門訣”。

玄空城門指的是向首左右兩宮與向首““同一元龍””之山。如子山午向，午向位於離卦宮，同時，午向是離宮之天元龍。那麼，在向首離宮的左右兩宮即巽宮天元龍“巽山”與坤宮天元龍“坤山”就是城門了，如果 不同元龍就不是城門了。

從下圖的元旦盤得知：

立離卦向，以巽宮爲正城門，合成四、九爲友。坤宮爲副城門。

立坤卦向，以兌宮爲正城門，合成二、七同道。離宮爲副城門。

立兌卦向，以坤宮爲正城門，合成二、七同道。乾宮爲副城門。

立乾卦向，以坎宮爲正城門，合成一、六共宗。兌宮爲副城門。

立坎卦向，以乾宮爲正城門，合成一、六共宗。艮宮爲副城門。

立艮卦向，以震宮爲正城門，合成三、八爲朋。坎宮爲副城門。

立震卦宮，以艮宮爲正城門，合成三、八爲朋。巽宮爲副城門。

立巽卦宮，以離宮爲正城門，合成四、九爲友。震宮爲副城門。

巽四	离九	坤二
震三	中五	兑七
艮八	坎一	乾六

城門的作用

“下卦”中必須“陰入中”逆飛，方可以將當令之旺星排到向上。旺星導向，才可以發揮良好的作用。

“替卦”中“替星順飛”可以將當旺之星到城門，也可以用。

城門用於旺星不能到向之補救，雖吉而不如到山到向發福之久遠。但是，旺星到城門來得快。來得猛烈。倘若時運一轉，旺星變成退氣之星或衰敗之星，旺運一過，反過來立刻主大凶。於前運所立之城門就不能取用了。若然繼續使用，必招至敗落。故有：「旺者為城門，衰者即為黃泉八煞」。

城門訣的使用

城門訣是二次檢驗城門所設的位置對與否的一種方法。

例：七運，酉山卯向，下卦：

七運酉山卯向之宅，艮方爲“正城門”，巽方爲“副城門”。

飛入艮宮中的運星一白，子爲陰龍，逆飛八宮，七飛到艮宮位，七爲當令之星，符合城門訣及正城門。艮方有水，可立旺財城門。

飛入巽宮的運星六白，乾爲天元陽龍，順佈八宮，巽宮得五黃，不爲旺星。巽位不符合城門訣，故爲“副城門”。

艮	寅　甲	卯	乙　辰	巽
丑	地天泰 艮東北 退 ⑥ 2 殺 一	澤地萃 卯向 震正東 殺 ② 7 旺 五	天水訟 巽東南 ① 6 退 六	巳
癸 子 壬	火風鼎 坎正北 死 ④ 9 生 三	澤火革 下卦 生 ⑨ 5 衰 七	水澤節 離正南 衰 ⑤ 1 二	丙 午 丁
亥	風山漸 乾西北 生 ⑧ 4 死 八	雷澤歸妹 酉山 兌正西 旺 ⑦ 3 殺 九	山雷頤 坤西南 殺 ③ 8 生 四	未
乾	戌　辛	酉	庚　申	坤

例：四運，子山午向，下卦。

爲雙星會坐之局。向首飛星3到，爲退氣衰向。坐山旺氣星4雙飛會坐，但向星犯上山，要是坐山之方沒有水、又不低洼的話，此宅就爲破財之局。逢這種情況時，就需要取得城門旺氣來補救。

巽位合38爲正城門，把巽宮的運星3入中，卯天元陰龍，逆飛，巽宮四綠飛到，爲旺星，符合“城門訣”。

坤位爲副城門，坤宮的運星1入中，子天元陰龍，逆飛，也是4綠旺星到，符合城門訣。

兩個宮位都符合城門訣，但不可同時設兩個城門，應按實際宅周圍環境的形勢許可否而最後定位。這樣家中不但不破財，反而財源由衰轉旺，發福非常。

巽	巳　丙	午	丁　未	坤
辰	澤水困 巽東南 ① 7 殺 三	雷風恆 午向 離正南 生 ⑤ 3 退 八	風雷益 坤西南 退 ③ 5 生 一	申
乙 卯 甲	天地否 震正東 衰 ② 6 生 二	山火賁 下卦 殺 ⑨ 8 死 四	水澤節 兌正西 殺 ⑦ 1 六	庚 酉 辛
寅	地天泰 艮東北 生 ⑥ 2 衰 七	巽為風 子山 坎正北 旺 ④ 4 旺 九	火山旅 乾西北 死 ⑧ 9 殺 五	戌
艮	丑　癸	子	壬　亥	乾

▲介紹三元玄空風水術~15

○ 城門与城門訣<2>

古代在大城門的兩旁分別有小城門，平時大城門不開，只開小城門，供百姓、商賈進出，大城門在重要事情時才會打開。

玄空風水的城門訣，意思是大城門不吉時，則可以打開左右小城門來收吉。

雖然向首兩宮之同元龍均爲城門，但城門有“可用”城門與“不可用”城門的區別，我們所需要的是可用城門，千萬不要一看是城門，都用之收水。

☞ 城門水的重要性

城門是言“水法”，城門配水得法謂之城門收水，是爲吉水，爲財源之水。城門收得吉水，比旺山旺向效果更佳。

在陰宅上城門尤爲重要。因爲陰宅不是以旺山旺向爲重，而是以得水爲上，藏風次之，若旺星飛臨“城門”，而城門方有水，則代表穴納旺氣，是吉象，就算其它宮位爲衰星飛臨，也可以化凶爲吉。但當旺元運過去，待衰星飛臨城門時，則一落千丈，凶禍發生。

☞ 城門及城門之水的吉凶

以宅之向首左右兩宮是否合城門收水訣法，主要依據以下三個條件：

一、是要看向首左右兩宮與向首相同元龍之山是否爲“可用城門”。

二、是看可用城門外是否有水、低凹、道路…。

三、是看可用城門方是否有“納氣”，例如門、窗，城門之水能否順利入宅或被阻隔。

例：四運，子山午向兼癸丁宅。如前圖。

午向爲離卦之天元龍，城門就是向首左右兩宮之天元龍，即巽宮之“巽山”與坤宮之“坤山”。

若在巽山向或坤山向有水放光，就是城門之水，爲龍氣純淨之水，乃吉水是也。而巽宮之辰向、巳向與坤宮之未向、申向分別是地元龍和人元龍，與向首非同一元龍，故辰、巳、未、申就不是城門，如若在此四方任意一向見水，因犯龍氣駁雜，反爲不吉之水。

此外，如實際巒頭地形四周缺口多，犯凹風煞，不能運用城門水法。還有，若城門之向星爲五黃，也不宜用城門收水之法，因收來的是五黃禍水。

♦ 可用城門與不可用城門

如何區分可用之城門與不可用之城門呢？

☞可用城門

當城門宮位“運星”與向首同元龍遇陰，則將該城門宮位運星“入中逆飛”，恰好能將當令旺星挨排到此方城門，則此城門爲可用之城門。利用此可用城門來收外局之水入宅，則爲「城門之水」，是謂大吉之水，大利財帛。

☞不可用城門

飛臨城門的運星，與向首同元龍且爲陽山，則運星入中順飛，當令旺星不能挨排到此方，則此城門爲不可用城門。以此城門來收水，是爲不吉。

要確知城門是否可用，口訣如下：即飛臨城門之運星若爲“陽”，入中後順飛，當運旺星不能挨排到城門，就是不可用城門；若飛臨城門的運星爲“陰”，入中後逆飛，當運旺星必能挨排到該城門，就是可用城門。

純粹的土溝河流，現在已經很難見到了，圖片中這條土溝河，在雲林溪湖，有一種純任自然的美麗。

☞ 示例

例一：八運。卯山酉向宅。下卦。

八運，運星盤八入中順飛。酉山爲向首，是天元龍。運星一白飛臨向首宮，城門則是向首左右兩宮的坤山和乾山。

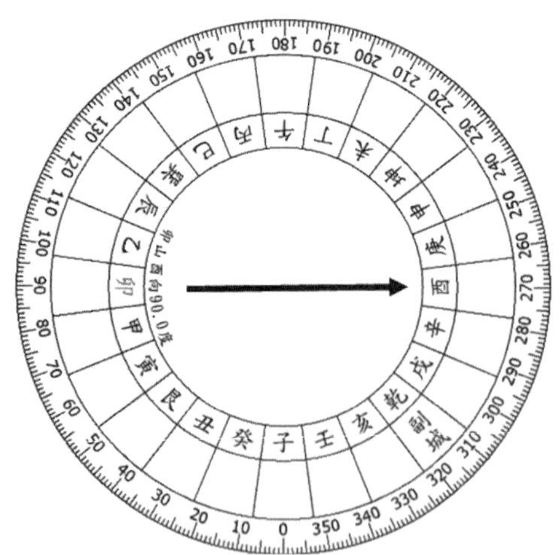

坤方城門，運星五黃到，***五黃無卦，寄八白艮，故五即爲艮陽，***以五入中則爲順飛，二黑飛臨坤方城門，二黑非當令之旺星，故坤方城門爲不可用之城門。

乾方城門，運星九紫到，九爲午屬陰，九入中逆飛，當運旺星八白挨排到乾方城門，故而乾山爲可用城門，若在乾方有水或爲路，即可於此方開門、開窗，以收此城門吉水，主發旺一個元運二十年。

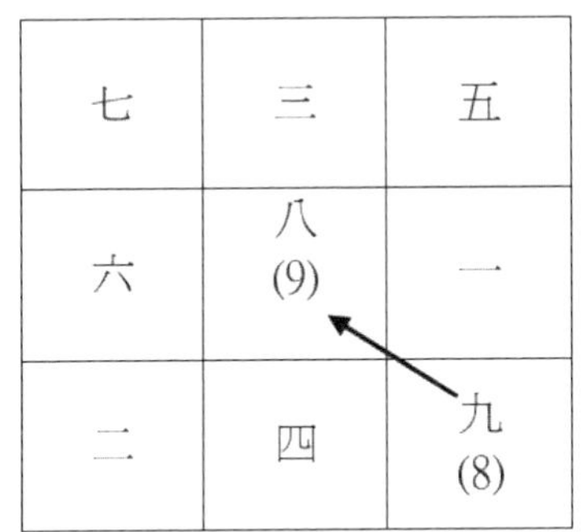

例二：八運，巽山乾向宅。下卦。

八運，八白入中順飛。巽山乾向，乾山爲向首，天元龍。運星九紫到向，其城門爲向首左右兩宮的天元龍，即兌宮之酉向與坎宮子向。

酉方城門，運星一白飛臨，子爲陰，以一入中逆飛，當運旺星八白到酉方，故爲可用城門，若酉方有水或低空爲路，可於此方開門，收旺財之水，主發旺二十年。

子方城門，運星爲四綠飛臨，四爲巽陽，故以四入中順飛，得九紫到子方城門，九紫非當運旺星，故子方城門爲不可用之城門，不能應用城門訣收水，若收水亦非吉水。

七	三	五
六	八 (1)	一 (8)
二	四	九

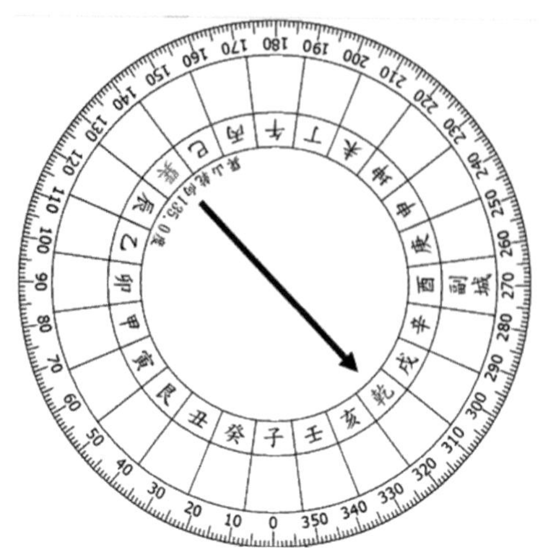

☞ 城門水法的應用及吉凶判斷

在風水布局的實際應用中，如因爲受到自然地理條件、城鎮規劃、建築物……的限制，如強行布局旺山旺向，則嚴重違背巒頭，或給生活帶來不便，則可通過城門收水的方法來彌補。

如一地基，四周均是已成之建築物，只有一個缺口見大路或見水，就可將此缺口布成城門，收城門之水。

以上是玄空法爲適應都市地理的變通之法，爲了讓玄空法在城市之中較爲可行，不惜推翻原有的理論，這時也不要旺山旺向了，收城門訣就可以。但如此一來，玄空理法在此被看破手腳，形巒 > 理氣。）

☞ 城門收水有三個要素：

一是城門必爲可用城門；

二是可用城門外必有吉水或空曠、低凹、有道路；

三是城門處必須開有門窗，能將吉水收入宅中。

此三個要素缺一不可，只要有其中一個不合乎要求，就不算是真正的城門收水了。

玄空法的城門訣不合乎邏輯的方太多，尤其不合五行正體生剋要理，僅供學理參考。

河流呈現這樣的形態，就是在告訴你，它在鎖水口，所以往裡面上游找，大都會有龍穴結作。

▲ 介紹三元玄空風水術~16

○「令星入囚」理論与应用

☞ 何謂“令星入囚”？

在三元九運中，原本的山星或者向星成爲當令旺星，而飛入中宮，玄空學中把這種情況稱爲「令星入囚」。玄空法以爲當令星應飛往八方，吸收各方旺氣，而當令星飛入中宮時，就像被關入了囚房，這種情況稱爲「令星入囚」。「令星入囚」分成「山星入囚」和「向星入囚」，這兩種情況一般主凶。

☞「山星入囚」~

指山星爲當令星飛入中宮的情況。山星主人丁，因此「山星入囚」主損人口、損人丁之事應。

例：七運。乾山巽向宅。下卦。

其中宮的山星8，在八運間當令，爲囚。

巽	巳	丙 午 丁	未	坤
辰	兌為澤 巽向 巽東南 旺 ⑦ 5 衰 六	水雷屯 離正南 殺 ③ 1 二	雷澤歸妹 坤西南 衰 ⑤ 3 殺 四	申
乙 卯 甲	風天小畜 震正東 退 ⑥ 4 死 五	天山遯 111.05.19(15:申) 下卦 生 ⑧ 6 退 七	山水蒙 兌正西 ① 8 生 九	庚 酉 辛
寅	火地晉 艮東北 殺 ② 9 生 一	地風升 坎正北 死 ④ 2 殺 三	澤火革 乾山 乾西北 生 ⑨ 7 旺 八	戌
艮	丑	癸 子 壬	亥	乾

遇「山星入囚」，化解之法是搬離或置換天心（太極中心打掉再重建）。也可在五黃宮位開窗納生氣，或在宅外設水或通道接引旺氣，以減輕危害。

☞「向星入囚」~

指向星成爲當令星飛入中宮的情況。向星本身一般主財富，因此「向星入囚」一般會主財運不通、破財克妻，嚴重者有家破人亡之虞。

例：七運。辰山戌向。下卦。

其中宮的向星8，在八運間當令，爲「向星入囚」，其主最凶，不易化解。但如果向上方位能有低廣寬平的空地、河道、湖泊……，則仍能納到向上旺氣，可以興旺。

由上可知，如得巒頭配合，令星雖入囚但囚不住，仍然可以興旺起來，或者減凶。

<table>
<tr><td>巽</td><td>巳</td><td>丙 午 丁</td><td>未</td><td>坤</td></tr>
<tr><td>辰</td><td>火澤睽 辰山 巽東南
旺 ⑦ 9 生
六</td><td>風地觀 離正南
殺 ② 4 死
二</td><td>地火明夷 坤西南
生 ⑨ 2 殺
四</td><td>申</td></tr>
<tr><td>乙
卯
甲</td><td>水山蹇 震正東
生 ⑧ 1
五</td><td>山天大畜 111.05.19(15:申) 下卦
退 ⑥ 自引 8 生
七</td><td>天風姤 兌正西
死 ④ 6 退
九</td><td>庚
酉
辛</td></tr>
<tr><td>寅</td><td>澤雷隨 艮東北
殺 ③ 5 衰
一</td><td>雷水解 坎正北
① 3 殺
三</td><td>兌為澤 戌向 乾西北
衰 ⑤ 7 旺
八</td><td>戌</td></tr>
<tr><td>艮</td><td>丑</td><td>癸 子 壬</td><td>亥</td><td>乾</td></tr>
</table>

玄空法真的矛盾重重，想要玩那一套美麗的理氣，可以眩惑人心，但又繞不開自然環境的直接影響，所以不斷的在玩原則與例外，但也往往更加的令人噴飯，若非被《易經》的招牌所迷惑，應該都可以輕鬆看出玄空法的破綻。

即以令星入囚來論，反正向上搞個河塘、水池、道路湖泊，則一切搞定，問題是難道住宅前方有水的就都是興旺之家嗎？那麼農村就太多太多了。

◆令星入囚有““下卦入囚””與““替卦入囚””。

在正向下卦星盤中，「令星入囚」會出現兩種情形：

一、是山星的令星入囚，

二、是向星的令星入囚。

風水上最講究前方明堂收納旺氣，不論陰宅或陽宅皆然，對於明堂前方而言，它的重要性都是最大的。

雖然「山星入囚」與「向星入囚」都不是好事，但“向上令星入囚”則更是一種不佳的狀況。

一、下卦令星入囚

“下卦令星入囚”，是指宅立向在該向山中間三個百廿分金內，亦即在該廿四山中心線左右各4.5度範圍內，下卦星盤中，“中宮的向星””在它所值元運來臨時，該向星爲入囚。

在此須注意，絕對沒有““當運令星入囚””的情況發生，因運星盤之當運星入中飛佈後，山星.向星不會再出現當令旺星，最早也要到下一元運才會出現。

☞阿璽老師爲客戶找到龍穴寶地，並爲其造作生基，取其頭髮、指甲、生活衣物、少量血液………裝甕後，埋在龍穴寶地裡，借由龍氣的蔭助，使當事者能諸事轉凶爲吉，諸事亨通，大吉大利。

例：七運。巽山乾向。下卦。

本運盤的向首所挨臨之星爲八白，八白天元龍艮，入中順飛，至八運，則爲「向星的令星入囚」。

此星盤在七運期間的二十年當中，無令星入囚之虞，但一旦進入八運後，此宅宜重新裝修，否則人財兩敗。

宅造時的山盤水盤又爲「上山下水」，入囚之凶與上山下水同到，則凶上加凶，凶不可言。

讀者看到此，有沒有覺得玄空風水術就好像是在算數學，套公式就可以了。

巽	巳	丙 午 丁	未	坤
辰	兌為澤 巽山 巽東南 衰 ⑤ 7 旺 六	雷水解 離正南 ① 3 殺 二	澤雷隨 坤西南 殺 ③ 5 衰 四	申
乙 卯 甲	天風姤 震正東 死 ④ 6 退 五	山天大畜 111.05.19(15:申) 下卦 退 ⑥ 自訂 8 生 七	水山蹇 兌正西 生 ⑧ 1 九	庚 酉 辛
寅	地火明夷 艮東北 生 ⑨ 2 殺 一	風地觀 坎正北 殺 ② 4 死 三	火澤睽 乾向 乾西北 旺 ⑦ 9 生 八	戌
艮	丑	癸 子 壬	亥	乾

例：八運，巳山亥向。下卦。

本局向首宮位爲九紫，九爲離卦丙午丁，丁爲陰，故九入宮逆飛，九運來臨便爲「令星入囚」。

本宅是旺山旺向的宅，在八運期間，若坐山面水，則代表人財兩旺。但到了九運「向星入囚」，不論原局星盤格局如何，只要令星入囚元運一到，必然破敗，只不過原局若是吉局，破敗速度稍慢，若原局本爲凶局，凶禍愈烈。

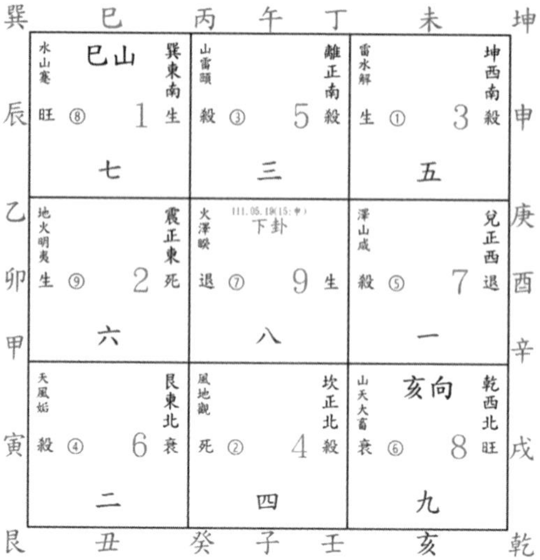

巽	巳	丙 午 丁	未	坤
辰	水山蹇 巳山 巽東南 旺 ⑧ 1 生 七	山雷頤 離正南 殺 ③ 5 殺 三	雷水解 坤西南 生 ① 3 殺 五	申
乙 卯 甲	地火明夷 震正東 生 ⑨ 2 死 六	火澤睽 111.05.19(15:申) 下卦 退 ⑦ 9 生 八	澤山咸 兌正西 殺 ⑤ 7 退 一	庚 酉 辛
寅	天風姤 艮東北 殺 ④ 6 衰 二	風地觀 坎正北 死 ② 4 殺 四	山天大畜 亥向 乾西北 衰 ⑥ 8 旺 九	戌
艮	丑	癸 子 壬	亥	乾

二、替卦的令星入囚

☞ **替卦的口訣：**

子癸並甲申，貪狼一路行；壬卯乙未坤，五位為巨門；

乾亥辰巽巳，連戌武曲名；酉辛丑艮丙，天星說破軍；

寅午庚丁上，右弼是星臨。逢5則5直接入中宮順逆飛。

在下卦星盤中，令星入囚必然發生在以後的元運當中。但替卦星盤中，則有出現當令旺星入中宮的情況，就謂之「當令旺星入囚」。同樣的，當令旺星入囚也分成山星及向星入囚兩種。

例：七運，甲山庚向（甲寅分金）宅。替卦。

運星五到坐山，五即爲甲陽，順飛。山星盤以5黃入中順飛即得。

運星九紫到向，九即爲丙陽，順飛。向星盤以7赤入中順飛而成。

中宮向星爲七赤，當令即入囚，使旺星不能發揮作用。同時山星全局伏吟，向星宮宮伏吟，丁財兩敗。

巽	巳	丙 午 丁	未	坤
辰	天風姤 巽東南 死 ④ 6 退 六	地火明夷 離正南 生 ⑨ 2 殺 二	風地觀 坤西南 殺 ② 4 死 四	申
乙 卯 甲	澤雷隨 甲山 震正東 殺 ③ 5 衰 五	兌為澤 111.05.19(15:申) 起星 衰 ⑤ 自訂 7 旺 七	火澤睽 庚向 兌正西 旺 ⑦ 9 生 九	庚 酉 辛
寅	水山蹇 艮東北 生 ⑧ 1 一	雷水解 坎正北 ① 3 殺 三	山天大畜 乾西北 退 ⑥ 8 生 八	戌
艮	丑	癸 子 壬	亥	乾

例：九運，午山子向宅。替卦。

運星4到坐山，4為辰巽巳，對照坐山天元龍，得巽陽，順飛。乾亥辰巽巳，連戌武曲名故6白入中順飛。

運星五5到向山，5直接入中，5沒有卦位，其順逆飛則依照下卦，原向星子為陰逆飛。故5入中逆飛。

此則無令星入囚之情形，要很久以很久以後才會遇到。

巽	巳	丙 午 丁	未	坤
辰	天火同人 巽東南 殺 ⑤ 6 死 八	坎為水 午山 離正南 生 ① 1 生 四	山雷頤 坤西南 殺 ③ 8 退 六	申
乙 卯 甲	澤風大過 震正東 殺 ④ 7 衰 七	火天大有 111.05.19(15:申) 起星 死 ⑥ 自訂 5 殺 九	雷山小過 兌正西 退 ⑧ 3 殺 二	庚 酉 辛
寅	地火明夷 艮東北 旺 ⑨ 2 生 三	火地晉 子向 坎正北 生 ② 9 旺 五	風澤中孚 乾西北 衰 ⑦ 4 殺 一	戌
艮	丑	癸 子 壬	亥	乾

三、替卦.下一運令星入囚

替卦與下卦一樣，都會在下一個元運時令星入囚，情形是相同的。

☞ 囚不住

指當令旺星入囚，但中宮見天光或向上五黃處有門路空曠或見水光，此類星盤雖然令星入囚，但並未囚住，並不論凶，仍可納旺氣。

例：七運。辰山戌向宅。下卦。

七運辰山戌向盤是旺山旺向，在七運內若外局環境爲後有靠又前方有水空曠，主財丁兩旺。

八運時向上令星入中宮爲囚，主敗退。但八運時艮宮向星爲五黃，如果在艮宮開門路，則爲囚不住，不會發凶。

須注意，此局艮宮向星5黃飛臨，七運時艮宮忌開門，開門則納五黃死氣，易見凶喪。但至八運時，由於八白令星入囚，則宜開艮方門戶，使令星入囚而囚不住，仍能發揮其當運旺星的作用。

巽	巳	丙 午 丁	未	坤
辰	火澤睽 辰山 巽東南 旺 ⑦ 9 生 六	風地觀 離正南 殺 ② 4 死 二	地火明夷 坤西南 生 ⑨ 2 殺 四	申
乙 卯 甲	水山蹇 震正東 生 ⑧ 1 五	山天大畜 111.05.19(15:申) 下卦 退 ⑥ 自引 8 生 七	天風姤 兌正西 死 ④ 6 退 九	庚 酉 辛
寅	澤雷隨 艮東北 殺 ③ 5 衰 一	雷水解 坎正北 ① 3 殺 三	兌為澤 戌向 乾西北 衰 ⑤ 7 旺 八	戌
艮	丑	癸 子 壬	亥	乾

☞ **說實在話**

在佈局陽宅時，要先考慮到自然環境的巒頭形局，這才是重點，不可以捨本逐末拿理氣九宮來做主。當然現今都市型態為主，很多風水不看巒頭形局，而全以理氣九宮格公式來看風水，這種現象是風水學人及消費者要知道的常識。

▲ 介绍三元玄空風水術~17

○ 玄空風水的“陰陽合十”

♦ 什麼是「陰陽合十」？

即指“每宮”「運星」和「山星或向星」均合十，亦即在宅命中，全局山星或向星與“運星成“一九、二八、三七、四六、五五”的格局，這種組合稱之爲““陰陽合十””。

玄空法認爲合十的功用可以使各宮互相通氣，又通中宮戊己之氣，生機勃勃。但識者當然知道這只是數學公式而已。其中以山星、向星盤「合十」最吉，僅中宮與山星或向星合十者亦吉。

陰陽合十的九宮格，除五五合十外，都是一陰一陽的相合，爲陰陽交合，合乎天地大道，故以吉論。

☞ 陰陽合十分三種形式：

1、“山星”與“運星”陰陽合十。

山盤合十，是指飛星盤的九宮內山星與運星成一九、二八、三七、四六、五五的一種星盤格局，從星盤的性質上講，此種格局比較旺人丁，人丁俊秀，有貴氣。

2、“向星”與“運星”陰陽合十。

向盤合十是指飛星盤的九宮內向星與運星成一九、二八、三七、四六、五五的一種星盤格局，從星盤的性質上講，此種格局比較旺財，適合作商業用途。

3、山星/向星兩數合十。(此條不同派別有論、有不論者)

綜合上述，山盤合十旺人丁與健康，向盤合十旺事業與財源。但陰陽合十終究只是四大格局中的一種特殊形態而已。

並不能取代四大格局來言吉凶，仍然應以四大格局配合實際巒頭形局爲主旨，並以特殊格局爲輔助，方不爲所誤。

玄空法如此修正，彷彿回到重視巒頭，但實際上玄空人並不巒頭修養，吃吃巒頭豆腐，也只能自我安慰而已。於風水一道，終究是走錯了路。

一、山盤合十

山星與運盤在九宮內全部合十，謂之“ “山盤合十” ”。

此星盤主旺丁，旺人口與家人身體健康，適宜作居家之用。

例，八運。丑山未向。下卦。

全盤山星與運星成陰陽合十。主人丁興旺，身體健康，諸事順利。

巽	巳	丙 午 丁	未	坤
辰	天雷无妄 巽東南 殺 ③ 6 衰 七	水澤節 離正南 退 ⑦ 1 生 三	艮為山 未向 坤西南 殺 ⑤ 8 旺 五	申
乙 卯 甲	澤風大過 震正東 殺 ④ 7 退 六	山地剝 111.05.19(15:申) 下卦 死 ② 自引 5 殺 八	雷火豐 兌正西 生 ⑨ 3 殺 一	庚 酉 辛
寅	地山謙 丑山 艮東北 旺 ⑧ 2 死 二	火天大有 坎正北 衰 ⑥ 9 生 四	風水渙 乾西北 生 ① 4 殺 九	戌
艮	丑	癸 子 壬	亥	乾

二、向盤合十

例，八運，未山丑向，下卦。

全局向星與運星合十。主財源滾滾，貴人相助。

八運造宅，當令星爲8白，故運星盤以8入中，順飛。

2到向首，2爲未陰，故向星盤以2入中逆飛，全局向星與運星合十。此局又旺山旺向，若巒頭形局上坐山面水，旺丁又旺財。

巽	巳	丙 午 丁	未	坤
辰	雷天大壯 巽東南 衰 ⑥ 3 殺 七	澤水困 離正南 生 ① 7 退 三	艮為山 未山 坤西南 旺 ⑧ 5 殺 五	申
乙 卯 甲	風澤中孚 震正東 退 ⑦ 4 殺 六	地山謙 111.05.19(15:申) 下卦 殺 ⑤ 2 死 八	火雷噬嗑 兌正西 殺 ③ 9 生 一	庚 酉 辛
寅	山地剝 丑向 艮東北 死 ② 8 旺 二	天火同人 坎正北 生 ⑨ 6 衰 四	水風井 乾西北 殺 ④ 1 生 九	戌
艮	丑	癸 子 壬	亥	乾

三、陰陽合十共24局

＊ 上元一運（4局）

1、巽山乾向（山運合）

2、乾山巽向（向運合）

3、巳山亥向（山運合）

4、亥山巳向（向運合）

＊ 上元二運（2局）

1、丑山未向（向運合）

2、未山丑向（山運合）

＊ 上元三運（4局）

1、子山午向（向運合）

2、午山子向（山運合）

3、癸山丁向（向運合）

4、丁山癸向（山運合）

＊ 中元六運（2局）

1、甲山庚向（山運合）

2、庚山甲向（向運合）

＊ 下元七運（4局）

1、子山午向（山運合）

2、午山子向（向運合）

3、癸山丁向（山運合）

4、丁山癸向（向運合）

＊ 下元八運（2局）

1、丑山未向（山運合）

2、未山丑向（向運合）

＊ 下元九運（4局）

1、巽山乾向（向運合）

2、乾山巽向（山運合）

3、巳山亥向（向運合）

4、亥山巳向（山運合）

五、陰陽合十的吉凶取用

例、七運，子山午向宅。下卦。

此局爲山盤合十，是一個旺丁宅，適宜作居家。

更主要的是此局又爲“雙山到坐”，在巒頭形局上，宜坐山坎方得水又得砂，或是未來運星8所臨的山星離方有砂，向星坤方見水，爲丁財雙美。

但在內部取用時，其主要用房仍宜取飛星坎宮、離宮、坤宮等飛星生旺之宮而用之。

如將震宮作爲主房，此宮之山星乃五黃死氣，又犯宮位內伏吟，主女性當權，或寡母興家，於身體易患心腦血管疾病及腎疾及不利小兒等。若將此宮作書房之用，主出遲鈍不智之人，故而此宮不宜取用。

巽宮山星雖犯伏吟(元旦盤4到)，但山向一四合、向運一六合文昌，且金水木連續相生，宜作小孩書房之用，對其學習功課大大有利。但由於此宮山星犯伏吟，若巒頭形勢有逼壓或砂水破碎等，若用作男主人書房卻欠佳，主出書腐或有酒色之災。

坤宮向星八白雖犯反吟 (5入中逆挨，8到坤方)，但在七運期間，八白爲生氣吉星，乘旺反吟無妨。

巽	巳	丙 午 丁	未	坤
辰	水風井 巽東南 死 ④ 1 六	天山遯 午向 離正南 生 ⑧ 6 退 二	山天大畜 坤西南 退 ⑥ 8 生 四	申
乙 卯 甲	火澤睽 震正東 衰 ⑤ 9 生 五	地雷復 111.05.19(15:申) 下卦 殺 ③ 自剋 2 殺 七	風水渙 兌正西 ① 4 死 九	庚 酉 辛
寅	澤火革 艮東北 生 ⑨ 5 衰 一	兌為澤 子山 坎正北 旺 ⑦ 7 旺 三	雷地豫 乾西北 殺 ② 3 殺 八	戌
艮	丑	癸 子 壬	亥	乾

▲ 介紹三元玄空風水術~18

○「收山」与「出煞」

♦什麼是「收山」「出煞」？

☞ 玄空法認爲~宅的吉凶主要與兩個方面因素有關。

一、是山星和向星在不同“元運”間的旺衰。

二、是山星和向星在各自“方位”的“巒頭”性質。

因此，玄空法便創出了一種調理方法，以使山星向星的性質能與各自方位的巒頭性質配合，這種方法就被稱爲**「收山」和「出煞」。**

亦即，如果山星當令，在元運中處於生氣、旺氣，就不宜在此處見到水；最好在此處有山，或者見到高大的建築物。

如果水星當令，在元運中處於生氣和旺氣，就不宜在此處見到山；最好在此處見到河流、湖泊、水庫、或者低洼空地爲宜。

這就是風水上的「收山」之法。

同樣的道理，如果山上飛星爲衰氣、死氣、病氣等煞氣的時候，則不宜再在此處見到高山，或者高大的建築物；反而適宜在此處見到水或在低洼之處。

如果向星在元運中表現爲衰氣、死氣和病氣等煞氣的時候，則不宜再此次見到水和地窪空地，最好建在高處，或者此處見到山以及高大的建築。

這就是風水學上講的「出煞」手法。

但這一想法騙騙一些外行人也就罷了，真拿來實務運用，那真是勞民傷財，且害慘了不知多少人！這種理論裡面到處都是破綻，完全不合常理，更不要說合邏輯，也就只能用易經這張虎皮遮擋，利用一般人迷信易經的心理，否則當真是難看無比。

◆零神与正神

「零/正」是指「正神」與「零神」。每個元運都有自己的旺氣宮位，也就是當令星所在的宮位，在風水上稱爲「正神」位：而與正神位在後天八卦相對的方位，則爲「零神」位。正神代表旺位，零神代表衰位。

實際上，無論是「收山」或是「出煞」，其理論核心就只有一點，即在把握好「零/正」方位的同時，兼顧外面的巒頭形勢。

水有就下的特性，以衰爲旺，因此，正神的位置，宜開門收氣，忌見水；而零神的位置開門則不吉，卻以見水爲佳，玄空法稱爲「撥水入零堂」。

例如，八白艮運當令，屬於「正神位」，相對位置的坤方爲「零神位」。陽宅適宜在東北方位開門收氣，但不利見水；與之相反的坤位就是零神位，此處開門的話，則最宜見水，不然則不吉利了。

例：八運，癸山丁向，下卦。

八白爲當令旺星，九紫爲生氣星，一白爲進氣星，
七赤爲衰氣星，四綠、五黃、六白爲煞氣星，
二黑、三碧爲死氣之星。

巽	巳	丙 午 丁	未	坤
辰	風雷益 巽東南 殺 ③ 4 殺 七	艮爲山 丁向 離正南 旺 ⑧ 8 旺 三	天水訟 坤西南 生 ① 6 衰 五	申
乙 卯 甲	山地剝 震正東 死 ② 5 殺 六	雷風恆 111.05.19(15:申) 下卦 殺 ④ 3 殺 八	水天需 兌正西 衰 ⑥ 1 生 一	庚 酉 辛
寅	火澤睽 艮東北 退 ⑦ 9 生 二	澤火革 癸山 坎正北 生 ⑨ 7 退 四	地山謙 乾西北 殺 ⑤ 2 死 九	戌
艮	丑	癸 子 壬	亥	乾

向首離宮，雙星會向，當旺山星、向星8白飛臨。此方山水兩喜，若宅前只見山不見水，則旺丁不旺財，有水無山，只旺財不旺丁。最宜有山有水，近有小水，水外有案山、朝山，則主財丁兩旺。如果外局的山水不符，可以在室外設水池、假山等以趨吉。

坐山坎宮，9紫近旺山星飛臨，宜見秀麗山峰或見高樓。但不宜太迫近住宅。屋後要先有空地，再見秀峰或高大的樓房，合吉。

向星7赤爲衰氣星，此方不宜見水，犯之主損丁。

震宮2黑、5黃飛到，2黑爲病符死氣之星，5黃爲煞星，此兩方宜平靜，如有高大凶惡之山，或有水，損人丁，疾病不斷，災難橫生。

艮宮9紫近旺生氣財星到，若見天然秀水、低田、溪水或池湖，主旺財。艮宮之山星7赤爲衰氣星，此方不宜見山或高大樓房，否則易招口舌、血光或病災。

巽宮，3碧、4綠失令爲煞氣、死氣星，此方山水不宜，只宜平地空曠。若山水逼近且形勢惡劣，財丁皆凶，禍患連連。

坤宮1白遠旺進氣山星飛臨，六白煞氣財星失令，此方宜見山不宜見水，有山旺丁，見水損財。

兌宮1白遠旺進氣向星飛臨，六白煞氣山星失令，宜見水不宜見山，有水旺財，見山損丁。

台中市石岡區九房村，海陽黃氏陰宅，出了一位大法官及九位司法官，正是這條龍所孕育，圖片中來龍如蜈蚣節，行度千里，落脈吐氈。

▲ 介紹三元玄空風水術~19

○ 玄空神技~各說各話的「七星打劫」

關於「北斗七星打劫」，在玄空風水界，一直爭論不休，各流支見解都不相同，彼此相互詆毀，都說自己是正宗。更將七星打劫吹得神乎其神，古往今來，能參透其中奧秘的也只有蔣大鴻一人而已，如蔣氏言：「其唯聖人乎！」所以，你学不會很正常，因爲只有上上人能夠了解 ，若非““聖人””指點，就是窮畢生精力，也無法參透。蔣氏在此也暗示自己是「聖人」……。

正因為「七星打劫」有其名，而無其實，造成徒子徒孫各自想像創造，打成一團……。根本原因在於蔣大鴻根本沒有「七星打劫」這種東西，只是應付學生隨口一說，有的話就不會是如今這般各說各話的現象。而更根本的原因是~~~自己母親迁葬三次，最後還要學生姜垚幫忙出錢的蔣大鴻，整套的玄空法是他摸著石頭過河一步一步見招拆招，想像創造出來的。

學玄空的人，真的應該先去研究一下蔣大鴻氏的生平，自然知道蔣氏的玄空根本上就是一個唬弄人的把戲，用易經把自己包裝的精美，幾百年下來不知害了多少人。

所以蔣氏的學生，不同時期學的技術都不太一樣，而且也根本沒有所謂的七星打劫， 蔣氏隨口一說而已， 之所以傳的神乎其神，也無非是人性上抓不到的魚最大條。所以玄空這個門派，多至百餘支派，徒子徒孫也很會自創自玩，技術各自有大差小異，根本原因在此。

基於要完整的介紹玄空法，阿璽老師還是選擇其中一種技巧，介紹給大家， 把三元玄空風水術做一個完整的交待並結束。

♦ 三般卦

先解釋一下玄空法的三般卦，在八個卦中，每卦都有三個山，稱爲一卦統三山，八個卦共有廿四山，順時針方向下來，分別是地元龍、天元龍，人元龍，另爲也可以稱爲“父母卦”、“順子卦”與“逆子卦”。

以坎卦爲例，有壬、子、癸3山，其中天元龍爲“父母卦子山”，人元龍爲“江東順子卦癸山”，地元龍爲“江西逆子卦壬山”，這就是“三般卦”。

“父母卦”~~~均爲天元龍，爲每卦3山的中間山，即子、艮、卯、巽、午、坤、酉、乾，由四帝旺與四維卦組成；

“江東順子卦”~~~均爲人元龍，爲每卦3山的順時針最後一山，即癸、寅、乙、巳、丁、申、辛、亥，由四陰干與四長生組成；

“江西逆子卦”~~~均爲地元龍，爲每卦3山中的順時針第一山，即壬、丑、甲、辰、丙、未、庚、戌，由四陽干與四墓庫組成。

♦ 七星打劫~~~介紹其中一種較多數人的用法

以現在的「運」，去劫未來的「氣」，增加屋宇的旺氣；換句話說，七星打劫是劫三元之旺氣，而非運。上元可劫中元，中元可劫下元，下元可劫上元。

亦即，一運爲上元旺氣，可以劫中元的四綠及下元的七赤，形成一四七的數字格局；而六運爲中元之旺氣，可以劫上元的三碧及下元之九紫，形成三六九的數字格局；下元八運可以劫上元的二黑及中元五黃，形成二五八的數字格局。

《天玉經》中指出：「識得父母三般卦，便是真神路；北斗七星去打劫，離宮要相合。」因後天之離乃先天之乾，後天之坎是先天之坤，乾坤配成父母，故離宮、坎宮亦應合，必須在後天離宮與中宮對應之星，形成先天河圖之合，此就是「離宮要相合」。

普遍而言，““父母三般卦””指的就是飛星盤中形成““147、258、369””之飛星組合形式。如果在一個宅命盤中，“九個”宮位中““山星、向星與運星””分別能成147、258、369飛星組合形式，這種格局就叫做「三般巧卦」，又叫「父母三般卦」。這種飛星組合，玄空法認為能夠聯通上、中、下三元之氣，能夠元元通氣、運運平衡，故認為是一種吉格。

如果在特定的宮位中，山星對山星、向星對向星、運星對運星分別能成147、258、369飛星組合形式，此類格局就叫做““七星打劫””。

其實這樣解讀也是自以為是而已，為何一定要是中宮？各坐卦皆然嗎？不能是向首宮卦與坐卦嗎？或只限於離卦與坎卦？或是乾卦與坤卦？或是艮卦與兌卦？…………………..反正模糊也是一種藝術，蔣大鴻氏顯然深明此道。

☞ 真打劫 与 假打劫

一、真打劫的條件：

1、雙星到向。(另有：雙星同到離宮、震宮或乾宮，亦可。)

2、坐坎向離。(另有：坐坎、兌、巽三宮之不同說法者。)

3、坐坎卦之“***向星***”，在**「離、震、乾**」三宮合成「父母三般卦」。

4、坎宮與中宮“ 或 ”離宮與中宮之山星、向星、運星，合生成之數。例如：坎宮3.8、離宮7.2、中宮2.7，皆為生成之數。

例：七運，壬山丙向，下卦。

1、雙星到向，山上當令旺星下水，向上當令旺星則到向。

2、坐坎局。

3、離宮、震宮與乾宮山星對山星、向星對向星、運星對運星，分別成147、147、258父母三般卦。

4、離宮、中宮之向星與運星均合二七同道，坎宮與中宮山星成三八為朋。故此局為「**北斗七星真打劫**」。

巽	巳	丙 午 丁	未	坤
辰	雷地豫 巽東南 殺 ② 3 殺 六	兌為澤 丙向 離正南 旺 ⑦ 7 旺 二	澤火革 坤西南 生 ⑨ 5 衰 四	申
乙 卯 甲	風水渙 震正東 ① 4 死 五	地雷復 111.05.19(15:申) 下卦 殺 ③ 2 殺 七	火澤睽 兌正西 衰 ⑤ 9 生 九	庚 酉 辛
寅	山天大畜 艮東北 退 ⑥ 8 生 一	天山遯 壬山 坎正北 生 ⑧ 6 退 三	水風井 乾西北 死 ④ 1 八	戌
艮	丑	癸 子 壬	亥	乾

例：八運，癸山丁向，下卦。

1、雙星到向。山上當令旺星下水，向上當令旺星到向。

2、坐坎向離之局。

3、離宮、震宮與乾宮山星對山星、向星對向星、運星對運星，分別成二八、二五八、三六九父母三般卦。

4、離宮與中宮之向星及運星合三八爲朋，坎宮與中宮之山星成四九作友，都合河圖生成之數。故此星盤爲「七星真打劫」。

巽	巳	丙 午 丁	未	坤
辰	風雷益 巽東南 殺 ③ 4 殺 七	艮為山 丁向 離正南 旺 ⑧ 8 旺 三	天水訟 坤西南 生 ① 6 衰 五	申
乙 卯 甲	山地剝 震正東 死 ② 5 殺 六	雷風恆 111.05.19(15:申) 下卦 殺 ④ 3 殺 八	水天需 兌正西 衰 ⑥ 1 生 一	庚 酉 辛
寅	火澤睽 艮東北 退 ⑦ 9 生 二	澤火革 癸山 坎正北 生 ⑨ 7 退 四	地山謙 乾西北 殺 ⑤ 2 死 九	戌
艮	丑	癸 子 壬	亥	乾

例，八運，子山午向，下卦。

1、雙星到向。

2、坐坎向離。

3、離宮、震宮與乾宮的運星成三六九；震宮、乾宮與離宮的山星成二五八；乾宮、震宮與離宮的向星成二五八，父母三般卦。

4、離宮運星三，中宮運星八；中宮向星三，離宮向星八，成「三八爲朋」；坎宮與中宮之山星合四九爲友之河圖數，爲北七星真打劫。

巽	巳	丙 午 丁	未	坤
辰	風雷益 巽東南 殺 ③ 4 殺 七	艮為山 午向 離正南 旺 ⑧ 8 旺 三	天水訟 坤西南 生 ① 6 衰 五	申
乙 卯 甲	山地剝 震正東 死 ② 5 殺 六	雷風恆 111.05.19(15:申) 下卦 殺 ④ 3 殺 八	水天需 兌正西 衰 ⑥ 1 生 一	庚 酉 辛
寅	火澤睽 艮東北 退 ⑦ 9 生 二	澤火革 子山 坎正北 生 ⑨ 7 退 四	地山謙 乾西北 殺 ⑤ 2 死 九	戌
艮	丑	癸 子 壬	亥	乾

二、假打刼的條件：

1、雙星到向。當令旺星雙雙飛臨「坎宮、巽宮或兌宮」向首，旺向但犯下水。

也就是說宅坐離宮、乾宮、震宮。

2、坎宮、巽宮與兌宮之山星與山星、向星與向星、運星與運星要成147、258、369父母三般卦。

3、坎宮、中宮“或”離宮、中宮之對應飛星有16共宗、27同道、38爲朋、49作友，合先天河圖生成之數。

例，七運，午山子向，下卦。

1、雙星到向，但旺向上旺星卻犯下水。

2、坎宮、巽宮、兌宮之山星、向星與運星分別成一四七、一四七、三六九父母三般卦。

3、坎宮與中宮之山星成227同道，離宮與中宮之向星成38爲朋、運星成27同道。，故合乎「七星假打劫」。

巽	巳	丙 午 丁	未	坤
辰	風水渙 巽東南 ① 4 死 六	山天大畜 午山 離正南 退 ⑥ 8 生 二	天山遯 坤西南 生 ⑧ 6 退 四	申
乙 卯 甲	澤火革 震正東 生 ⑨ 5 衰 五	雷地豫 111.05.19(15:申) 下卦 殺 ② 自訂 3 殺 七	水風井 兌正西 死 ④ 1 九	庚 酉 辛
寅	火澤睽 艮東北 衰 ⑤ 9 生 一	兌為澤 子向 坎正北 旺 ⑦ 7 旺 三	地雷復 乾西北 殺 ③ 2 殺 八	戌
艮	丑	癸 子 壬	亥	乾

例，八運，卯山酉向，下卦。

1、雙星到向。

2、兌宮、坎宮與巽宮之運星成一四七；坎宮、巽宮與兌宮山星成二五八；巽宮、坎宮與兌宮向星成二五八，合父母三般卦。

3、離宮、中宮運星「三八爲朋」；離宮、中宮山星「一六共宗」；離宮、中宮向星「一六共宗」。故此局爲「七星假打劫」。

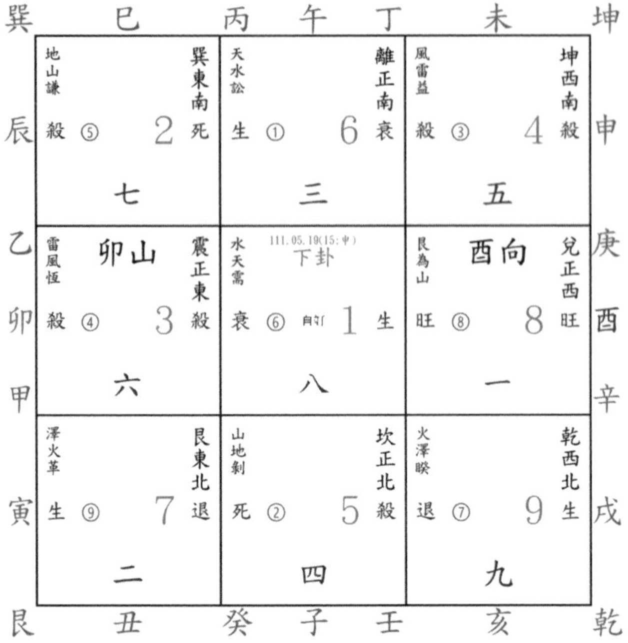

巽	巳 丙	午	丁 未	坤
辰	地山謙 巽東南 殺 ⑤ 2 死 七	天水訟 離正南 生 ① 6 衰 三	風雷益 坤西南 殺 ③ 4 殺 五	申
乙 卯 甲	雷風恒 卯山 震正東 殺 ④ 3 殺 六	水天需 111.05.19(15:申) 下卦 衰 ⑥ [illegible] 1 生 八	艮為山 酉向 兌正西 旺 ⑧ 8 旺 一	庚 酉 辛
寅	澤火革 艮東北 生 ⑨ 7 退 二	山地剝 坎正北 死 ② 5 殺 四	火澤睽 乾西北 退 ⑦ 9 生 九	戌
艮	丑 癸	子	壬 亥	乾

◆「七星打劫」之深入解析

1、古人將北斗七星打劫之局，分成真打劫與假打劫，極易引起混亂，以爲北斗七星真打劫才是好局，假打劫就不那麼好了，因爲一個「假」字作怪。其實，這只是古人一種分法而已，並無真假上的實際意義。其中北斗七星真打劫兩陽一陰，假打劫是兩陰一陽。

1、「離宮要相合」：““離、中、坎””三宮合河圖。即指此三宮中一定會有或運星、或山星、或向星合16共宗、27同道、38爲朋、49作友中的一種或兩種，尤其是離宮與中宮一定會存在河圖相合之數，亦即「離宮合相」即滿足條件。

2、當令旺星必定““雙星到向””。其它旺山旺向、上山下水、雙星到坐）無七星打劫。

3、艮、坤二宮無七星打劫。

離、乾、震、坎、兌、巽都有飛星參與打劫的機會，而艮、坤兩宮沒有打劫局。

4、特定卦宮飛星成父母三般卦。若是真打劫，則離宮、震宮、乾宮相對應之飛星成147、258、369父母三般卦；若是假打劫，則坎宮、兌宮、巽宮相對應之飛星成147、258、369父母三般卦。

5、在北斗七星打劫局中，如果**山、向星遇五黃入中順飛**，則會犯伏吟，此局七星打劫無效。

♦七星打劫之局星盤圖（共42局）

一、真打劫局（21局）

1、上元一運（4局）：子山午向、癸山丁向、辰山戌向、庚山甲向
2、上元二運（3局）：酉山卯向、辛山乙向、壬山丙向
3、上元三運（2局）：子山午向、癸山丁向
4、中元四運（2局）：辰山戌向、壬山丙向
5、中元六運（2局）：子山午向、癸山丁向
6、下元七運（1局）：壬山丙向
7、下元八運（3局）：子山午向、癸山丁向、庚山甲向
8、下元九運（4局）：酉山卯向、巽山乾向、巳山亥向、辛山乙向

二、假打劫局（21局）

1、上元一運（4局）：卯山酉向、乾山巽向、亥山巳向、乙山辛向
2、上元二運（3局）：午山子向、丁山癸向、甲山庚向
3、上元三運（1局）：丙山壬向
4、中元四運（2局）：午山子向、丁山癸向
5、中元六運（2局）：戌山辰向、丙山壬向
6、下元七運（2局）：午山子向、丁山癸向
7、下元八運（3局）：卯山酉向、乙山辛向、丙山壬向

8、下元九運（4局）：午山子向、丁山癸向、戍山辰向、甲山庚向

◆北斗七星打劫的用法

北斗七星打劫，其最關鍵的功用在於當元劫奪下元之氣，使三元九運運運不敗，逢旺更旺，逢衰不衰。

如成一四七，則上元一運劫奪中元四運之氣，中元四運劫奪下元七運之氣，下元七運劫奪上元一運之氣；

如二五八，則上元二運可劫奪中元五運之氣，中元五運可劫奪下元八運之氣，下元八運劫奪上元二運之氣；

如三六九，則上元三運劫奪中元六運之氣，中元六運劫奪下元九運之氣，下元九運劫奪上元三運之氣。

既然七星打劫的關鍵在於通氣，我們在應用七星打劫局時，就要充分利用好成父母三般卦的三個宮位。陽宅巒頭風水最注重的是門、房、灶，我們就可以將大門、主房和爐灶這三個重要的位置安排在成父母三般卦的三個宮位內，以收劫奪的旺氣，而且即使元運轉換，也不致敗。

在七星打劫局中，**同樣不能脫離巒頭爲體，理氣爲用的原則，**不要以爲只要星盤合七星打劫，就一切都萬事大吉，仍需要配合實際巒頭形局。**(但其實這是玄空法的自我安慰而已，玄空人少有真懂巒頭水法的，多列這一條，真是多此一舉，既然巒頭重要，又何必去研究九宮格內數字的排列組合，這是迷信易經等同風水的人，才會陷入這種自設的陷阱中。)**

一般來說，凡合七星真打劫之局者，離方、震方、乾方宜開敞不宜蔽塞，合七星假打劫之局者，則坎方、巽方、兌方宜開敞不宜蔽塞。這樣，才利於通氣，才能收到北斗七星打劫之局應該產生的趨吉效果。

▲ 介紹三元玄空風水術~20(完結)

○ 玄空風水中的「正神和零神」

♦ 前言

玄空「正神、零神」原本是玄空學中不重要的東西，出自《天玉經》：“正神正位裝，撥水入零堂”，近年突然流行起來。一些對玄空風水一知半解的大師們惟恐落後似的，抄來抄去，也錯來錯去，到後來變真理了，確實可笑。玄空風水幹這類事情，全沒個主軸，都怪蔣大鴻創法時變來變去沒個準，以致於徒子徒孫有樣學樣，個個創意十足，撈功一流。

以下入境隨俗， 阿璽老師也把它介紹一下……

☞ 何謂「正神、零神」

當運的旺星位就稱爲「正神」。而位於當運旺星的對宮，與當運旺星合十的，就稱爲「零神」。

♦ 三元九運的正神零神方位

元運	正神	零神
上元		
一運	一白坎宮	九紫離宮
二運	二黑坤宮	八白艮宮
三運	三碧震宮	七赤兌宮

中元	正神	零神
四運	四綠巽宮	六白乾宮
五運	前十年寄巽	前十年寄艮
五運	後十年寄乾	後十年寄坤
六運	六白乾宮	四綠巽宮

下元	正神	零神
七運	七赤兌宮	三碧震宮
八運	八白艮宮	二黑坤宮
九運	九紫離宮	一白坎宮

☞ 何謂零水、正水

當運的旺星位有水，叫「零水」。即正神位有水，叫零水。乃凶水。

當運旺星對宮有水，叫「正水」。即零神位有水，叫正水。爲財水。

☞ 零神、正神的功用

正神零神主要用於推算在何方開門爲吉，何方見水爲吉。

所謂「正」，即爲當運；所謂「零」，即爲失運。因此正神代表旺位，零神 代表衰位。旺位宜開門，而水以衰爲旺，所以 衰方見水則吉。

☞ 五鬼運財~

風水家每喜用一些聳動的名辭來唬人，以利其動搖客人心志，好大敲竹槓。「五鬼運財」風水術就是代表之一。不肖風水老師利用“五黃廉貞”以及”撥水入零堂”的說法，稱呼爲”五鬼運財”，也就是利用“五黃煞”催旺財運。因爲在玄空法及紫白飛星中，五黃星是大煞星。

風水老師們發明這種所謂以毒攻毒的手法·用煞星去做佈局，美其名爲五鬼運財，尊爲風水術的最高境界，但其實只是盗用了茅山符籙術法的名詞而已，就如同“伏吟反吟”盗用八字命理的名詞一樣。

玄空家認爲這是一個很強力有效布局陣法，催財催富靈驗無比，哄得客人花大錢去佈局。但真的有效嗎？看看打聽一下風水師家族都在幹啥就知道了，風水師傅子孫都變巨富大貴了嗎？風水師他自己呢？那些學玄空的人那麼多，幾個發了？比例多高？

這種談不上高級的騙術，還是成千上萬人當，蔣大鴻氏其人對人性的掌握真的是厲害，只可惜他自己最後也是晚景淒涼，孤獨一人，無子無孫。可惜這些事實，學玄空風水的人，在剛開始時都不知情，等學了以後先入爲主，就回不了頭了。尤其那些學了幾十年的老師父，怎麼可能再重頭來呢？

☞ **撥水入零堂~**

”撥水入零堂”，乍聽之下，不知何所謂，但在玄空風水中是一個熱門的詞，玄空風水中有**「正神，零神，照神」**的說法。依照玄空術的說法，例如現今爲八運，那麼八白艮方東北便是八運的「正神」方位，正神方適合開門，能夠得旺運之氣，有利人丁與財運。

相對方位二黑坤方，其洛書數與正神的洛書數合十，稱爲「零神」，此方有水就叫「零神水」，對財運大大的好。在八運中，陽宅坤方有池、海、河、埤……，即稱爲“撥水入零堂”，大旺財利。但在正神方不宜見水，則大爲不利，會破財。

下一個運的零神位被稱爲「照神」，例如，下個元運爲九紫，與九合十的宮爲對宮坎位，坎宮即爲照神。九運的正神在離宮，在南方開門吉，在北方坎宮，見水大旺發，爲零神水。

☞ **玄空零神正神法，也是各說各話，打來打去。**

了解玄空風水的學理思路，不難明白，玄空山水的旺衰，是按“三元九運”中所處的元運爲標準的，這同時也是判斷吉凶的標準。即當運山星飛臨方位見到山則利丁，當運向星飛臨方位見到水則利財，這是玄空風水基本常識。

《天玉經》也好，其它傳統經典的玄空書也罷，從來沒說過水以“衰”爲“旺”這種的話。所以《天玉經》才加上一句：「明得零神與正神，指日入青雲。」

現代半桶水風水師到處都是，創意很足，基礎不穩，影響所及，除了很會自創之外，還很會跟風，以致於風水歪樓理論多到不知如何導正，學風水用風水者，大家自求多福吧！

清代玄空家溫明遠說：“以陰陽對待為零正也，山上排龍要旺是排到實地高山，即為正神位裝；向上排龍要旺星排到水裡低處，即為「潑水入零堂」，以明零正二途高低衰旺山水各得耳。”這又是零正的另一種看法了，但至少較合乎玄空法的基本理路。

學習玄學最怕一開始就學到僞學，找錯老師學錯門，先入爲主以後就回不了頭了，連錯的很離譜，完全不合邏輯的地方，也不敢推翻，或者完全視而不覺，照單全收，能找到真懂的良師，也是看個人的福份。

阿璽老師爲各戶造做生基的翦影集錦。

☪ 三元納氣 風水術介紹與評論

○介紹““三元納氣””风水術~1~前言

三元納氣是套用三元九運的理論基礎上的吉凶學說，技術早年出自大陸，後來被帶到台灣，其部分吉凶規則類似金鎖玉關技術，但是吉凶法則分爲上元、下元，二元八運。

風水的新創門派，無非是抄襲前人部份學理，再重新予以組合定義，就輕鬆的成為了一個新門派，因為沒有人會去質疑這些玄學理論，反正是易經玄學，你質疑也沒有用，所以創始人可以名利雙收。以後新門派還會愈來愈多，想學風水的同好，大家有得忙了。

三元納氣下元的吉水法則，與上元的納氣原則，都與金鎖玉關相反。本流派的納氣很重要，所以直接把納氣二字列入門派名稱之中。關於納氣的技巧該流派有許多特別奇怪的規定，甚至違背了常理與常識，但也因爲套上了易經玄學的外衫，學習的人不少。三元納氣的學理在城市之中尤其好用，適合商業社會，所以學習的人愈來愈多。觀三元納氣風水術的技法，不難推出這是由玄空風水變化出來的門派。

三元納氣法如果見到較大的河流，則以納水爲主，氣次之。

♦以下介紹他的基本学理~

☞三元九運時間表

一元分三運，一運爲二十年，共六十年，三元共180年。

九運又分爲：一白運、二黑運、三碧運、四綠運、五黃運、六白運、七赤運、八白運及九紫運。

(1)、上元六十年

一白運1864年~1883年。貪狼主事，位於坎卦，屬水，也可稱爲坎運。

二黑運1884年~1903年。巨門主事，位於坤卦，屬土，也可以稱坤運。

三碧運1904年~1923年。祿存主事，位于震卦，屬木，也可以稱震運。

(2)、中元六十年

四綠運1924年~1943年。文昌主事，位於巽卦，屬木，也可以稱巽運;

五黃運1944年~1963年。廉貞主事，位於中宮，屬土，叫五黃運。

六白運1964年--1983年。武曲主事，位於乾卦，屬金，也可以稱乾運。

(3)、下元六十年

七赤運1984年~2003年。破軍主事，位於兌卦，屬金，也可稱兌運;

八白運2004年~2023年。左輔主事，位於艮卦，屬土，也可稱艮運。

九紫運2024年--2043年。右弼主事，位於離卦，屬火，也可稱離運。

☞ 當運四方與失運四方

三元納氣把三元九運分配圓周360度，對應圓周八卦，方位得運爲吉，失運爲凶，以此論斷吉凶。

(1)、上元(包含一、二、三、四運和五運前十年)

上元運的四個方位：北方一坎卦、西南方二坤卦、東方三震卦、東南方四巽卦。在上元運時，這四個方位納的是旺氣，爲吉。

上元失運的四個方位：西北方六乾卦、西方七兌卦、東北方八艮卦、南方九離卦，這四個方位納的是是衰氣，爲凶。

(2)、下元(包含六、七、八、九運和五運後十年)

下元當運的四個方位：西北方六乾卦、西方七兌卦、東北方八艮卦、南方九離卦，這四個方位納的是旺氣，爲吉。

下元失運的四個方位：北方一坎卦、西南方二坤卦、東方三震卦、東南方四巽卦。這四個方位納的是衰氣，爲凶。

丙 午 丁 未 坤 申 庚 酉 辛 戌 乾 亥 壬 子 癸 丑 艮 寅 甲 卯 乙 辰 巽 巳
離 坤 兌 乾 坎 艮 震 巽
南 西南 西 西北 北 東北 東 東南

▲介紹 三元納氣 風水術~2

☞ 三元納氣的原則

當運方進氣吉，見水則凶，

失運方進氣凶，見水則吉。也就是說~~~當運要納氣，失運要見水。

☞ 說明~

三元納氣的旺衰，是要納到同的氣。即~~~

上元運及五運的前10年，要納坎一、坤二、震三、巽四之氣，以及乾六、兌七、艮八、離九方，要見到水爲吉。

下元運及五運的後10年，要納乾六、兌七、艮八、離九之氣，以及坎一、坤二、震三、巽四方，要見到水爲吉。(目前在下元運中)

☞ 爲何三元納氣在衰方要見到水呢？

因爲~~氣界水則止。故若衰方有水時，有見水則可以阻擋衰氣，所以三元納氣的納氣方向絶對不可以見到水。

★這樣的學理夠簡單了吧，所以學的人真不少，問題是錯了自己也不曉得，連教人的老師自已也不懂，真是一代害一代，當初創派瞎編的祖師爺，如今不知在那兒受罪，不知後悔了沒有？

★把《葬經》：「氣，乘風則散，界水則止。」這句話如此理解，創派的人~~根本就不懂巒頭！氣是什麼氣呢？空氣嗎？錯在這種地方~~整個门派理論體系就掛了。當然，誤解這句話的大有人在，風水人明白這句真義的，恐怕不到一成。不懂巒頭只會理氣的人，就更不用說了。

★三元納氣法，大多時候把氣當成了風，我們生活常識裡，有水就過不了風嗎？風不能在水面上吹拂嗎？太好笑了。但有時又不是風，四不像，也只有用玄學的罩子包裝，才能免受人質疑。

★古人寫往往如此，所謂「傳書不傳訣，傳訣不傳書」也。學風水之難，也由此可見，並不是道理有多難，而是太容易被誤導，還自以為正確，以之成為創派理論，真正是掉鍊子了。

☞ 納双龍吉氣~

三元納氣法還有一種可以吉上加上吉的技法，十足打動人心，技法的核心同樣是河圖洛書的風水數遊戲，以下介紹之~~~

1、必須同時收到兩種氣或兩種水，如果收到一氣一水就不算。

2、納氣方位的卦數，上元合五、下元合十五者，爲納雙龍之氣。

合十則無此組合，除非一氣一水才有可能，創設者，大約當初沒有想到，否則是可以考慮列進來的，因爲都符合河洛愛好者的，合5、10、15。

例如：上元運~~1坎+4巽：2坤+3震。但這兩組沒有先後天通氣。

下元運~~7兌+8艮；6乾+9離。6乾9離這組先後天通氣。

所謂先後天通氣者，指該卦位在先天後天位置相同。

3、要先天、後天通氣。

例如：上元運~~先天2坤/後天1坎；先天4巽/後天2坤。

下元運~~先天8艮/後6乾；先天6乾/後天9離。6乾9離這組先合15。

☞ **釋例：**

下元八運，子山午向宅，西方兌七宮和東北艮八宮，同時有窗戶，爲納雙龍之氣。

下元運時，門、窗、陽台在6、7、8、9卦方，則納到旺氣，在1、2、3、4卦方，則納到衰氣。（ 注意：以全宅太極中心點爲立極。 ）

如果門與窗，或窗與窗，同時能納“雙龍”旺氣者，認爲乃吉上加吉。

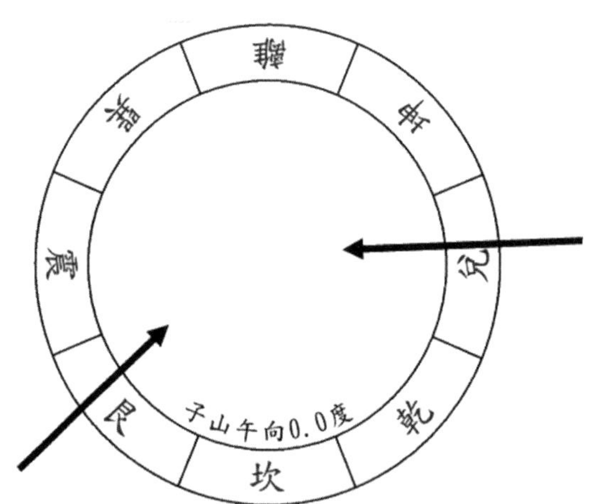

▲ 介紹 三元納氣 風水術~3

♦ 論三元納氣的納氣口理論

★ 立極點

三元納氣法立極點是以““房子””爲中心和以““人””爲中心的，房子中心是定點，而人是動點，這兩者合用，會更有靈活性，但合理嗎？那我人在外面，只要去了任何空間內，包含交通工具內部空間，都還要看八卦方位吉凶不成？還是在自宅內要看，在別的空間內就不用看？道理是什麼？有什麼差別？人動來動去的，爲何要看立極論八卦吉凶？

稍微用一點理性，不難得知，以人爲中心的立極法，不合乎邏輯，因爲人是動的， 而且爲了納吉氣，書桌在廁所裡面也可以嗎？

看房子室外的風水情況，就以整個房子的大門和窗戶，所納的氣與水，論吉凶。以人爲中心的，人經常活動的位置就是太極點。辦公桌的位置、床頭、沙發的主位、神像的位置，這些點是三元納氣用的立極點。是室內布置的原則。

★ ““門和窗””就是房子的「納氣口」。

(1)、外氣和內氣

納氣還需要區分爲納外氣和納內氣。

直接與外局環境接觸的門或窗，納的就是外氣；陽宅內部房間對房間的門或窗，納的就是內氣。

例如，大門直接通向外面，爲納外氣；臥室的門通向內部的房門，那麼這個門就納內氣。

(2)、外氣和內氣的作用

外氣影響事業、財運，內氣影響家庭、婚姻，內外兩氣都影響健康。

外氣比內氣的影響力更大。如果欲圖財運，最好是要納到旺的外氣，納內氣沒什麼用，所以商業空間都看重外氣。

三元納氣，納的是什麼“氣＂？三元納氣所謂的“氣＂，是個含糊的概念，恐怕創派的人自己都不懂，何謂「氣」？是指空氣、風、還是能量？還是磁場？陽宅為何要納氣？陽宅納了氣有什麼作用？只是提到了氣，但內涵卻是不清不楚，套個玄學罩子就唬弄過去了。

三元納氣的這個”氣”多數情形下，指的是空氣，那麼房子顯然不需要空氣，因為房子不用呼吸，需要呼吸的是人。所以，房子只要開門窗有空氣進來就好了。但三元納氣的氣，還能主導名利、身體、吉凶，顯然不是一般的空氣，所以看來應該指的是一種“很神奇的氣＂，一種不知道如何形容的能量，或稱為氣場。而且這種東西，出現在不同位置它的吉凶還不一樣！

所以，三元納氣風水術，在其根基氣論上面，根本是含糊不清，似風又非風，學理立論毫無根據與基礎。

如果陽宅要納的就是這一種的”氣”，古人有一些說法可以參考。依古人言：

「**太虛無形，氣之本體，其聚其散，變化之客形爾。**」

「**太虛者，氣之體，氣有陰陽屈伸相感之無窮。**」

「**若陰陽之氣，則循環迭至，聚散相盪，…運行不息。**」

「**知虛空即氣，則有無、隱顯、神化、性命通一無二。**」

「**氣聚，則離明得施而有形；氣不聚，則離明不得施而無形。**」

《易經》云：「精氣為物，游魂為變。」

中醫家說：「鼻受天之氣，口受地之味。其氣所化，宗氣、營、衛，分而為三。……，以奉養生身」

氣的問題非常複雜，可以研究出一堆論文，都還不見得講清楚。如上言，在中醫、哲學、易經上面，氣有很多種分屬，不知三元納氣的氣是什麼“氣＂？這個氣顯然是會流動的東西，而且是多向流動的，因為該派技法說在陽宅的四面只要有門窗都可以納到氣，內部房間也是。

依其學理及應用來看，其實是以“空氣”的性質在理解及運用這個所謂的“很神奇的氣”。而且這個氣還能結合了由「三元九運」變化而來的「二元八運」，學理基礎與根據也不知從何而來？同時還結合了八卦方位的空間學，結合了人與事，但理由呢？創派人完全沒有說清楚，只有規定，沒有理由。就常理常識而言，真的說不過去，如果不是有易經玄學這個保護傘罩著，早GG了。

同樣道理，拿去質疑玄空派、六法派、大卦派、飛星派，情形差不多，這些質疑也是同樣成立！

☞ **例如：**

下元八運，住宅的大門朝艮方，艮方是寬敞的廣場，住宅則所納之氣爲8艮旺氣，吉。

☞ **例如：下元八運，辦公室，如何佈置吉利方位？**

以辦公桌爲立極點，來看房間的門和窗，出現在哪個對應的方位上。如果門和窗出現在南方離卦、西方兌卦、西北方乾卦、東北方艮卦的位置上，那麼這個門窗所納的氣就是“旺氣”。

反之，門窗出現在北方坎卦、東方震卦、東南方巽卦、西南方坤卦的位置上，那麼這個門窗納的氣就是“衰氣”。

臥床要在床頭立極，房門剛好是東北方向，外氣納的是艮卦旺氣；而窗戶在西南方向，所以納的內氣是2坤卦方，爲衰氣。

一般門比窗大，納的氣也更多，整體而言，房間還是吉大於凶。

如果都納旺氣最理想，如果都是納衰氣，那就不吉。

這裡還有一個困難，房間所開窗戶位置就算吉利，也別高興太早，因為如果從全宅的太極中心點來看的話，可能是凶。所以，在子孩房間裡，同一扇窗戶，可能產生三種不同的吉凶，全宅、床頭、書桌三者太極皆不同，吉凶互異，讀者們意會過來了沒有，合理嗎？

★ 嶠星納氣法

口訣：

轟轟高高名嶠星，樓台殿廂亦同評，
或在身邊或遙應，能回八氣到家庭，
嶠壓旺方能受蔭，凶方嶠壓不安寧。

＊嶠星：比自宅高大的建築物、山體、大樓等。

嶠星所回返之氣，能影響陽宅興廢、旺衰；迴轉之氣若佳，宅興人旺，迴轉之氣若壞，宅廢入衰。

＊遠嶠：在旺方或得運方的嶠星，爲遠嶠。

＊近嶠：在衰方，或失運方的嶠星，爲近嶠。

＊嶠星的作用：會讓原本的氣流，碰到高樓而影響氣流流動方向。

從這個觀念來看，三元納氣明顯把氣看成「空氣或風」，這與它們的學理不符。就算把氣看成風好了，嶠星返氣論， 違反物理現象， 創派的人對自然界的觀察太粗心。

很簡單的道理，正吹到牆面後，風會往上下左右跑，不會回彈。若是斜吹到牆面，則是往另一個方向直去，也不會反彈回來進入陽宅。

☞ 例如：下元八運，子山午向，開午門。

屋形方正或深長，室外明堂寬敞，沒有近嶠(高樓、高山)，則所納之氣主要爲離9旺氣吉。

如前有近嶠，則返1坎衰氣，坐子山開午門，論納坎衰氣，餘類推。

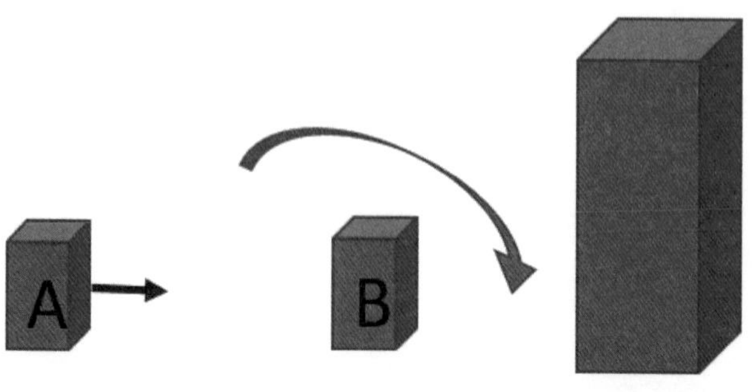

A：坐子向午，遠嶠，不受影響，收九離向旺氣。

B：同坐向，近嶠阻止，離方旺氣不入，且因嶠星迴風　　(氣越過B撞到近嶠，回彈回來到陽宅)，收到一坎坐卦衰氣。

○三元納氣法學人有興趣找個物理高手或氣象高手問一下，關於風的流體力學，就知道錯得有多離譜。

☞ 例如：八運，坐兌向震，有高樓（遠嶠）。

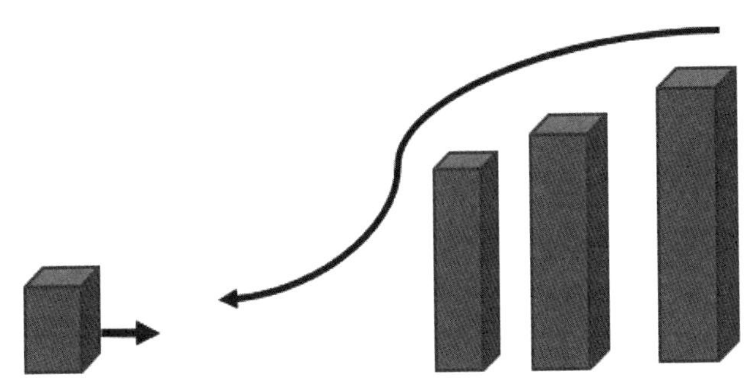

坐酉山卯向，八運，遠嶠，收震向衰氣

☞ 例如：下元八運，坐離向坎。

各戶所納之氣不同，由此可以了解三元納氣的納氣理論的操作應用。

八運，北方坎卦爲失運的方向，有大窗戶本主凶，但是窗戶外近處有高樓，可以將離卦方向的旺氣，迴風轉氣，轉凶爲吉。

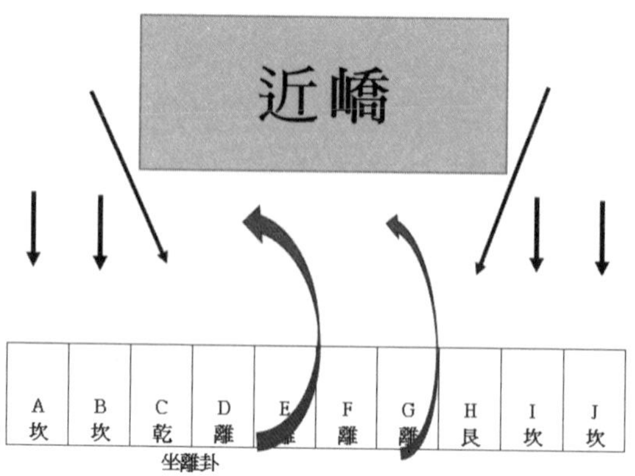

＊本例說明：

向本為坎方衰氣，但可以利用嶠星將離卦的旺氣，迴風轉氣，使宅接旺氣。

嶠星在旺方，宜遠，旺氣由高低漸近。嶠星在衰方，宜近，回彈入旺氣。

鄰近高樓低於45度者，收直接來氣。高於45度者，收迴風轉氣，如上圖所示。

明朝國師劉伯溫，是明代的風水宗師，他留給後人三篇風水要訣：《龍訣歌》、《水訣歌》、《砂訣歌》，指導了後世學人正確的風水學習路途，佳惠了後世無數人。同樣的，宋朝祖師楊筠松也是。

三元納氣術的學人，是否也想想，祖師爺楊筠松、劉伯溫為何沒有留下一篇”氣訣歌”給現在的三元納氣法長長臉呢？如果納氣這麼重要的話，自郭璞以下，楊筠松、劉伯溫……歷代祖師爺為何都沒做這件事呢？其實只因為，氣最不可抓摸，也代表最容易唬弄人，不需證據或根據，也不會被拆穿。讀者們看出這其中關鍵了嗎？

★ 傍山納氣法

陽宅四週有山體圍繞著，形成屋宅吸收缺口處的氣流，因為此缺口的氣流甚強，因此不論屋宅坐向如何，開門如何，都收到缺口方來的氣流。

三元納氣的「傍山納氣法」與「嶠星納氣法」，實質上就等同於把氣當成了風，既然是風，那就不用在那邊神神秘秘的，風的吉凶與否，更多的是與風的強度、溫度、濕度、廣度有直接關係，而不是牽強的卦位理論。

更何況嶠星納氣法，一整個違反了氣體的流體力學，真是好笑。其次，這山谷也要分大小吧，大的可能是台北盆地、埔里盆地、台中盆地、台東泰源盆地、台南玉井盆地，小的也有可能幾公里、或幾百公尺方圓大小。風由缺口進來以後，也是在山谷裡四處圍繞，難道盆地地形的地區，只吹一種方向的風嗎？台灣也不少盆地地形，不論還大小規模，風隨四季不同，還沒見過只吹一個方向的風的！

台灣山谷地形裡有些數十、百年興旺大廟，例如佛光山、玉井寶光聖堂、柳營佛山觀音巖、六甲赤山龍湖巖、宜蘭三清宮、宜蘭玉尊宮、六龜妙崇寺、埔里靈巖山寺、竹山紫南宮..........，這些山谷裡的廟，管它四季吹什麼風，照樣都很興旺，還分什麼上元下元？

例如：坐子山午向，山體圍合，坤方缺口，納二坤衰氣，現在下元八運，論爲不吉。如若坤方有池，水宜在衰方之位，故下元運時論吉。

例如：

坐離向坎，乾方有聚水，爲山谷缺口。不管何坐向，山谷陽宅，受乾方旺盛氣流影響，故收乾方來氣，但乾方聚水，氣不能進。六乾方有水，水宜在衰氣之位，故當在上元運及五運前十年，此宅皆旺

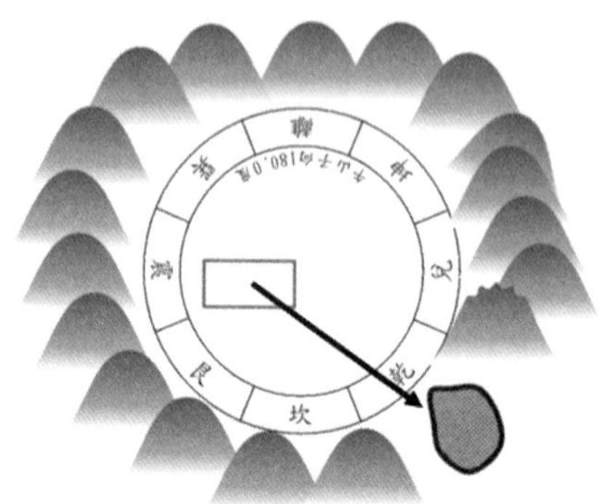

例如：下元八運。坐坎向離，坎方有河流。離方有山爲嶠星，收9離旺氣，大吉；坎方有水流，坎水環抱，有水者宜爲衰方，故坎方有水，利下元運旺氣局。

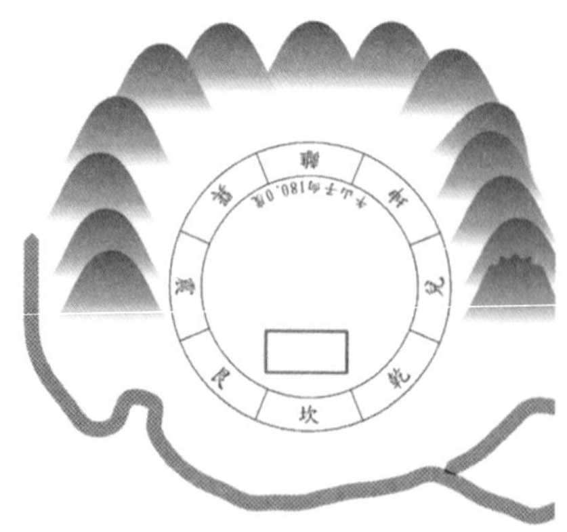

★ 宅內納氣法~~~

陽宅內部的納氣規則，爲何如此？原因不明，就是規定吧，雖然實在不符合實際物理現象。

例1：下元運，坐坎向離，開離窗，開乾門。收9離、6乾氣運，符合先後天通，又皆爲下元運，故在下元運時大吉。

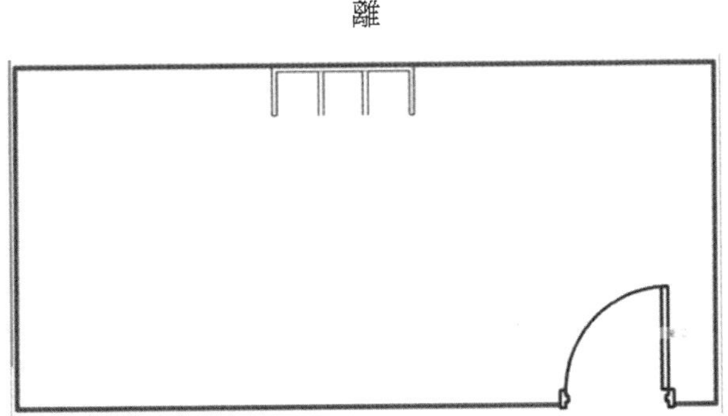

例2：太極點移動，例如書桌、臥床頭、收銀枱、神明桌…移動，所納之氣即有不同。如圖所示。A點納坤氣、乾氣；B點納乾氣、坎氣。**(這屋裡的氣，性質如果是風的話，大概會起龍捲風。)**

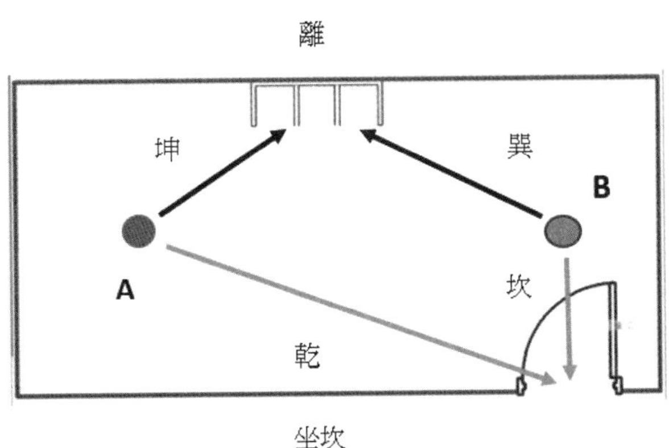

例3：A點納離氣、艮氣。

B點納離氣。另一室內門非外氣，不論。

C點納坤氣、艮氣。

D點納巽氣、坎氣。

總之，因太極中心位置不同，所納吉凶氣則有差異。這種納氣現象，很接近風或空氣的流動性質。

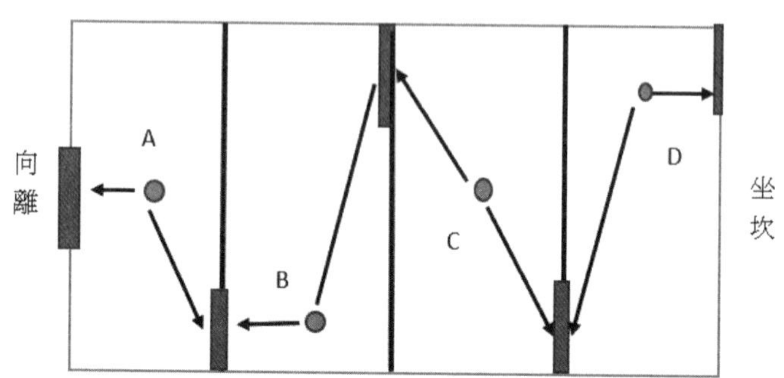

★ 水、路納氣法

陽宅四週幾乎必有道路，否則難以進出，路的吉凶自古來最爲風水家重視。路上氣的來去，收到何氣，也是三元納氣術的重點之一，但也不難發現，在氣、風、水之間，該門派也是時左時右，變來變去，像氣像水又像風。

說到底，創派的人根本上也沒搞懂，接下來的後輩也是依樣畫葫蘆，以後也還會繼續下去，當然還會出現具有創意的新軍，在這個基礎上，又添新意，創出新支派，一如玄空法帶出玄空六法、玄空大卦。

例1：坐坎向離。離方有水止氣，氣不能進 (此時氣的性質又與風不同了，風是可吹過水上的)，由後方來的氣，見到水也不能過，廻風返氣，收到後方的坎氣。

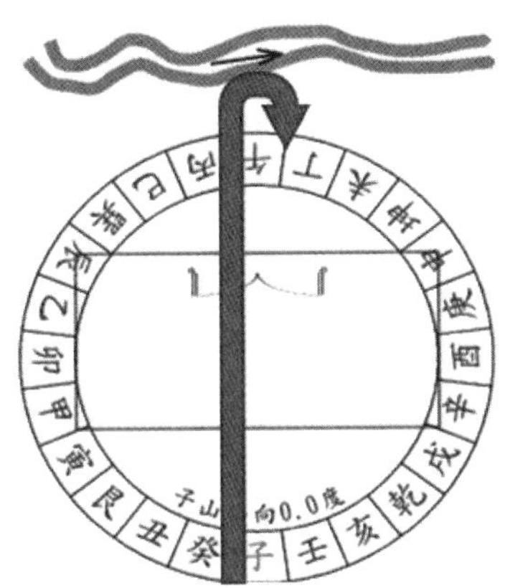

例2：坐震向兌，前方及右方有道路，但無阻礙，氣可以由任何方向過來，只要該方向開了門或窗，就可以納到氣。

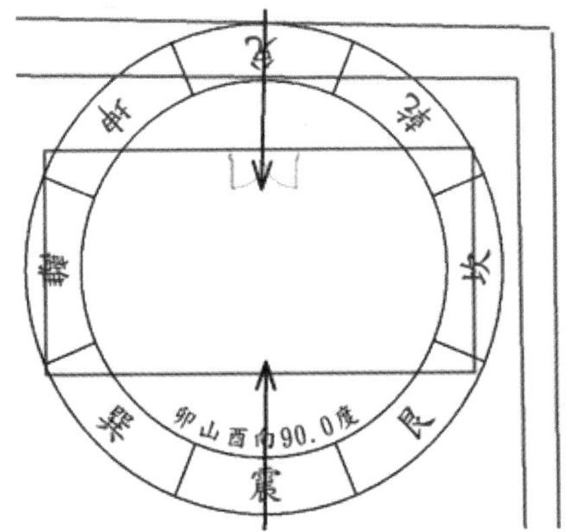

例3：坐震向兌，陽宅一方有大樓阻氣，氣可以由左右後方來，開門窗就可納氣。

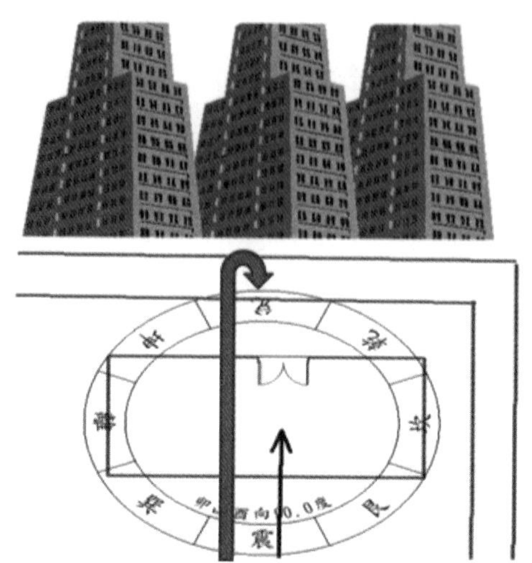

★ 實水納氣法

三元納氣法中關於實水的納氣要領，要以看得到的水為準，看不到的不用論。但這個規定實在不符合事實與常理，再次可以明白三元納氣法的創派人不懂自然環境，水的形成與大自然的環境有關，與附近的地劫有關，不會因為水被樹被建築擋住，水的影響就不存在。

再者，該派認為山管人丁水管財，水的感應比較快，所以特別重視。關於水的特性有以下幾點~~~

1、水有止氣作用。(這一些實在是葬經沒讀懂，水若能止氣，海洋那麼大，地球上早沒氣了。)

2、細水不關風。意指小的水溝、雨水、短暫水、小灘水…不須要論。

3、 水要清澈，活水、見天光、且為屋外的水。

4、 以主要氣口中心點為立極點。

5、水的橫長度要大於1/2個卦位以上；直長度要大於陽宅的長度；距離愈近則感應愈強。

6、 配合零正催照水的應用。

例1：坐坎向離。離方有橫向的水池，佔巽離坤三個卦位，以建築物擋住，使只收9離之氣，旺於上元運，與五運前10年。

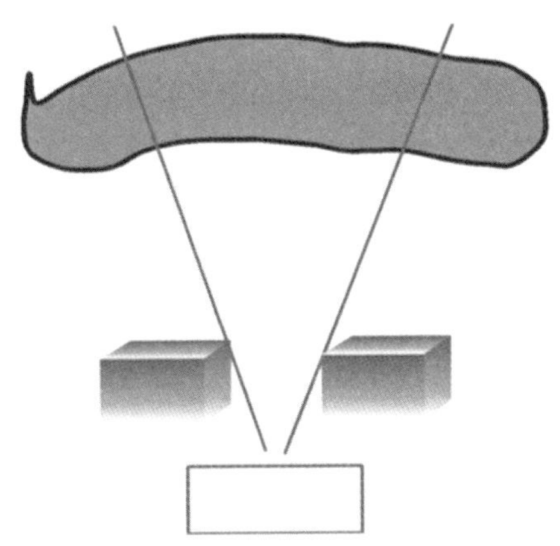

例2：上元運，坐坎向離。兌方與艮方有水，7+8=15，爲雙龍水，上元運，大發。

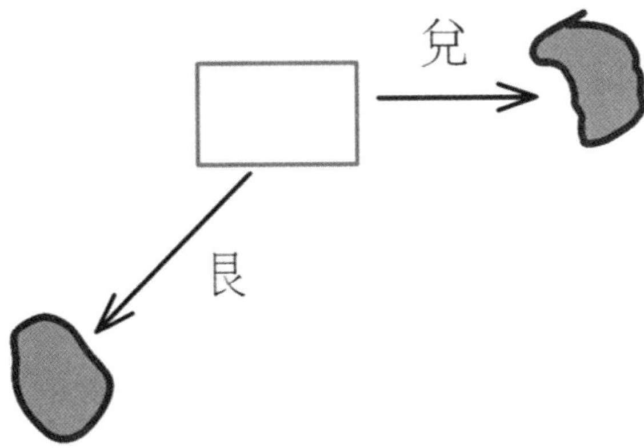

例3：坐坎向離。收7兌、6乾、8艮之水，收下元之水，則旺在上元之運。又乾艮之間，細水不關風，不論吉凶。

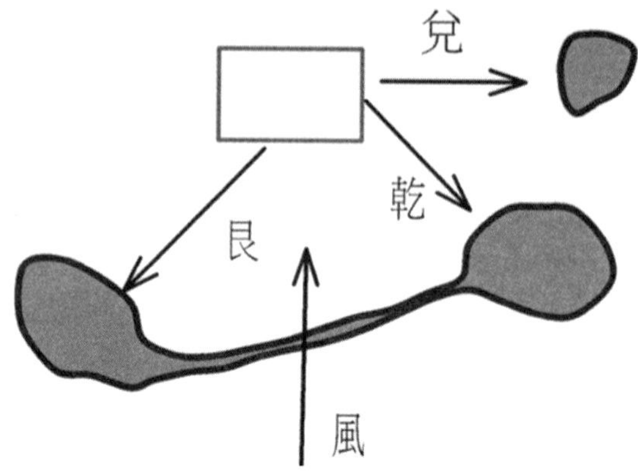

▲ 介紹三元納氣風水術~4

♦ 八卦與疾病類象

☞ 三元納氣的吉凶斷語以八卦爲主，按照八卦取象來判斷。

(1)、坎卦

失運：下元系統疾病、不孕、流產。新陳代謝、心理病、水災、桃花、血光、水病、血液疾病、損丁、破財。

得運：旺丁財、出才士、發文名、中科甲。

(2)、坤卦

失運：胃腹疾病、胃癌。精神病、邪症、皮膚病、坐骨神經病、憂鬱症、易老化、損丁、敗財。

得運：得女財、田產之財。

(3)、震卦

失運：手足肝膽之疾。甲狀腺亢進、頭痛、車禍、意外、損丁、敗財。

得運：進財、富貴、添丁、聲宏名高。

(4)、巽卦

失運：筋骨肝膽病、腰酸背痛、神經痛、自縊、中風、損丁、敗財。

得運：旺科名、得女財、升學。

(5)、乾卦

失運：頭痛、腦疾、精神之疾。

得運：財丁兩旺。

(6)、兌卦

失運：口喉舌肺之疾、呼吸系統。

得運：出武貴、成功立業。

(7)、艮卦

失運：手背項鼻之病。關節炎、結石。

得運：旺田產、發財、旺丁、升官。

(8)、離卦

失運：眼病、心臟病、小腸、灼傷、意外。

得運：前途光明、財源廣進。

☞ 調整吉凶的辦法

(1)、移動自己的位置

如納氣口在房間的東方，假設你坐在西邊，那麼相對於你的位置來說，你納的剛好是東方的衰氣。這時候你可以移動你的位置，假設移到了房子靠南的位置，這時相對於你的位置氣口變成了東北方，納氣由凶變吉。

(2)、打開或者遮蔽納氣口

旺氣方的門或者窗戶，都要儘量打開，衰氣方的納氣口儘量地關閉或遮擋。

王永慶的祖父母在五股山頭的祖墳，有人說得到地理，有人說沒有，各位看倌您認爲到底有沒有得到地理呢？是確有真知，還是事後諸葛呢？看懂此局，於風水之道已經略窺門徑了。

▲ 介紹三元納氣風水術~5

★三元納氣術水法~~~零水、正水、催水、照水。

例：下元8運，坐坎向離。

艮爲正氣，坤水爲零水，震水爲催官水。

	正水	零水	催水	照水	
				用氣	用水
定義	當運之水	與運合十	運合生成數	上元：與運合5 下元：與運合15	配合運之零水
要訣	用氣催財 用水破財	用水催財 用氣破財	用水催官 用氣破財	用氣/水皆可以	有2個水。 照水、零水(須較大)
例1	7運收兌	1運收離	1運收乾	1運收巽 3運收坤	1運時~配照水~4巽 零水~9離
例2	8運收艮	9運收坎	9運收巽	7運收艮 8運收兌	

兌水+坤水，坤水爲零水，坤池比兌池爲大，故符合照水規定。

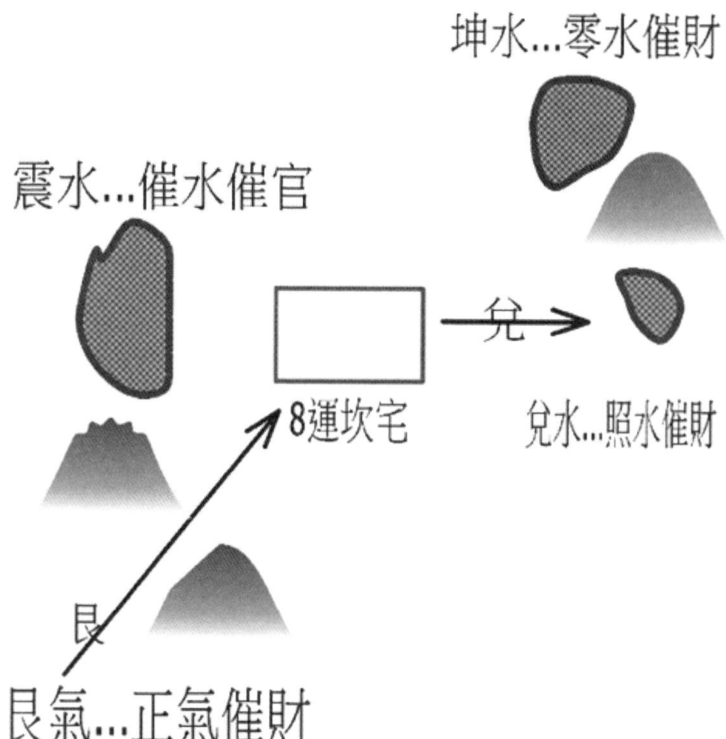
坤水...零水催財
震水...催水催官
兌
8運坎宅
兌水...照水催財
艮
艮氣...正氣催財

☪金鎖玉關 風水術介紹與評論

◎“金鎖玉關”風水術介紹~1

♦金鎖玉關的發展歷史：

“金鎖玉關”自稱是風水流派中“巒頭派”也即“形勢派”中的代表，　但其實它的技法距離真正的巒頭形勢派很遠。巒頭形勢派的精華，与金鎖玉關敍述的技法 基本上是搭不上邊的， 甚至是完全相反。

只要讀一讀風水古籍例如《雪心賦》、《葬經》、《撼龍經》、《龍訣歌》……等祖師爺的傳世經典就知道了。 創金鎖玉關的人基本上對風水的理解不夠深入，其至是錯誤，只談到表面。 可是爲什麼在大陸學的人這麼多呢？

原因簡單 ，其一，華人習慣性的看到“易經”倒頭就拜 。風水結合易經 对廣大的門外漢而言，有很大吸引力，這與玄空法等流派是一樣的。

其二，這個門派發展開來時間點在文革之後，這個時候許多風水大家已經消聲匿跡，正是風水領域的真空期。

其三，這個門派的學理邏輯非常的簡單，雖然跟真正的風水完全不同，但他有自己的一套說詞， 因爲簡單也更容易流行。

其四，一般人對於玄學的東西，在開始學的時候其實沒有分辨能力，遇到誰就是誰了，敢衝敢宣傳有錢賺就能大流行。創派的人顯然也深明此理，只要大力推廣，自然不怕沒有人來學，反正他們也沒有分辨的能力。

“金鎖玉關”以簡單易學易用著稱，有“過路陰陽”之名。指此派風水師，不用羅盤，只要在你家的房子或祖墳周圍遊走一圈，就能一語道破你家的六親興衰，定準此宅所發生的重要事情。但這其實只能夠迷惑一些沒學過風水的人，風水師這個行業做久了，不管什麼門派，基本上断準都不會有問題的。

爲什麼這麼說？

其實風水斷的準不代表就正確，前文已經提過，因爲找看風水的人，大多是家裡出了事情，事情總離不開財運、健康、婚姻等，配合一下觀察與江湖話術，斷準事情並不困難。

真正精通巒頭的老師的確是可以不用羅盤的，而且不但斷事精準，佈局起來更是能夠助人有效的發展与趨吉避凶。

风水真正難的是佈局以後主人家真的就發達了嗎？這些金鎖玉關的風水師，他自己以及他的後代就真的富貴發達了嗎？比例有多少？答案看看他們下一代的發展如何就知道了。

“金鎖玉關”理論自稱源於河圖、洛書、易經，但其實只是簡單的皮毛。它強調先天爲體，後天爲用，先後天八卦配合，跟其他門派一樣，都要套上易經的外衣，這樣才顯得高大上，也免人質疑。

其實“易經”不等於“风水”！把風水與易經畫上等號~~是風水術最大的謊言。

據金鎖玉關學人““宣稱””，（江蘇淮安人1892-1976）　齊洪飛創此派並且傳承下來。齊洪飛在淮安收了三個徒弟，大弟子雍錦幫，二弟子陳海如，三弟子陳相。

金鎖玉關只有手抄本，文革時期，大弟子、二弟子都將當時的抄本資料上交。只有陳相沒有把資料交出，藏了起來。文革後陳相把抄本拿出來，以風水爲業　並開始授徒，傳到孫輩第三代了，仍然以風水爲業。因爲正好填補了文化大革命後的真空時期，於是在大陸流行開來。

所以，金鎖玉関創派迄今，滿打滿算也不過是100年左右的時間。雖然他們號稱可以不用羅盤就精準的斷驗事情，但實際上不用羅盤的話，他們的理論是玩不動的，因爲連方位都定不出來，如何區分廿四山的學理吉凶。並非如宣稱的周圍走一圈就能精準的断事。与真正的巒頭形勢派更是完全不同，只是借用個名號而已。

實際上，這個門派的風水老師人手都不離羅盤的，否則24山方位怎麼判斷？連房子的坐山都量不出來，還能斷驗24山的砂水吉凶那就是笑話了。

真正能完全不用羅盤就能夠精準斷驗風水的風水師，只有明初以前的風水祖師爺，因爲那時候旱羅盤還沒傳入中國。現在號稱不用羅盤的風水門派，無非是吹牛而已。

與中和烘爐地的土地公合影

▲ 金鎖玉關風水術技法介紹~2

♦ 廿四山砂水細論

“金鎖玉關”風水理論把先天八卦和後天八卦合起來，先天在內層，後天在外層。說曰：「先天為體，後天為用」。有體才能明用，有用才能明體，體用參合，能斷測世上萬事萬物。上應天星，下合地理，合斷人事。**(扯易經虎皮的風水，最大的特點就是~~說了跟沒說一樣。)**

簡單的說就是無所不包，　無所不能。　這當然是胡說八道，否則其他的學問都可以丟到水溝裡了。這世間只留下易經這一種學問就可以，但全世界爲什麼沒有一個國家把易經當作教科書，列作必修呢？怎麼沒有人把易經拿來作醫學、化學、物理、建築、量子力學………等等的運用呢？

☞ **金鎖玉關是以廿四山方位、砂、水格局來斷驗事物的吉凶**。

一白坎、二黑坤、

三碧震、四綠巽、

五黃在中宮、

六白乾、七赤兌、

八白艮、九紫離。

☼ **一坎北、二坤西南、三震東、四巽東南。要“砂”，不要水。**

☼ **六乾西北、七兌西、八艮東北、九離南。要“水”，不要砂。**

★ **砂法**：突起之物、例如電塔、牌樓、建築物、大樓、山、電桿。

★ **水法**：例如池塘埤湖、江河海潭、魚池、瀑布、凹窪處……。

以及陽宅內局的門口、窗戶、浴厠、通路、冷氣口、風水、電梯……。

砂爲陽，水爲陰。要砂得砂、要水得水則吉，反之則凶。砂水陰陽配合完美則萬物順生。

★**立極點**：以屋宅中心爲立極點，看該卦位有砂或有水斷其吉凶。

★ 八砂八水凶訣斷歌：

坎水貧病殘，有丁難保全。坎砂二房美，財官兩相隨。

坤水淫壽短，女子疾病連。坤砂財運昌，孀娥理家幫。

震水男禍病，重者難存丁。震砂文武貴，長房多俊美。

巽水不利男，煙花女偷漢。巽砂女賢良，巾幗永留芳。

乾砂父壽短，小兒成才難。乾水狀元家，官清眾人夸。

兌砂盜劣砂，官非口舌家。兌水家興旺，橫財富一方。

艮砂沒兒郎，有兒也晃蕩。艮水各房貴，文采三房美。

切莫犯離砂，離砂必敗家。離水旺才女，官貴書香地。

就用普通常識想想，生活週遭有沒有反此規定的陰陽宅，而發達興家的呢？怕是太多太多了。在台灣東部城市鄉鎮，西邊有山脈，東邊有太平洋，要找個西方有山，東方有水的，容易的很哪，這樣違反了金鎖玉關的學理，難道就全都破敗嗎？有沒有照樣發達的？這稍微用理性想一下，就到處都是破綻。

進一步想，砂是什麼砂呢？多大？多長？多高？距離？石山或土山？或冰山也行？而水呢，多大條？多長？距離？臭水溝也行？化學污染也行？池湖埤塘有沒有分別？海洋呢？

看似簡單的學理之下，其實是含含糊糊的自圓其說而已，不只是

矛盾而且是不合邏輯。但還是老話一句，只要套上易經的外衣，就可以百毒不侵，沒有人會來質疑，捧錢來學的人大有人在呢！

☞ 八宮廿四山

八卦分成二十四山，八卦中每個卦再細分三個山，共組成24山：

離卦管：丙午丁 三山；

震卦管：甲卯乙 三山；

巽卦管：辰巽巳 三山；

乾卦管：戌乾亥 三山；

坎卦管：壬子癸 三山；

兌卦管：庚酉辛 三山；

坤卦管：未坤申 三山；

艮卦管：丑艮寅 三山。

南投埔里靈巖山寺，廟宇恢弘大氣，信徒眾廣，遍佈全台，其地理情勢特別，乍看之下彷如孤獨山頭，但實則前水後山的平地龍格局，宜乎其旺。

▲ 金鎖玉關风水技法介紹~~3

在上節提到八方砂水的所喜所忌，以此即能斷出吉凶，這樣的學理，可以說是風水界流派中最簡單的了，非常有利於它的推廣與流行，現今大陸學習者眾，這是原因之一。但是正確與否，又有多少人有辦法瞭解？其吉凶要訣如下：

一坎北、二坤西南、三震東、四巽東南。**要“砂”，不要水。**

六乾西北、七兌西、八艮東北、九離南。**要“水”，不要砂。**

這樣的吉凶斷訣，它的學理根據是什麼呢？實在講，看不出什麼有力的學理說法，只是個簡單的操作規定，就能以此形成一個門派，創法者風水學的底蘊如何值得推敲，讀者有興趣去把幾位郭、卜、楊、劉……幾位祖師爺的經典著翻翻就知分曉。

好笑的是，金鎖派自稱是形巒的代表，但實際上其學理與形巒全然不同，只是因爲技法中要看砂看水，就自稱形巒派，那真是誤會大了。

下面以正統的易經學理來分析金鎖派的理論，讀者可以更進一步的深思，何以風水界走到如今推車碰壁的情況，現今及以後還會不斷有新的風水門派出現，後起學人該如何選擇呢？

1、只是把八個卦位吉凶分成兩兩相對的兩組，說是區分陰陽。但是1234這組二陰二陽，6789這組也是二陰二陽，真正八卦中的原始意義的陰陽是“乾艮坎震”爲陽卦，“坤兌離巽”爲陰卦。所以要區分陰陽，就理應回歸到易經最原始的陰陽~~~男女卦來論。

2、金鎖派「以砂爲陽，以水爲陰」，追求陰陽相配的境界。但是在1234喜砂不喜水的這一組中，一坎三震都是陽卦，何以陽卦配陽砂會是陰陽相配呢？

同理，在6789喜水不喜砂的這一組，水爲陰，欲陰陽相配，可以配六乾、八艮，但七兌少女、九離中女與水則陰陰相配，如何能符合金鎖派追求的陰陽相配呢？

3、一坎、二坤、三震、四巽。六乾、七兌、八艮、九離，八卦配九星數的學理來自北斗七星，再加上斗杓尾端的兩顆輔弼星，合爲九星。星數順予亦由此而來，這對一般學習風水的人來說應該算是常識。例如紫白飛星、玄空挨星、八宅明鏡、輔卦九星……等門派的取名就是源於此。

問題是何以這些星數名稱跟地球上的砂、水有關係？何以北斗七星可以對應到地球上的砂、水？怎麼對應？山水都是不規則形狀而且綿長，水域形如網狀，怎麼對應？同一條水或砂扭來扭去，可以對應八卦八方，怎麼取擇？

天上星座多如牛毛，爲何只論北斗七星？其他星座就都沒有影響力？那麼南半球是否就要看南天十字星？

4、在祖師爺的經典中，從未提及某卦必須配砂或配水的說法，也沒有提過要先後天配位，某卦配水則吉，配砂則凶………。至少在清朝中期之前都不曾見諸於任何經典著作之中，那麼這些粗淺的斷訣，它的由來根據是什麼？幾千年的風水文化到了百年前突然全盤改寫，前非今是，合理嗎？

5、金鎖派自稱是形巒的代表，但與祖師爺的經典全然不同。形巒派的精神核心講究的是「藏風聚氣，」金鎖派技法八卦八方中，一半喜水，一半喜砂，破洞洩氣的卦位佔一半，如何談得上藏風聚氣？

6、在大陸、台灣的富貴之家中，勘察其家族風水，與金鎖不同者所在多有。古籍中那些高官厚祿之人的祖坟形勢圖，都可以看出層層疊疊的山巒，所謂左青龍、右白虎、前朱雀、後玄武，四面收兜氣聚，藏風聚氣，與金鎖派的四砂四水的技法全然不同，誰是誰非？

現今港中台風水界盛行玄空挨星法，號稱神妙無方，尊蔣大源爲仙師；三合法也是廣傳十方，號稱是楊曾賴風水真傳。誰是誰非？大家都大吹法螺的結果，風水師們在社會上地位真提高了嗎？有多少是被認爲不登大雅之堂的術士呢？又有多少是被認爲騙子的呢？

◆ 金瑣玉關法之八卦砂水總論

乾爲老父

乾居先天艮位，乾三陽俱足陽氣盛。與壽命、頭部、精神、思維等有關。乾卦喜水不喜砂，延年益壽之稱，貴氣之徵。乾坎交界壬亥空亡，主出好訟之人。

坎爲中男

坎居先天坤位，坤六斷陰氣盛，中男受害，主胃腹多疾，老母健康不佳，坎爲水，免疫系統、新陳代謝、耳腎有疾。

如有聚水出水爲人經血不調，進水出卯，出大膽風流之人，或有墮胎，癸丑又主毒藥水。

艮為少男

艮居先天震位，影響少男長男身體，多主手足肝膽之疾，或呼吸系統不佳。

甲寅交界如有陰者水出入，甲屬木，木生瘋，主瘋癱之症。

震為長男

震居先天離位，長男愚敗，中女腹疾，又主淫亂，或缺子，或缺財，主出流蕩之人。

喜砂高起，長男富貴，子孫昌盛。

乙辰交界，如有汪塘出水，主眼疾、自縊、吐血。

離為中女

離居先天乾位，陽氣足。中女老父之災，錢財不利、頭心腹眼之疾，又主淫亂，脾氣不佳。

宜見塘水，丁財兩旺，諸事順利。

丁未交界，離喜水坤喜砂，如有進水，主有女經血不調，出水主生癆病，離卦者多心血之疾。

巽為長女

　　巽居先天兌位，陰氣較盛，長女少女運勢低，吐血不安，內主淫亂，宜擇起砂峰，則吉。

宜見砂峰，則吉，財丁兩利。

已丙交界如有聚水出水，主出口腔病變、懷孕不利、主傷人口不利中腹之疾。

坤為老母

坤居先天巽位，陰盛剋陽。老母長女壽短，身體勞疾，腫脹等症，多生女，或老母淫亂。

宜擇陽地，丁財兩全。

申庚交界有水，出盜賊。

坤方有水不利，主陰邪之人，兌方有峰，主意氣血光之災。

兌爲少女

兌居先天坎位，陽氣足，中男壽短乏嗣，口喉舌肺之疾，少女身體不壯，淫亂、口舌。

兌方有塘池，丁財兩全。

辛戌交界，如見水者，人丁秀發，財運亨通；有砂，主胸腹之疾。

▲ 介紹金鎖玉關風水術4～(完)

金鎖玉關在祁鴻飛之前沒有「二十四山歌訣」。民國時期在淮安市，有一個風水高手名叫李相生，相宅相地頗有名氣，他自編了一套《二十四山砂水吉凶》，又叫《九砂九水》，後李相生將《九砂九水》贈與祁鴻飛先生，因其核心思想和金鎖玉關一致，故被收錄。

其宅相地篇看其文筆與內容，應是近代金鎖後人編輯而成，目的是想補全金鎖派的缺失，但形巒談何容易，不是集眾人之智就可以成全的，相地篇內容是否正確無誤，這又是一場羅生門，風水門派數百家，各有各的傳訣，是耶？非耶？都看各自緣份吧！

看看這些內容，與郭楊劉祖師相去甚遠，讀者自行斟酌！以下分享。

★金鎖玉關經文介紹~~~

☞相地篇(一)

混沌初開立五方，乾坤日月布三綱。周天方象排星斗，天清地濁理陰陽。
風雨雷電皆虛氣，山崗水闊有良方。乾天坤地分高下，置成順理逆綱常。
排成甲子周天地，配合男女兩成雙。四時八節分晝夜，九宮八卦接天罡。
五行顛倒推千轉，金木水火土中央。一百二十諸神煞，九十四位吉凶將。
幾位年並月方利，幾位日吉與時良。乾山艮水人丁旺，巽上滿墀大吉昌。
離上來龍臨墳位，子孫代代出文章。田莊人口年年盛，衣紫腰金佐朝綱。
門前曲曲彎彎過，世世榮華又遠昌。西北路上氣昂昂，此地名爲吉莊揚。
家家興隆多豪富，四下平正是天堂。前高后低難長久，後高前低廣田莊。
東低西高名逆地，水流震宮不相當。雖然流去無妨礙，亦主人丁竄遠方。
東高西低爲澤地，定主後代出賢良。強然不動皆富貴，後代兒孫作棟樑。
宅後池塘主貧乏，又主無嗣腹嗽腸。當前沖水傷五箭，定主癆傷出災殃。
若然衝破二位上，後代迂腐沒主張。卻然流去無妨礙，宅後池塘漸漸傷。
巽上取水難長久，總然富貴不爲祥。堂後污地爲絕地，東北兩箭最難防。
卻然富貴無多載，十五年後定有傷。後高前低爲上吉，壬子旺相進牛羊。
資財倉庫皆茂盛，富貴榮華大吉昌。後有丘陵前有污，彎彎曲曲透長江。

進財添丁牛羊旺，子子孫孫福壽長。四邊低洼正中高，水流四散殺人刀。
總然四下成龍虎，二十四年主失拋。門前有石倒塵埃，賊盜臨門殃愁懷。
官事口舌年年有，神箭難防暗射來。四邊高廣正中低，此地名爲地獄池。
家門衰敗難爲厚，陰盛陽衰事漸虧。前窄後寬盛足夸，家道興隆定富華。
子孫昌盛臨官照，田園豐厚足桑麻。前寬後窄不須言，定主家乏賣盡田。
子孫逃出他方去，只因口大犯凶拳。風雷高廣天澤低，有糧有谷足生意。
出門車馬皆隨足，兒孫代代做官廳。左伸右縮最爲良，艮上來龍丁財祥。
鷹行人儀家和順，後代兒孫紫衣郎。豬羊牛馬成群走，四十年後漸漸揚。
子午足足主寬懷，年年進祿廣招財。見官得喜方化吉，一世衣祿笑顏開。
總然富貴田產旺，後代不脫子孫來。玄武高來朱雀低，門前幾道九龍地。
東青龍來西白虎，福壽雙全受孤悖。兩邊流水沖中間，前高后窄定招難。
人離財散招官事，勇爲盜來女耍頑。水澆孤村去又來，其中妙里實難猜。

☞相地篇(二)

世人不識其中妙，山旺人丁水旺財。三山玄武氣昂昂，水流東去復潮堂。
路沖坤道通來往，不做公侯做棟樑。去水來山福壽全，繞腰金帶出美賢。
若得來龍正穴上，代代兒孫出魁元。辰卯青出申未墀，乾濤坎丘福壽齊。
丙丁曲水朝拱向，綠袍象帶拜丹墀。酉上高崗卯上低，午邊廣闊後污池。
男女內亂無高下，房中寡婦受孤淒。地方廣闊四邊平，任憑立宅去安塋。
不問山來並去水，家道興隆百事盈。塋後溝河切莫宜，兒孫流落走東西。
陰人眼目來殘害，少吃無穿受孤淒。草目鮮明色又佳，中間立宅萬人夸。
此地名爲龍穴地，安塋立宅定榮華。宅後青山數丈高，前面池塘起彼濤。
東南流水滔滔滾，九重直上做班僚。百事如意家道盛，左右鄰田買進家。
不信挖出三四尺，輕肥前狹後萱華。墳前穿道最難當，兒孫流落去遠方。
總然存住皆貧泛，二十年後破敗家。地如饅頭四下低，四下流水透長溪。
高崗嶺上難成立，造房安塋切莫宜。八風吹散人丁絕，錯認時乖時運低。
水透青山世所稀，龍盤虎繞兩相宜。玄武如峰高六位，中間一塊做墳基。
多生聰明伶俐子，莊田牛馬庫全資。此地兩邊生瑞氣，二十年中躍龍池。

雞卯相爭最爲良，挖深三尺見龍塘。不信左右龍骨在，前窄後寬甲鱗藏。
立宅安塋是富貴，定生貴子掛金榜。時師豈曉玄中妙，紫氣昂昂遠四方。
順絕山崗葬個墳，騰蛇文地生貧窮。田產賣盡他鄉去，此耿痴腿眼睛昏。
墳前兩修厥頭溝，營後彎彎土一丘。東西若有人行道，兒孫強暴不溫柔。
此地名爲牧牛地，兇横年年禍事愁。不信挖出現仔細，一雙石子在裡頭。
平地三墩勢若峰，更兼震卯與來龍。北有山崗西有道，中間一塊做墳靠。
此局金雞抱蛋地，定主富貴出英豪。不信其中生瑞氣，挖深三尺出銅瞧。
宅後人家勢若峰，猶如交椅一般同。立宅安營多富貴，聖子賢孫保朝封。
止風聚氣真是妙，紫氣騰騰四方飄。森森樹木繞山崗，一彎流水透長江。
東西龍虎相連線，坡地安塋大吉昌。蓮池藕地人難識，子孫蘭桂主聲秀。
不信深挖仔細觀，藤根九尺有餘長。地似鼓形最爲奇，定然此做墳塋地。
何用山來並去水，發福興隆百事宜。玄武高來朱雀低，若有福人葬此地。
田園六畜人丁旺，後代兒孫做紫衣。東西若有神堂廟，兒孫必然廣田莊。

☞ 相地篇(三)

唯忌逆水傷人箭，後代兒孫主敗亡。立宅安塋莫避陽，避陽陰氣不相當。
卻然富貴難保後，常常孤婦守空房。造房立塋莫向東，向東水流去無蹤。
雖然目下無災害，三十年中定主凶。立宅安塋莫向西，坤申逆水最難醫。
雖然富貴無多載，定主逃亡四散離。住宅安塋莫向北，向北主家鬼神哭。
少年衣服都屬脊，財政人亡主破屋。立宅安塋向東南，萬物朝陽氣軒昂。
後要栽松前栽柳，四邊圍護內安康。家常平安人安樂，祖遺砂水子孫昌。
莫來山水臨官旺，福來無窮漸漸揚。青龍乙脈起峰豪，丙丁潮水又相招。
庚辛位上蛇形露，壬癸山峰重重高。戊已位上安一墓，兒孫將相出英豪。
此地名爲四相地，安營立宅最爲高。東南廣闊做峰墀，艮乾朝港最可宜。
澤西彎曲離邊繞，任君立宅做墳墓。此地名爲鳳凰地，朝陽春色四時奇。
有福鳳凰身上葬，兒孫代代穿紫衣。丙上溝渠丁上流，辛酉青龍發動舟。
四下厥溝爲四足，名爲龜地好興樓。不問居住並下葬，兒孫強盛足田疇。
豬羊牛馬成群走，榮華富貴出諸侯。玄武高來丘陵懷，有水有庫有餘財。

山水相交爲上吉，一彎流水去向來。此地名爲獅子地，兒孫執笏拜金階。
前後又無山共水，因甚榮華福壽齊。不信深挖三四尺，一團陽氣耀光起。
平川之地有山崗，山崗安塋大吉昌。住宅安塋向東南，去水流山仔細看。
院裡水從長賣出，井泉須向卯邊潛。開門莫負天罡訣，三五六七禍如山。
又如財門四六七，家和子孝父心安。正屋面前偏一牆，莫呼風箭透門堂。
天文地理休違拗，九宮八卦定陰陽。安塋立宅不忌方，不論平地與山崗。
不問郭璞天罡訣，百般安塋家道昌。豈繞連平惹禍殃，家門破敗人口損。
艮方妙訣莫知曉，方知郭塋有陰陽。此地皇子多吉慶，莫人知曉泄天機。
安塋立宅不用師，不論山崗與高低。又要年向月方利，論甚陰陽妙訣師。
家財破敗人口傷，說他時乖命運低。本付天機真妙決，恐他與後錯推尋。
政將金鎖重重論，掃盡師人無細心。認得天文和地理，才知妙理值千金。
金鎖玉關非容易，熟習牢記莫爲輕。仙家秘授真口訣，細心參詳要當心。
困窮不過十三載，看他家敗又損丁。透出青山世所稀，龍盤虎居兩相宜。
前面天池如月樣，西南丘陵亂箭堆。朝城後轉貪狼勢，玄武昂昂文武歸。
師人若識玄中妙，中間一塊作墳地。多生聰明賢達主，兒孫必到鳳凰池。
紫氣昂昂遠四方，安塋主宅最爲良。左右無沖後無箭，田園茂盛子孫昌。
平川之地沒山崗，踏看墳基取妙方。但看墳基高才用，花離唯要水流長。
會看遠山流近水，龍吟虎嘯兩相當。八方周圍尋戊巳，向近子午定山崗。
雷上波濤總不宜，風吹瘋癱受孤淒。家門衰敗難爲厚，兒孫逃脫走東西。
不請名師另安葬，定然貧乏不相宜。三叉河口葬個墳，水流左右要相應。
時師不識玄中妙，三十年中出貴人。墳田中間又葬墳，不知墳是什家人。
若是葬入他家祖，定然存亡兩不靈。喪家若不失人口，葬後不久死師人。
墳前墳後兩家當，人行左右實可傷。貧窮不過十三載，看他家敗與人亡。
墓前墳葬最不高，必主兒孫四散逃。可恨師人無眼力，占他風水兩相調。
宅後溝河活水流，左蟠右繞有剛柔。前面若有波濤流，富貴榮華永不休。
乾艮廣闊通大道，定生貴子出王侯。人家宅後有池塘，雖然富貴也不祥。

定生風流浪蕩子，三十年中主敗亡。人家住宅要朝南，玄武必要護峰場。前柳後遺多吉慶，自然富貴足田莊。前面無遮朱雀孤，後園無護玄武虛。前後相遮多安穩，自然家道足豐余。營後池塘最不宜，定主兒孫四散離。凶災破敗傷人口，早請時師擇地移。

☞ **《二十四山砂水吉凶訣》**

(與相地篇對照，矛盾之處甚多，讀者可以細察。)

1、坎宮的吉凶~~~一白方：先天坤卦，方位壬子癸

☼ **坎宮吉砂斷~**

壬砂發武貴，秀峰高大位，出入威風有，大名振海內，

家有金錢庫，往來都是富，形若兼破軍，興家是寡婦，

遠處午水照，醜名亦不顧。癸砂女當家，發在三元花，

不問男與漢，懼內定數他。遠處丁水秀，丁財足可夸，

形如葫蘆樣，矮郎要怕他。一白砂兼有，形要梭與樣，

不問陰陽宅，曲然抱中央，立向宜留意，不要逼壓它，

隔溪並隔水，棄之不為凶，形若中間斷，定名寒透風，

再得丙水照，兒孫文聲滔。子砂定發富，只怕凶水顧，

丁損財亦耗，定主不豐隆，若無離水照，孤苦又貧窮。

☞ **註解**

坎為重陰之地，寒氣過盛，見水為陰盛，陰寒重逢疊見當然為凶。坎卦位見砂為大吉，如有高大秀砂，更吉。坎上有砂中男最有利;壬砂發武貴，秀峰多大位。再得離水照，兒孫以文會;子砂能發富，家有金錢庫。

不論排行老幾，不論陰陽二宅，只要坎卦位有秀砂突起，居宅之人必然吉多凶少。如再有坎龍發脈，或壬子癸秀峰高起，離方開陽之地，有水，其家興旺無疑。老二住宅，坎砂離水又合元運者，是大發之家，坎上有二三重吉砂者，謂之樂山高起，或稱爲樂托，更佳，易出大富大貴之人。

陰陽二宅，壬山丙向，坐壬峰收丁水是河圖大局，癸山丁向，坐癸峰，收丙水，爲河圖大局。逢元運1-6大運，4-9大運，主家有財有壽，有武職貴人，坎爲水，水主智慧，坎方秀峰高聳，出有有能力有本事的人。總之，這個方位有秀砂才是大吉之地。另外要注意：

(1)、壬砂高大主發武貴，丙水再對照兒孫將舞文弄墨，文滔武略。

(2)、子砂二房能發富，砂形如破軍樣，興家的就一定是寡婦，如有午方凶，水來相照，定主貪淫破家又敗財。

(3)、癸砂是女人主家，代代能發家，但男人平庸不須要他。如有丁水來相照，財富顯著足可以誇獎。丁水形如葫蘆樣，女強男弱可以肯定不用懷疑它。

(4)、一白全是優美之妙，隔溪隔水不逼壓，中宮、二房富貴，一定就屬他。

(5)、一白砂中間斷，二房小口有折損，錢財亦消耗，如無離水來相照，雖然孤苦，量不算貧窮。

(6)、乾坎艮全是砂，三房人丁冷落，錢財難以求到。

(7)、坎艮全是砂，再遇辰砂直硬射來，三房小口定有凶死之災。

✡ 坎宮凶水斷

壬水沒兒郎，先絕是二房;小口命難長，亦主腰腿傷，

四季澄清蓄，尤主淋卵囊。子水一條溝，流去不回去，

無子身外逃，凶死一筆勾，形如小米袋，婦女把命休。

癸水婦不育，常爲夫羞辱，亦主黃鵲怨，孤燈獨伴宿，

形若不齊整，猶被小姑逐，形若一條槍，毒死夫常哭。

一白水汪洋，流若通兩旁，流乾老父乖，流艮俊兒郎，

聰明怕自誤，形如一箭去，身體算不強。流若通巽位，

絕世長二房。形若七椏叉，財產不綿長。

☞ 註解

坎爲中男，勞心卦，坎居先天坤位，坤六斷，俱屬陰，又加上後天坎中滿，一陽在中，上下二陰，陰氣過盛，中男受害，身體欠佳，老母壽短，多年耳聾黃腫吐血瘍傷之病症，也主出遊盪好賭好色之人。

坎卦位有凶水，男女多生下潰病，長期拖下去，男轉糖尿病，女爲子宮病，老年人下半身怕冷，身上疼痛，小便不暢，總稱爲下疾。視力差，頭痛、血液，心臟都易出毛病，坎爲水，水主腎，坎卦又逢凶水，必出腎病，腰疼等病症。智商再高的人也會一籌莫展，步步陷井。

坎卦有水，多是貧寒之家，也是勞苦之地。主勞碌奔波，辛苦異常，多兇險，多阻力，少享受，少資助。子少並得子難遲，中房住宅，見坎上死水者無子，五房住宅，見坎上死水者有子。坎卦位出現凶水，或北方有一條南北河流，主家有子也不走正道，遊蕩頑固、腰賭、搶劫，殺人坐牢，犯槍斃。也主婦人難產墮胎，動手術。總之坎卦位凶水是大凶之地。另外要注意：

(1)、壬水勢大主沒有兒郎，先絕的必定是二房。形狀如箭一樣射去，二房小口壽命難以久長。形如葫蘆樣，腰腿有病，血液病也易得到。壬水

四季淸淸蓄滿，不用問，也知道此家終年貧困異常，並易患淋病和卵囊之病。陽宅如此不分哪房人。

(2)、子水如一條溝，流去不回去，先是二房，後來是長房，無子身往他鄉走，否則凶死一筆勾，如果無妻無子可以保住性命。子水形狀如小米袋，母親有大災，二房婦女也不例外。

(3)、癸水勢大量大主婦女不生育，多患婦科病，月經不正常，夫妻口舌也從不停息，分居或離婚肯定成定局。癸水形若不齊整，姑嫂相逢似仇人。癸水形若一條槍，二房婦女早凶亡，丈夫常常淚水交流，伴隨孤燈獨宿

(4)、一白是汪洋大水，若遇乾水又長長，老父必是有才人。若遇艮水又長長，三房富貴光景好長好長。

(5)、”坎、乾、艮”三方全是水，三房大房將會出人才。二房富則不出官貴，如出官貴則不富，如既富裕又出官貴，則二房父子必有損一人。

(6)、”坎巽”兩方全是水，長房二房絕後無子相繼。巽水形狀怪異，則主長房二房富亦不久。

(7)、”坎坤”均有水，二房三房絕後無子女。

2、坤宮的吉凶~~~二黑方：先天巽卦，方位未坤申

☼ 坤宮吉砂斷

未砂能發財，行為不正來，軍賊與土匪，名臭通六街，

形若非常秀，出貴亦有財。丑水照當懷，也可置田莊，

農家樂和諧，年年有餘財。坤砂疊疊起，富貴上元花，

婦女持家政，把酒喝桑麻，女兒個個秀，發福慶萬年，

若得艮水照，血財發無涯，不許形破軍，七叉與飛斜。

申砂兒女美，圓面與長腿，形若兼秀起，勤學通義理，

若與寅水照，內助有名賢。金城一照眠，上中丁財盛，

家富積銀錢，如得艮水照，過得好悠閒，其樂又融融。

家富積銀錢。如得艮水照，為官又清正，妻賢子孫孝。

☞ 註解

坤居先天巽坤，老母與長女同居一宮。坤宮天星配陰玄星，為重陰之地，必須得陽為吉，要高砂為貴。坤上有砂，老母建而有壽，婦女能力強，家中料理的井井有條。

坤巽二卦有秀砂多主賢良內助。坤上有砂，艮上有水，丁財兩旺，家富積千倉，所生子女聰明俊秀。坤方造屋飼養家畜非常興旺，發的是血財。另外要注意：

(1)、未砂主發財，但大房二房行為不正易做匪賊之類，臭名遠揚好日子不久長，如有丑水當面照，人心正行為好，可以發財，家庭四鄰也快樂和諧。

(2)、坤砂疊疊升起，真如上元之花，婦女把持家政，飲著美酒，話說著桑麻，日子過得賽似神仙，女兒個個長得秀麗，發富發福快樂長年。如有艮水相對照，而艮水七岔八斜不齊整，主長二房會因血光之災而發財。

(3)、申砂主生女兒秀美，勤勞又很懂事理，如有寅水相對照，更是出才藝雙全之人。

(4)、二黑方完全都是砂，主世世代代家庭富有積存錢財，如有艮水再相照，三房有福有壽更加超群。

(5)、坤兌乾全是砂，三房富貴大房衰，如大房富貴，則父子必無子繼後，如有子又富貴，則必有一個人短命，二房也平平只有溫飽工薪。

(6)、坤離全是砂，大房二房全是辛勞上班工薪階層之人，三房可成文化人，小有作爲。

☼ 坤宮凶水斷

未水出盜賊，事犯產鳳收，形若斜飛去，戰場收屍骨。
坤水傷妻房，賢婦不久長，形若破軍樣，定主脹病亡。
申水傷小女，亦主客路亡，形如團圓聚，定主是飛娘。
二黑水當先，巫婆小姑仙，流神通丙午，兒郎死父前，
水龍入兌位，陰邪一外眠，形如三岔口，飛刃婦身邊。

☞ 註解

坤居先天巽位，巽下斷，二陽在上，一陰在下。又加後天坤六斷，可稱是重陰之地，陰盛陽衰。坤卦有凶水時主生癆病，老母壽短，長女也身體不壯，多生女，少生男，壽短或生膨脹腫大腰疼病。老母長女有淫亂之象，宜擇陽物來旺財丁。二七交界如河塘水出，主生盜賊。二凶名盜賊，七上有峰主出血光之災。

二黑全體是水並陰暗，主家招鬼魂不安寧。坤卦有水主肺病，肝病膽疾，少女最宜患肝病，肝腹水，少女壽短。坤卦有水也出醫卜星相之人，但火平不高。易出邪人，巫婆神漢、狐仙等人。

坤有水艮有砂爲無子之地，到老孤苦伶仃，出家爲僧方吉，可以脫離苦海。坤卦有水，易受軍賊襲擊，也可與軍匪同流合污，反過來討好群眾，疾病也會有吐血肺癌血病血癌，總之犯者大凶。另外要注意：

(1)、未水主三方大房出盜賊，事情敗露後財產被沒收。未水如是斜著飛去，三房大房人丁易犯死刑。

(2)、坤水深又長，長房、三房婦女，如果賢惠，則不是病疾纏身，就是夭亡之人。坤水形狀如破軍星樣子，疾病多是腹部腫瘤和腎病、肝腹水。

(3)、申水水常流，小女(獨生女)有病傷，殘疾不成人，如無病傷和殘疾，一定是飛娘(外出私奔賣淫)。

(4)、二黑死水一片，家中定有鬼狐，巫婆或大仙，容易見鬼或見到亡人，往往家宅不寧。

(5)、坤離都是水，主二三房兒郎死於父親前邊。

(6)、坤兌都是水，家中常有鬼神侵擾，兌水形如三岔口一樣，長房婦女(或獨生女)和母親有災難。

(7)、坤坎都是水，長房二房婦女有憂愁。

3、震宮的吉凶~~~三碧方：先天離卦，方位甲卯乙

☼ 震宮吉砂斷

一馬不斷甲龍宮，上中得勢大吉風，若得庚酉白浪起，

管教順利運不窮，若在湖中連天涌，定是交鵝形雁中。

卯砂能致富，血財發無數，長子游四海，性好采野花，

形若几案拱，威名震三通，形若雞瓜樣，軍賊出其家。

若照單酉水，多生女娃娃。乙砂發文章，幾個讀書郎，

形若乾笏起，爲官名聲揚，形如笏筆樣，翰墨字亦香，

若得辛水照，尤主內賢良。三碧全體砂，文武共興家，

若配乾兌水，上中一鮮花，形要貪狼樣，人秀分外佳。

☞ **註解：**

八卦中二十四山也有天星所屬，震配陽衡星，庚配陰衡星，震卦得砂爲陽，陽衡星得位紫氣照臨，東方得秀砂主出武貴。古語說：”紫氣東來，萬象更新”，震位有砂長子最利。”卯砂能致富，血財發無數”。震位有砂，長子得權，爲人開朗大方，慷慨俠義。東方有古樹秀砂，樹影照到其家，定生聰明貴子。

2-7大運，3-8大運，震上有砂，兌上有水，多數是發財人家，人有精神，臉上現出紅光。震上龍脈連綿起伏而來爲有貴氣，能得幾重山峰者更美。震爲富貴卦，又爲雷門。陽衡體秀即廉貞(廉貞爲火爲陽)書云：”卯峰高聳入雲，震卦開門面向庚，拱照多情立正向，威名顯赫貴非輕。”另外要注意：

(1)、甲砂高大而起，長房二房很快發富，如有庚酉水來相照，財官兩旺順利無窮盡，如若庚酉水勢量大又浩猛，則長二房出大富大貴之人。

(2)、卯砂也能發財，但大二房易出血光之災，長房會貪淫敗家。卯砂如果形狀象案台扶拱，主大房二房出大貴人。如卯砂形狀象雞抓七歪八斜，大房會生匪類子孫，如果卯砂又有酉水相照，大房生女兒多，男兒

少，或先生女兒後生男兒。

(3)、乙砂主出文人，乙砂形如乾笏(古代上朝時朝臣拿的笏板)聳起，定出大貴之人;乙砂形如一支筆，出有名氣之文人，如再有辛水來照，更是錦上添花。

(4)、三碧方全部是砂，大二房既出文人也出武人，若再有乾兌水相照應，更是出大富大貴之人在各房。

(5)、震艮若全是砂，則主各房人旺而財官不旺，財官旺則人丁不旺，且不會有大富貴出現。

(6)、震巽如全是砂，大房三房主大富貴，二房則平平常常。

✡ 震宮凶水斷

甲水主貧窮，長房定不興，形若斜飛去，定生長絕蹤，
黃腫大又脹，都應長房宮。卯水屬同人，先富小財神，
家物他亦有，富道在本身，形如方深聚，近時對城門，
暫可不言凶，終究假與真。乙水曲曲鉤，叔嫂暗相偷，
形若破軍樣，肝病病不休，臨卦主運亂，財富不到頭。
三碧溝塘坡，其家定遭破，流神通巽地，宮飛已次過，
艮水若交合，兄弟反目怒。

☞**註解**

震居先天離位，離爲中虛，上下二陽，一陰在中，又加後天震卯盂，二陰在上，一陽在下，震卦位出現凶水時，長子敗絕愚蠢，中女腹疾，又主淫亂，或缺子缺財。主出遊盪好嫖賭之人，宜擇陽氣足盛，則長男富貴子孫茂盛。三四交界處，如有河塘凶水，主生眼疾眼傷之災。又主自縊而亡，長女吐血。

陰宅如果東方有凶水亡魂易歸家。如有高大秀峰則吉利。害卦有水，長男不如長女，軟弱無能，體質不壯，表面可憐內心不善，心歪意斜是下等之人。害卦有水，大多女人當家。長男長女淫亂有名氣，如無病則性拗性躁，出兇惡之徒不真誠正道。中子也會說大話，缺少人緣，沒有前途，打架鬥毆卻跑在前頭。

男女多數是小人，反說別人是小人。震卦有水愛貪小便宜，借錢借物不願還，反目成仇，恩將仇報。中男下部人有疾病，血液肝膽病也易上身，心高命不強，有夭折之象。如坎卦雨有水，定是中男尋短，有車禍開刀之象。總之，震卦有水大凶之兆。另外要注意：

(1)、甲水勢大，且斜飛而去，長房富貴定絕蹤，疾病多是種脹結石且刀傷。

(2)、卯水如勢微量小，也可有小富貴，也可有兒子，但必定是先生女兒後生男，若是頭胎生兒子，則必是假。

5、乾宮的吉凶~~~六白方：先天離卦，方位戊乾亥

✡ 乾宮吉水斷

單有戌水土豪家，賭通匪類性如麻，
形如破軍囚官衙，妻子冷眼不救他。
乾水長長最爲艮，老父興家壽而康，
宅院寬大仕官郎，少子回家立道旁，
形像曲曲現紫光，讀書有成聲名香。
亥水塘方團團汪，天生小兒夜啼郎，
天皇皇也地皇皇，不犯亥水壽命長。
六白全是水，不嫌短與長，在天如奎照，
在地爲文昌，無論陰陽宅，遇之發其詳，
形若不飛斜，爲官聲名香。

☞ 註解

乾卦吉爲福祿壽財，也是君子之地。老父壽高有權，老三興旺發達，西北方，乾位空曠，哪家西北風得到的多，財財大壽高。乾卦有水主文吉，出高等文化人，兒孫聰明求上進。

如先天位離方再有水相對照，則代代發文昌。乾卦有水，老父比較喜歡小兒子，或孫子，因爲乾退艮氣，凡是乾位有水的人家，牙齒生得整齊，心地善良人緣好，如乾水團聚者有財，有壽，有文昌，是有福份的人家，在職者必是淸正之官，在威信，名氣響亮，是較有社會地位的人家。另外要注意：

(1)、單有戌水土豪之家，主暗通匪類性情殘忍，戌水形如破軍樣，長房三房事情敗露後被囚官衙，家中妻子也不會救他。

(2)、乾水長久最爲良好，老父發家，有壽而健康，乾水勢大是做官之人，三房主富貴能壓萬人。

(3)、亥水勢大量又猛，所生兒子不傻就壽命不長。

(4)、六白之方全部是水，大二三房，房房出人才，六白水若齊整，爲官正直名聲大又香。

(5)、乾兌全是水，輩輩人才都出現，且緊密相連，關係合好。

(6)、乾坤全是水，父輩興旺，後輩衰敗，三房平平，難以出人頭地。

(7)、乾震全部是水，長房不興旺，憂愁長年伴隨著他。

(8)、六白全是水，在天有如奎星照耀，在地象有文昌伴隨，出官出貴出文人，主壽主福，好象有神明掌護佑，無論陰陽宅都能顯出吉祥光輝。

☼ 乾宮凶砂斷

戌砂號火星，定主回祿驚，形若尖破碎，亦怕鼓盆吟，
形如反門背，爲子不投軍，若遇辰水照，逆水亂胡行。
乾砂老父傷，小子淚汪汪，形若破軍樣，亦主非命亡，
形若單脹路，人巽私去娘，巽水勺井樣，公媳共一床。
亥砂天皇皇，家生夜啼郎，形若十丈起，發富不久長，
巳水方形照，僧人人香房，夫君配禿娘，醜名不可揚。
六白一體砂，上中時敗家，老父心無主，行事亂如麻，
再過辰巽巳，杏仁野桃花，子媳長少絕，定是砂飛斜。

☞ **註解：**

乾卦居先天艮位，所以乾與艮相互通氣。艮卦一陽在上，二陰在下。乾卦三個陽爻，陽氣足盛。如果這個卦位出現凶砂，就會有以下的凶象：

乾卦凶砂出人多短壽，頭痛，筋骨疼，禿頭脫髮，跎背矮小。宜擇陰水朝來而用之，後來才會使子孫們延年益壽。如果一六交界處有水，主出好鬥訟之人。老父不壽，三子體質不壯，頭和腰有病，或引起腎病，乏子，個子小，血光之災，牙齒稀散，缺唇，大腦遲笨呆傻。也可能出現腦瘤、車禍、撞死、破身等大災。總之，乾方位如有高爐煙囪等凶砂時，非常兇險。另外要注意：

(1)、戌砂名曰火星，它主官司口舌，亦主意外大災，形若尖起破碎，亦主出思想反常之人，戌砂形如反弓沖射，主長二房人丁有凶死之災，如果再有辰水相對照，定出土匪強盜奸詐之子孫。

(2)、乾砂高大主父親壽命不長，三房人丁也孤苦伶仃;乾砂如破軍樣又傾斜，主長三房人丁意外死亡的多，乾砂形如一條槍，直射向巽方，婦女淫奔走之鄉，否則會有凶災禍患，再遇巽水相對照，婦女貪淫圖財不顧壞名聲。

(3)、六白全是砂，大房三房定敗家，家中老父難持家，子女不順亂紛紛，如遇辰巽巳水照，家中婦女一定淫亂不堪，六白砂若飛斜而去，主長二房絕後無子。

(4)、乾坎全是砂，二房出文人，三房出匪狂，大房長子易損傷，如先生女兒後生男，則可免去一死，平平常常。

(5)、乾艮全是砂，二房貧困異常，三房人丁就會容易絕後。

(6)、乾兌全是砂，長房富貴則無子繼後，如受貧窮方可得子。

6、兌宮的吉凶~~~七赤方：先天坎卦，方位庚酉辛

☼ 兌宮吉水斷

單有庚水武封爵，庚子庚孫在手中，形勢大對奇峰，
師團旅長威名雄。酉水來把一線收，江湖花柳快風流，
形寬大來女多愁，愁的夫妻不到頭。辛水秀來文人夸，
清俊形正美女娃，方正寬大莫忍嫌它，得元興隆富貴家。
七水源源來，必定遇橫財，流神通丙午，
揮金土內埋，龍神趨乾位，父子上講台，
無論陰陽宅，得之均諧來。

☞ 註解

“兌水源源，必定發橫財”，兌方之水從庚酉辛方朝我有情，澄清聚蓄曲曲者，主家必然財源茂盛。東都才子，西池美人。如果卯砂聳立照庚水者主出武將。辛戌方有水者，既有財又有文昌，生君子之人。

震方有砂兌方有水，2-7大運，3-8大運，主家有權、有財、有勢。庚水來出辛向，兌水來出庚向，得河圖洛出之精華，是大局真地，三元不敗。另外要注意：

(1)、單單有庚水主出武貴人，八字中年柱帶”庚”字者最易成材，庚水若勢大量猛，面對奇山異峰，定出縣團級以上大官。

(2)、酉水來勢滾滾，陽宅午方有灶房，主長房貪賭戀娼惹是非，夫妻爭吵不休，不離婚便自殺或私奔。

(3)、辛水勢大清秀，一出文人二出美女，逢歲運旺時，發富發貴在長二房。

(4)、七水源源不斷而來，長房二房必定發大財。

(5)、離兌全是水，富貴不長久。

(6)、乾兌全是水，不分哪房人，輩輩出人才。

☼ 兌宮凶砂斷

庚砂惹禍端，殺到主見官，甲水對宮照，長子絕嗣完，
形若飛刃下，是非鬧不安，酉砂直硬來，醜名懷私胎，
啞兒也引出，毒入口難開，長兒多斬嗣，絕朝有愁懷，
卯水再對照，定是要破財。辛砂主肺癆，醫藥病難調，
形若尖刀下，肺癌也難逃，再遇乙水照，小口似風搖。
七赤砂滿現，子宮難亦見，長舌婦女有，男女把天怨，
官非時不斷，心田不良善，再照辰巽水，奸猾狡許辯。

☞ 註解

兌屬先天坎位，坎卦一陽居中，上下二陰，又加後天兌上缺，變爲二陽在下，一陰在上，陽氣旺足。主中男絕嗣與壽短，出暴病喉症，少女身體不壯，淫亂，毒口，丁財不旺。六與七交界如汪水池塘，出聰明人，有財有壽。兌砂主出隔食病。也主喉症，白血球，赤血球病，血癌病。性情暴躁，心高命不強，夭折之命。

兌上有砂主肝肺有病。也主好爭鬥，毒瘤亡喪，是非口舌，官災牢獄，車禍刀傷之血光災難。兌卦有砂主貧窮，掙錢比登天還難，有錢也保不住，家景淒涼，兇險異常。另外要注意：

(1)、庚砂主官司傷災，如再有甲水對照，長子一定無後，庚砂形如飛刃直下，是非口舌不斷，易受傷災之苦。

(2)、酉砂直射而來，婦女貪淫無度，長房兒女多出凶災，如再遇卯水對照，那麼傷災破財就一定難免了。

(3)、辛砂主患呼吸系統的疾病，如辛砂能量強大，則主患肺癌，如有乙水對照，則長房有小口少亡之災。

(4)、七赤全是砂，長房富貴無兒，貧困有子，富貴還有子，則父子必損一人，如再遇辰巽巳水來照，其人品性不良，奸詐非常，長二房均有絕後之患。

(5)、坤兌全是砂，長房有子則父命短暫，二房如富貴就無子繼後。

根據以上情況用洛書數大致可總結爲：1234宮要砂，6789宮要水。但要砂也需要好砂，要水也需好水，再看對宮情況，便一目了然，可以鐵口直斷了。要砂而得水，要水而得砂，皆爲反背，不吉。要砂得砂，要水得水，砂水環換，朝護有情，乃一等上貴之地。

7、艮宮的吉凶~~~八白方：先天震卦，方位丑艮寅

☼ 艮宮吉水斷

丑水好來發田莊，行爲不正作事強，形寬又大臭錢囊，
有事與匪好商量。艮水高來兒郎多，身驗竹馬弟與哥，
文書事美錦衣羅，男男女女都吟哦。單寅有水心巧玲，
醫卜星相屬大名，絲與竹綢也善平，泉石隱居樂辛勤。
八白水汪汪，上中胎元強，田園家快樂，
少男名子香，長子能致富，中子爲仕郎，
小媳無新爲，挾室上高堂，通午並流兌，
發福均致強，流坎並流巽，一點不爲艮。

☞ **註解**

艮卦位有水吉利。艮居先天震位，艮爲少陽，震爲長男，二男同居一宮，陽氣過盛。獨陽不長，獨陰不生，陰陽配合，才能滋生萬物，故必須要得水爲吉，艮卦有水，主財源茂盛，子孫興旺。艮卦爲子孫卦，爲胎元，爲小文昌，主出人俊秀聰明。

艮居東北，在九天中爲俊天，得水者，生子漂亮美麗，圓臉長腿。但如果在甲寅交界是處有水，離上有砂時，易出現心臟病。東北艮位騰空，爲有風來，爲子孫風，爲財運風，誰家得到的多，必然在子孫滿深圳，有丁有財。總之，艮卦位有水是非常利於子女的。另外要注意：

(1)、丑水好來能發財發莊，但行爲不正派作事也霸道，形如寬廣浩大則錢財會滾滾而來，但本身並不正常與壞人常常勾結聯繫。

(2)、艮水若勢大量又猛，子孫旺盛人口多，文人出了一個又一個。

(3)、單獨寅水主人心靈巧慧，學醫就是名大夫，對醫卜星相都會有研究，否則平淡過活也會快樂悠悠。

(4)、八白水勢汪汪，發家致富不用慌忙(很快)。二房三房富貴，名字也響亮，長房富貴或平常，妻子都很賢孝，留有很好的名聲。

(5)、艮坎全是水，二房不貴則有錢。

(6)、艮巽坎都是水，大二三房人丁均一般。

(7)、艮離(或艮兌)全是水，家家戶戶都富貴，喜事會經常臨門。

(8)、艮震全是水，弟兄不和，爭執呼鬧時常發生。

☼ 艮宮凶砂斷

丑砂爲盜賊，名被他人告，形若拖刀樣，屠夫手快妙，

少男人丁絕，家財人爭鬧。艮砂沒兒郎，胎元受其傷，

小口難撫養，尤主家不祥，形若七椏叉，先絕是小房，

坤水對宮照，腹病婦女亡。寅砂出僧道，或出醫師妙，

形如三角樣，犬狼偏遇到，異常人產出，學道有心竊。

八白砂完全，凶現在三元，行爲都不正，是非多纏綿，

寡郎與乞丐，到處惹人嫌，未坤水對照，夫妻不團圓。

☞ 註解

艮爲少男財卦，屬陽土。艮居先天震位，震爲仰盂，二陰在上，一陽在下，又加後天艮覆碗，一陽在上，陽氣俱足。艮卦有凶砂，長男身體不壯，少男乏嗣，主缺手足，主頭痛眼花，精神異常，腿腳有病傷殘，斷足斷臂。艮上有砂，一般少生男，多生女，有凶砂出現是絕子之地，也是勞苦之地，少壽命缺文昌。

艮砂主性格暴躁易犯爭鬥事情。艮砂易得皮膚病，羊角瘋，肝膽病等等。在甲寅交界處有水起巒頭，主出大痲瘋，蛇皮瘋，四足瘋，鵝掌瘋，雁來瘋等瘋寒病，有人會發展爲眼斜嘴歪，頭搖等病症。部之，艮卦位出現凶砂對子女和財運都大爲不利。另外要注意：

(1)、丙水勢大浩渺，長房二房大發富貴，丙水勢微小，也能發小富貴。

(2)、午水也可發大財，但心性不正就會耗財，貪花戀柳惹得人愁緒滿懷。

(3)、丁水來朝也可發財，如勢大又整齊就會出人才，只要堅持努力便福祿綿綿。

(4)、九紫水全通，三陽慶大功，長房二房均能富貴各顯神通。

(5)、離乾全是水，八代詩書墳。

(6)、離兌全是水，財富不長久。

(7)、離坎全是水，長房二房不是傷殘便會有夭亡。

8、離宮的吉凶~~~九紫方：先天乾卦，方位丙午丁

☼ 離宮吉水斷

丙水汪汪土中良，形狀寬大發兒郎，水小太微壽星光，

催官催財水中央。午水浮光又不開，桃花滾滾惹愁懷，

心行不正常耗財，嫖賭逍遙大局人哉。

九紫水全通，三陽慶大功，流若乾方去，

八代詩書墳，若是流兌出，也主田舍崩。

☞ 註解：

離卦居先天乾位，是重陽之地，必須要得水。離的先天爲乾，乾水爲文昌，離通乾之體，故離水爲文昌水。後天離爲九紫，”九紫水氣通，三陽慶大功”。九曲離水而到堂，必是富貴之地。離也爲財卦，得離水者，既有財源也有文昌。

坎砂離水彎環而聚來，財產興旺又有官職，夫妻恩愛，均可得官。1-6大運，4-9大運多發財，離水收得越遠越好(500公尺處)水得形狀沖射不美，丙丁二水名天赦水，犯罪這家得此水可以獲釋。離水又爲壽星水，得此水者可以延年益壽。丙水來立丁向，丁水來立丙向，得河圖洛出之精華，主三元不敗之地，書云：”丁水潮來南極星，福壽康寧旺人才，丙丁同至赦文水，凶禍從無到戶庭。”另外要注意：

(1)、丙水勢大浩渺，長房二房大發富貴，丙水勢微小，也能發小富貴。

(2)、午水也可發大財，但心性不正就會耗財，貪花戀柳惹得人愁緒滿懷。

(3)、丁水來朝也可發財，如勢大又整齊就會出人才，只要堅持努力便福祿綿綿。

(4)、九紫水全通，三陽慶大功，長房二房均能富貴各顯神通。

(5)、離乾全是水，八代詩書墳。

(6)、離兌全是水，財富不長久。

(7)、離坎全是水，長房二房不是傷殘便會有夭亡。

✡離宮凶砂斷

丙砂太不強，中子目定盲，形若高尖起，亦主吐血亡，
壬水再對照，先絕是二房。午砂出窮郎，亦主非命亡，
形若三角起，雙目一齊傷，心痛為小事，野郎伴新娘，
子水再相見，吐血麵皮黃。丁砂病不遑，藥爐不離房，
形若一條槍，尤怕非命傷，形若探扒樣，軍賊槍下亡，
癸水澄清蓄，定有寡婦娘。九紫體全砂，三元是敗家，
五官形不正，絕二又絕長，四九配交叉，難比施公斜，
壬子癸水照，斷定是絕家，無論陰陽宅，切忌犯離砂，
離灶與離路，都宜改換它。

☞ 註解

離卦位有砂凶，離為中女財卦，屬陰火，離居先天乾位，乾三連，三陽俱足，又加後天離中虛，上下二陽，一陰在中，陽氣俱啼，選

擇從陰者丁財兩旺。二九交界處注水池塘，主中女經血不調，出人多瘍病。九紫方多砂，主男人吐血，丙丁二字多砂，主女人吐血。二九全是砂，男女吐血而亡。

離上有砂，主家中一年到頭爭鬥多，鬧得四鄰都不得安寧，少人緣。由於爭鬥毆氣引起懸樑、投河、服毒、心臟病，中女下潰病。離上有煙火土高爲坎，大凶，主家人與人打架時手上帶刀，還有殺人之心，也有車禍刀傷之事。離卦也多爲血地，離砂主吐血，婦女經血多，血液病，丙方丁方有煙囪，主眼疾，午砂出性躁之人，主家萬事不如意，一切皆不順利。另外要注意：

(1)、丙砂高突現出，大二房眼睛有傷殘，形若高尖聳起，也主二房人丁有血光之災，壬水如和丙砂對照，二房一定絕後。

(2)、午砂主出窮人，也是凶災傷亡。形如三角樣子，易發心臟病難以治療，婦女多淫亂災病，子水再相對照，長二房一定會有血光之災。

(3)、丁砂主人災病不斷，丁砂形如一條槍，也主大二房凶死傷亡;形如探頭樣子，長房二房有犯死刑之人，如有癸水聚集對照，家中最易出寡婦。

(4)、九紫方全體是砂，三元都是敗家亡人，絕了長房又絕二房，如有壬子癸水對照，則長二房均是絕後之人，輩輩抱養他人之子。如長房貧困異常，且先生女兒後生男，則有子繼後，否則無子。

(5)、離巽坤三方全部是砂，三房大房出人才，二房富則不貴，貴則不富，富貴而有子，則父子必損一人。

（本節註解資料引自網路，2019-01-08 由 占筮乾坤堪輿堂 發表于”運勢”。每日頭條，金鎖玉關二十四山砂水。)

☪ 乾坤國寶 龍門八天局介紹與評論

▲ 乾坤國寶的由來傳說

乾坤國寶龍門八大局目前在台灣相當的流行，有不少風水師在使用，其中不少都是在風水界相當有名的大師，也都出版了相關的專業書籍介紹該流派法門的技法。

「乾坤國寶」取名十分的霸氣，堪稱是風水流派名號中最響亮的，爲何取這種名字呢？因爲該派稱其祖師爺是唐宣宗時的國師邱延翰，又稱邱氏的徒弟就風水界赫赫有名的祖師爺楊筠松，言下之意就是邱延翰是比楊筠松更高一級的，那麼，當然乾坤國也就比其它尊楊氏爲祖師的門派更高一級了。例如：玄空挨星、紫白……等門派，問題是~~~這根本是一個自說自嗨的把戲，由歷史、由事實來探討都不成立。

一、由歷史層面來說，邱延翰根本不是什麼國師，歷史上也沒有記載那些乾坤國寶派地師所傳說的那些事(可以自行上網查找，資料不少)。

二、由事實層面來說，該派傳說邱延翰是楊筠松的師父，那是無稽之談，瞎編的故事，用來自抬身價而已。楊筠的經典著作《撼龍經》《疑龍經》《倒杖十六法》中，沒有一個字提到水法先後天位，而且這些經典談的都是山法巒頭，要扯也要用點腦筋看幾本書再說，否則就是扯爛了。此外，楊筠松還是其它好幾個門派的祖師爺呢！現在再扯上一個講先後天位的邱延翰，這關係真的是一筆糊塗帳啊！也突顯出風水流派的謊言與不負責任的特質。

三、唐朝時代都還沒有羅盤呢，沒有羅盘上的廿四山方位，那麼乾坤國寶八大局的陰陽八煞，如何能玩得動呢？難不成光憑感覺就能精準知道圓週廿四個方位了嗎？陰宅月眉池出水口，要開在案刧、天刼位的天干及四維字，沒有羅盤又如何能夠定位？

由以上敍述可知，乾坤國寶的祖師爺傳說是靠不住的，創乾坤國寶流派的前輩也是一介凡人而以，不必假託聖賢，依本書中提供的各種資料及事實，就可以推斷出乾坤國寶風水術，最早出現的時間也就在清朝初年，在蔣大鴻創的玄空派之後。

▲ 龍門八大局介紹

八大局指的是八個宅卦的宅局，每個宅局都有它特別的方位，區分爲先天位、後天位、賓位、客位、輔卦位、庫池位、天刧位、案城位、地刑位；此外每個宅局還有曜煞位~~~天曜、地曜、正曜。

✧　後天八卦廿四山、先後天八卦同位圖解

後天八卦與廿四山方位

先後天八卦之同位圖解

(內層爲先天八卦，外層爲後天八卦)

先天之乾坤，即後天之離坎，先天之坎離，即後天之兌震。
先天之震兌，即後天之艮巽，先天之艮巽，即後天之乾坤。
此爲先天八卦與後天八卦同位對待的關係。

✧ 論先天水法

三元地理人丁之理論是從先天水法演變而來。先天水宜來不宜出。
先天水主在應人丁，宅局先天卦方有水朝堂，應宅主人、子孫賢秀、旺男丁，即爲「收先天水」。假如水由他方流向先天卦山方，即謂「破先天水」，會損丁。
例如：
凡坐離卦之宅墓，有水從震〔甲卯乙〕卦方流過坎〔壬子癸〕位，就是先天水朝堂。
凡坐坤卦之宅墓，有水從坎〔壬子癸〕卦方流過艮〔艮丑寅〕位，就是先天水朝堂。
凡坐兌卦之宅墓，有水從巽〔辰巽巳〕卦方流過震〔甲卯乙〕位，就是先天水朝堂。
凡坐乾卦之宅墓，有水從離〔丙午丁〕卦方流過巽〔辰巽巳〕位，就是先天水朝堂。
凡坐坎卦之宅墓，有水從兌〔庚酉辛〕卦方流過離〔丙午丁〕位，就是先天水朝堂。
凡坐艮卦之宅墓，有水從乾〔戍乾亥〕卦方流過坤〔未坤申〕位，就是先天水朝堂。
凡坐震卦之宅墓，有水從艮〔丑艮寅〕卦方流過兌〔庚酉辛〕位，就是先天水朝堂。
凡坐巽卦之宅墓，有水從坤〔未坤申〕卦方流過乾〔戍乾亥〕位，就是先天水朝堂。

✧論後天水法

三元地理之妻財是從後天位演變而來，後天水宜來不宜出。

後天水應妻財，凡陰陽宅後天卦方，有水朝堂，乃應宅主人錢財旺、妻又健康，即爲「收後天水」。假如由他方流向後天卦方，即謂「破後天水」，財產會消耗殆盡，甚至宅內女人會患病或重妻。

例如：

凡坐坤卦山之宅位，有水從巽〔辰巽巳〕卦方流過艮〔丑艮寅〕，就是後天水朝堂。

凡坐兌卦山之宅位，有水從坎〔壬子癸〕卦方流過震〔甲卯乙〕，就是後天水朝堂。

餘理同，參看先後天同位圖解。

✧ 先天位與後天位合論

先天水與後天水同時朝堂，就是「財丁兩旺」，先天位與後天位一起流破，叫做「消亡敗絕」。如坎卦後天在坤，先天在兌，二卦相鄰，若水從坤兌兩卦流出，即是「消亡敗絕」

✧ 消亡敗絕水法

先天流破後天曰：消

後天流破先天日：亡

「消亡敗絕水」。絕嗣人丁漸減，賢良者先敗亡，只留少數愚庸。

另外，天劫水沖射，轉流破先天或後天，也是「消亡敗絕」。

後天水朝堂、先天流破，則主出蠢富之男丁，有錢無丁。

先天水朝堂、後天流破，則主男丁旺盛，生活卻潦倒。

乾局正東水流正南，坎局東南水流西兌。
艮局正南水流西北，震局西北水流東北。
巽局正北水流西南，離局東北水流正東。
以上皆收天劫水走破先天。

乾局正東水流東北，坎局東南水流西南。
艮局正南水流正東，震局西北水流正南。
巽局正北水流正西，離局東北水流西北。
以上皆「天劫水」來走破後天。
先天破後天、後天破先天、天劫破先天、天劫破後天，
皆爲「消亡敗絶」。

✧ 天劫位、地刑位的定義與吉凶

天劫：

坐卦山的「後天位的後天位」，稱爲「天劫位」。
須在坐卦山之左前方或右前方，如果坐卦山後天之後天位，不是在其坐卦山之左前方或右前方，則以坐卦山之左前方或右前方爲先決條件。

➢兌卦：後天位之後天位在坤，坤爲天劫位，但坤並未在兌卦之左前或右前方，以坤之對卦艮爲天劫，巽爲地刑。（兌卦有二個天劫位）

➢坤卦：後天位之後天位在兌，兌爲天劫位，但兌並不在坤卦的左前或右前方，以兌之對卦震爲天劫，坎爲地刑。（坤卦有二個天劫位）

※後天位的後天位爲「天刼位」，這樣的定義有什麼道理，乾坤國寶也說不出來，就只是個規定而已。其中坤兌兩卦的天刼位，依其定義會落在後方，因此乾坤國寶又多加了一條規定，天刼必須在前方，這有什麼道理嗎？還是沒有，只是個規定！理氣門派一般多如此，爲求強用，立派撈錢，管你合不合理，管你有沒有道理，就是一堆規則，套個河圖洛書，先後天八卦，就可以堵住外行人的嘴了，反正玄學的特色就可以信口雌黃，不必講邏輯與證據。

地刑：

與天劫位形成兩個相對峙之卦位，稱爲「地刑位」。

天刼地刑，必一個居左，一個居右。

陽卦的天劫位在左前方，但震卦例外在右前；

陰卦的叉劫位在右前方，但兌卦例外在左前。

✧天劫、地刑斷法

詩云：

天劫之水最是凶；此方流來不可當；劫案瘋癲虛癆疾；家門零丁損少年。天地案位三把刀；屋角侵射卻如何；家門不幸年年亡，難免兒孫見血光。

天劫方來水主吐血癆疾，或天劫方、案劫方、地刑方此三方若有一來水沖射、或屋角侵射、或有石塊尺餘高，或有古井，欄杆，應主吐血癆疾。所以天劫水宜出不宜來，來者水最凶。

地刑位必爲後天位、先天位或輔卦位之其一。依乾坤國寶規定地刑水不宜來，亦不宜流破，宜低小淨，忌破碎逼射。收地刑水，實在是富貴壽不可兼得。收之有疾病纏身，藥碗水不停之應驗。

※ 依乾坤國寶規定，天刧位不在右前方，就一定在左前方，左右前方來水過堂，大部份來說，不是斜飛就是反弓、割腳，當然凶水機會較大，但水局千變萬化，也有不少收到天刧水而發達的實例，由是可見，所謂天刧水不可收，也只能是參考而已，真正訣竅不在這裡。

※ 地刑水理同天刧水，都在斜前方，只要過堂多爲斜飛、反弓、割腳，當然不吉，又爲急流水則禍不可當。但因爲依先天後卦同位圖解，地刑位必爲先天、後天、輔卦三者之一，喜而不喜。例如收先天地刑水斜飛或反弓過堂，能論吉嗎？由此也可見得乾坤國寶的理氣水法，無非人爲創作，如何能與山川大地完全相符合，總不免露出馬腳的。

✧論案劫位

案劫位在明堂正前方，如乾山巽向，巽位即是它的案劫位。

明堂要清不可雜亂，形式要環抱有情。主應其家中大小爲人誠實忠厚。如果明堂前山近逼高大，或雜亂反弓無情，則其家中大小不和睦，爲人無情無義。

案劫位方，水宜出不宜來，此方若有屋角、電柱、煙囪、大石、古井、孤木、古松、尖物侵射主損幼丁、敗財、疾病、意外。

✧論賓客位

賓位

賓位是從「向山」的先天八卦演繹而來的，即「向之先天位」。

乾：向巽，巽的先天位為坤，坤為乾之賓位。

坎：向離，離的先天位為震，震為坎之賓位。

艮：向坤，坤的先天位為坎，坎為艮之賓位。

震：向兌，兌的先天位為巽，巽為震之賓位。

巽：向乾，乾的先天位為離，離為巽之賓位。

離：向坎，坎的先天位為兌，兌為離之賓位。

坤：向艮，艮的先天位為乾，乾為坤之賓位。

客位

客位是從向山之後天八卦演繹而來的，即「向之後天位」

乾：向巽，巽的後天位為兌，兌為乾之客位。

坎：向離，離的後天位為乾，乾為坎之客位。

艮：向坤，坤的後天位為巽，巽為艮之客位。

震：向兌，兌的後天位為坎，坎為震之客位。

巽：向乾，乾的後天位為艮，艮為巽之客位。

離：向坎，坎的後天位為坤，坤為離之客位。

坤：向艮，艮的後天位為震，震為坤之客位。

兌：向震，震的後天位為離，離為兌之客位。

賓客方來水，流過坐山為收賓客水朝堂。

賓客水主應女口及驛客，若主人僅有女兒時，可以做賓客水朝堂，但「先」「後」天不能流破。賓客水朝堂旺女口，但女兒招贅是必又旺丁財，到了第二代後又須以先後天為主。

收賓客水又不流破先後天者，仍可賺錢，但多爲遠方來客。

收賓客水如流破先天位者，公司的經營有利股東，但不利老闆。

賓客水不朝堂或流破，對女口影響不大，客份只是平庸，並不破敗。

乾坤國寶龍門八大局，注重先後天位，不注重賓客位，因此正竅位有很多是位於賓客位，如離卦出辛，其他各卦山都可以出賓客位。

※ 這個賓客位的理論設計，是不仁的，充滿歧視女性的思想，先天主丁，絕不可以流破，賓客主女兒，流破就沒有關係，這是有偏差的。就陰陽的學理上也說不通，何也？首先，郭楊賴劉等祖師爺的著作經典中沒有這樣的記載，那是後人在清朝後創意發揮的偏見；其次，陰陽的最佳狀態是陰陽平衡，不是偏陰或偏陽，這是陰陽學說的根本，既然好風水是講求陰陽的平衡，那麼吉凶也應該是追求男女平衡，而非是保丁棄女，只注重先後天位，捨棄賓客位。

※這樣的學理不合乎邏輯，收賓客水就算，流破就不算，合理乎？因爲乾坤國寶把女兒當做賓客，故設計爲流破不算，因認爲女兒會嫁出去會生小孩，但如果女兒不嫁出去呢？或嫁出去不生小孩呢？是否就要算呢？算與不算之間的學理何在？

※ 再者，女兒與賓客怎能同論，女兒並不會因爲嫁出去了，身體內流傳的基因就被男方改變，這只是常理不是嗎？這又是玄學易經撐起的保護傘作用，只講規定，不管合理與否，更無學理依據，換成一般俗事，早就被攻擊了。說是易經，但易經全文中有那句話說了這檔事呢？！學者深思。

※ 又，龍門八局論陽宅大門，不可開在先天位爲損丁，但可開在賓客位稱借竅，不傷女兒。這是自打嘴巴，怎麼論男丁就算，女兒就不是人嗎？現代少子化盛行，若只有生女兒的人家，依乾坤國寶理論，開賓客位真的就可以嗎？該派理論的設計處處顯露出破綻，但能反思自我的人，真的不多。

✧ 論輔卦位

輔卦位是坐山、先天位、後天位、天劫位、地刑位、案劫位、賓位、客位，全部除去，餘下的即爲輔卦位。

輔卦位之水爲貴人水，宜來不宜出，來則旺人丁。如先後天水不朝堂，有輔卦水朝堂，亦吉。但須注意輔卦水朝堂，不可以流破先後天。

例如：

乾山巽向坎水來。 巽山乾向震水來。

坎山離向艮水來。 離山坎向巽水來。

艮山坤向兌水來。 坤山艮向離水來。

震山兌向坤水來。 兌山震向乾水來。

(另有一說，坤兌互爲輔卦水，但此說則坤宅爲留下離卦無定義，兌宅爲留下乾卦方無定義，對照乾坤國寶的學理邏輯，並不合理。

✧ 論庫池位

依乾坤國寶理論，庫池即是財庫，論財富之多寡，庫池最宜澄清近穴，以不見入水口及出水口之天然水池爲佳。

乾卦山：庫池在艮山。（在後天位）

坎卦山：庫池在坤山。（在後天位）

艮卦山：庫池在乾山。（在先天位）

震卦山：庫池在壬山。（在客位）

巽卦山：庫池在坤山。（在先天位）

離卦山：庫池在辛山。（在賓位）

坤卦山：庫池在巽山。（在後天位）

兌卦山：庫池在癸山。（在後天位）

由上分析知，在八局之中唯震、離二局之庫池在賓客位，餘均在先後天位，故庫池位在穴場或陽宅見之者，除震離局外，多是流破先後天位，不有利陰陽宅的旺氣。

※ 著實言之，庫池不宜在穴場或陽宅見之，因爲多在先後天位，見之即主流破(水聚低處)，除非該庫池在地勢比穴場或陽宅位置較高之地。由是可知庫池位的理論有很大的矛盾。

✧論水口、正竅位

正竅位就是出水位，出水位之地理應驗最靈，因此它絲毫不能差錯。出水法有幾個原則我們必須了解：

地支重濁而有沖煞，太歲沖動則應禍，天干卻清消且無沖煞，故水喜流天干，不喜流地支，出地支山者，則依廿四山犯煞論剋應。廿四山中干支各占一半。

天干：甲、乙、巽、丙、丁、坤、庚、辛、乾、壬、癸、艮。

地支：子、丑、寅、卯、辰、巳、午、未、申、酉、戌、亥。

先天位不能流出，主破先天。

後天位不能流出，主破後天。

輔卦位不能流出，主無貴人助。

地刑位不能流出，天劫位能出，不能入。

賓客位須看主客之身分做取捨。

坐山爲十二天干山者，都可將水出正堂前，謂「出中天水」，即以向山爲水口。中天水主貴，貴不一定有財。富爲財，貴主名望及官爵。

水口必出在天劫、案劫位的干維山字

正竅位〔水口〕：傳宗接代之命脈，仍局之最低出水處也。

艮＝坤丙丁　　離＝艮壬癸　　震＝乾庚辛

巽＝乾壬癸　　坤＝艮甲乙　　兌＝艮甲乙

坎＝巽丙丁　　乾＝巽甲乙

「正竅位」在三元地理爲最緊要的一節，出水分「內局」「外局」，內局即墓埕內所開之水口，外局較不易看，有時兼兩卦，有的綿遠渺茫，幾乎看不出水路的去向。總的原則來說，水口必出在天劫、案劫位，不可出地刑位，亦不會出在後方（仰瓦），但可以借竅出水。坤兌卦宅原本之天劫位在後方，不可爲出水口，有之，仍論爲風煞來沖射或仰瓦。

✧ 論曜煞

曜殺歌訣：坎龍、坤兔、震山猴。巽雞、乾馬、兌蛇頭。

艮虎、離豬，為曜殺。宅墳逢之禍即至。

每局皆有三個曜殺：宅墳之本卦位曜殺，是爲「本卦曜」(亦稱正曜)。

宅墳之先天位曜殺，是爲「先天曜」。

宅墳之後天位曜殺，是爲「後天曜」。

◎列表如下：

本卦曜	先天曜	後天曜	
坤局	卯	辰	酉
兌局	巳	酉	辰
坎局	辰	巳	卯
巽局	酉	卯	巳
震局	申	寅	亥
離局	亥	申	午
艮局	寅	午	申
乾局	午	亥	寅

1.曜殺在三元地理學上最忌門路沖射，又忌屋角、大石、古井、古松、井欄、動土等。主損丁、血光、破財、出人癲狂、無恥等事。

2.二曜齊，鬧鬼，出癲狂之人。三曜大凶。

3.曜方最忌門路沖射，孤木，坑、凹風，屋角侵射，應主吐血疾病等症。

4.曜方有樹木，〔大樹〕鬼怪成群。

5.曜水進主家中鬧鬼，不安寧。

6.曜在穴後缺主，家中鬧鬼不安，出乩童。

7.廟得曜水或形煞爲佳，能助神明顯威靈，但於住廟內之人不利。

8.曜方開糞池主惡疾或癌症，內外局同論。

9.牢星：午、辰、戍方有障礙物。輕則口舌是非，重則有牢獄之災。

✧ 八曜斷

壬子癸山曜在辰，殺路來沖主殺人，辰上有池或有路，定斷食藥吊頸人，雷公樹打人口死，申子辰年定損丁。

丑艮寅山曜在寅，破碎陷落損人丁，誣賴官司禍災到，二房田地退他人，寅午戌年禍必至，莫道時師斷不靈。

甲卯乙山曜在申，廉貞水沖打傷人，若非投池牆打死，亦見離鄉路死人，食藥扛屍來誣賴，異性同居不順情。

辰巽巳山曜在酉，此方無制出賊頭，長房有制定不忌，單丁過代別有房，巳酉丑年損年幼，水射定有相鬥仇。

丙午丁山曜在亥，僧道亂倫出賊害，亥卯未年財丁損，雷公打屋百事來，惟獨敗破添煩惱，更生古怪多憂災。

未坤申山曜在卯，雷公樹打小兒夭，又主食藥吊頸死，軍賊大禍時難逃，二房產婦遭此害，亥卯未年定不饒。

庚酉辛山曜在巳，前有破廟神壇寺，又有水響鬼神哭，殺沖立刻惹官司，卯上有石夜獸至，艮方有石鬼神啼。

戌乾亥山曜在午，軍賊憲刑犯災徒，又有人命及天火，三年不絕定離祖，若問何年禍災至，寅午戌年凶遭遇。

※乾坤國寶的陰陽八煞~~~正曜、天曜、地曜存在不小的學理破綻。

怎麼說呢？以歌訣第一句來說：坎龍、坤兔、震山猴。**它指出了坎卦的曜煞位辰土，因爲辰土剋坎水；坤卦的曜煞位在卯，因爲卯木剋坤土；震卦的曜煞位在申，因爲申金剋震木。**

乍看之下彷彿合理，但實際是牛頭對馬嘴，辰土、卯木、申金是屬於廿四的五行，而坎坤震是八卦的五行，兩套並不完全相同的規則如何可以放在一起論生剋，好比籃球足球規則混在一起使用一樣，怎麼會對？若以正體五行推論開來，曜煞的理論需要全盘的改寫才是。

舉個實例來談，坐亥向巳陽宅，亥屬乾卦，乾卦曜煞在午山，故知坐亥山者，忌午山方位犯曜煞；再看坐午向子之陽宅，午山屬離卦，離卦曜煞在亥，故佑坐午山者，忌亥 山方位犯曜煞。結果呈現的結果是坐亥怕午山，坐午怕亥山，這是完全不合理的。

◎以下列表將龍門八大局的各卦方位列出供參

	先天	後天	天劫	地刑	案劫	賓位	客位	輔卦	庫池	正曜	地曜	天曜	水口
乾	離	艮	震	離	巽	坤	兌	坎	艮	午	寅	亥	巽甲乙
坎	兌	坤	巽	坤	離	震	乾	艮	坤	辰	卯	巳	巽乙丙丁
艮	乾	震	離	兌	坤	坎	巽	兌	乾	寅	申	午	坤丙丁
震	艮	離	乾	坤	兌	巽	坎	坤	壬	申	亥	寅	乾庚辛
巽	坤	兌	坎	兌	乾	離	艮	震	坤	酉	巳	卯	乾壬癸
離	震	乾	艮	乾	坎	兌	坤	巽	辛	亥	午	申	艮壬癸
坤	坎	巽	震	坎	艮	乾	震	離	巽	卯	酉	辰	艮甲乙
兌	巽	坎	艮	巽	震	艮	離	乾	癸	巳	辰	酉	艮甲乙

乾局：

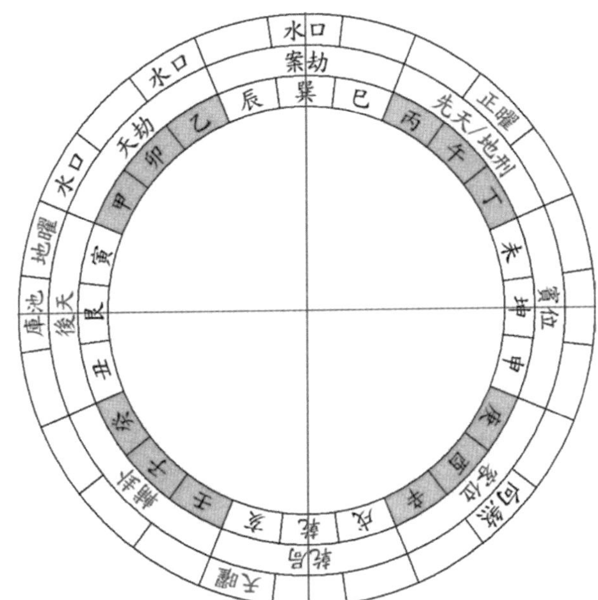
水口
案劫
水口
辰
巽
巳
正曜
天劫
乙
丙
先天/地刑
水口
卯
午
甲
丁
地曜
寅
未
庫池
後天
艮
坤
賓位
丑
申
癸
庚
輔卦
子
酉
案合
壬
辛
亥
乾
戌
句煞
乾局
天曜

坎局：

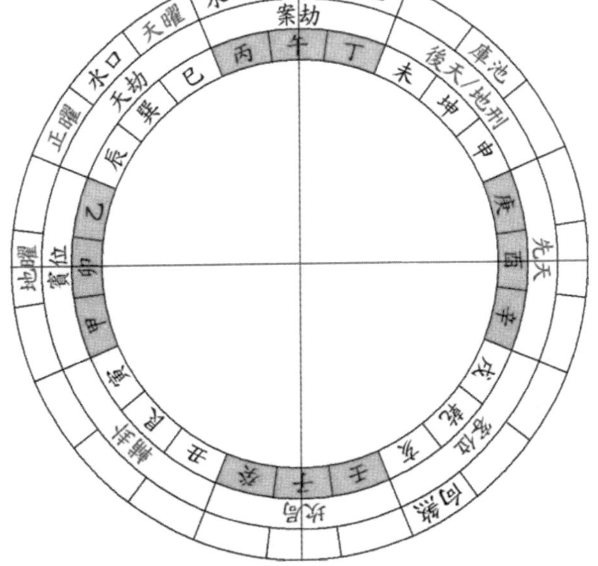
水口
水口
天曜
案劫
水口
丙
午
丁
庫池
天劫
巳
未
後天/地刑
正曜
巽
坤
辰
申
乙
庚
地曜
賓位
卯
酉
先天
甲
辛
寅
戌
輔卦
艮
乾
案合
丑
亥
癸
子
壬
坎局
句煞

艮局：

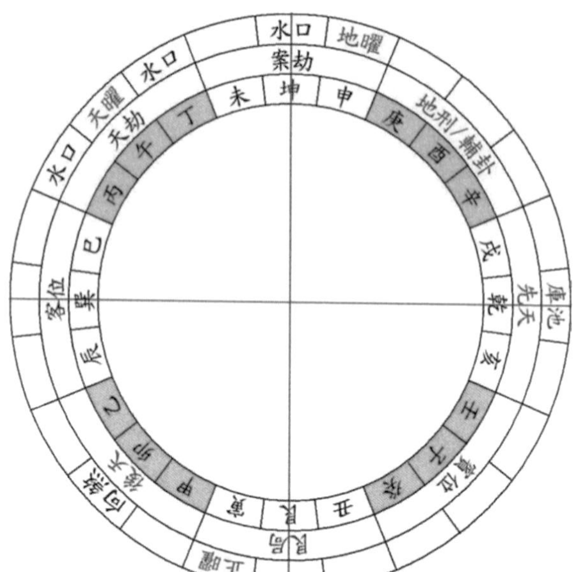
水口
地曜
案劫
水口
天曜
天劫
水口
未
坤
申
丁
午
丙
庚
酉
辛
地刑/輔卦
巳
巽
辰
乙
卯
甲
寅
艮
丑
癸
子
壬
亥
乾
戌
先天
庫池
客位
後天
向煞
正曜
艮局
賓位

坤局：

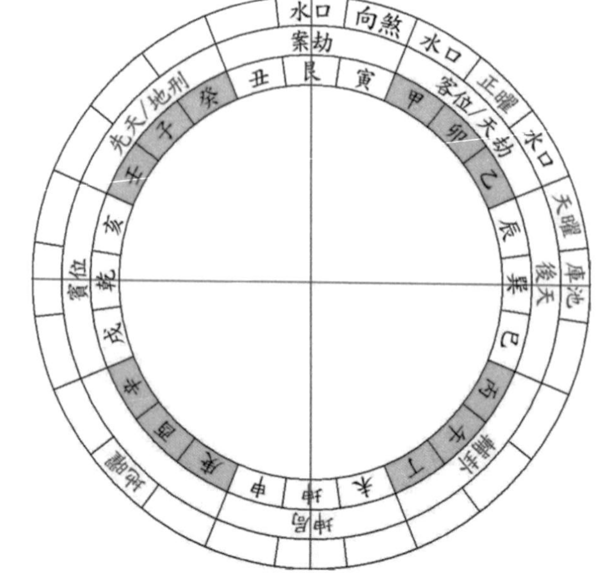
水口
向煞
水口
案劫
丑
艮
寅
癸
子
壬
甲
卯
乙
先天/地刑
客位/天劫
正曜
水口
天曜
亥
乾
戌
辰
巽
巳
賓位
後天
庫池
辛
酉
庚
申
坤
未
丁
午
丙
輔卦
地曜
坤局

巽局：

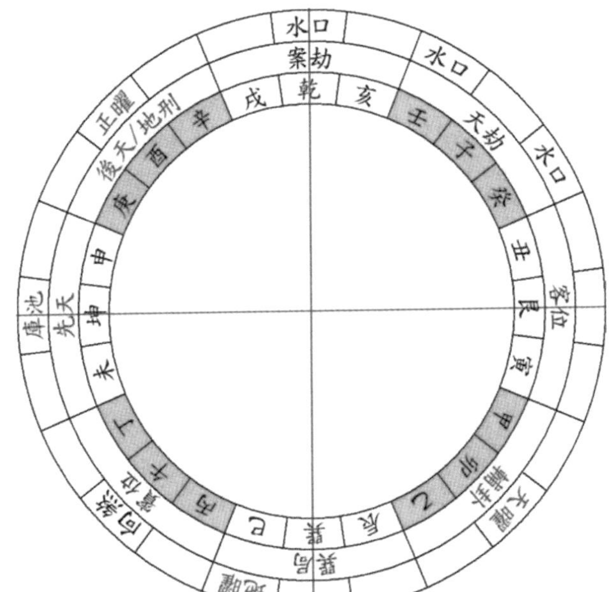
水口
案劫
水口
天劫
水口
正曜
後天/地刑
乾
亥
壬
子
癸
丑
艮
寅
甲
卯
乙
辰
巽
巳
丙
午
丁
未
坤
申
庚
酉
辛
戌
庫池
先天
客位
輔卦
天曜
巽局
地曜
向煞
賓位

震局：

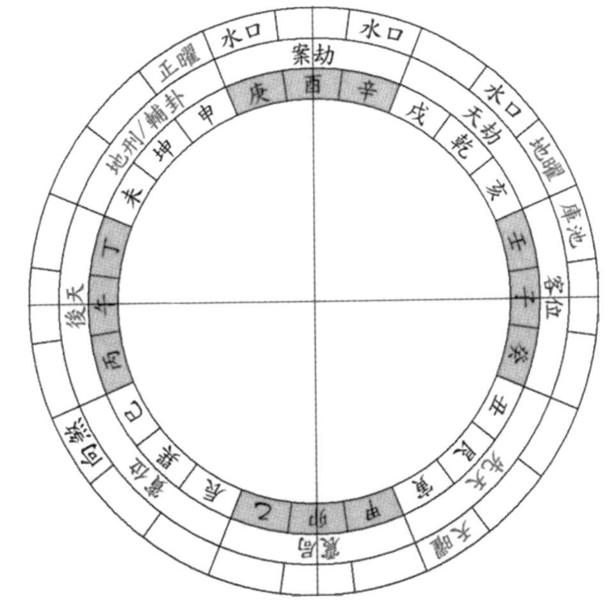
水口
水口
案劫
正曜
地刑/輔卦
水口
天劫
地曜
庫池
客位
先天
天曜
震局
向煞
賓位
後天
庚
酉
辛
戌
乾
亥
壬
子
癸
丑
艮
寅
甲
卯
乙
辰
巽
巳
丙
午
丁
未
坤
申

離局：

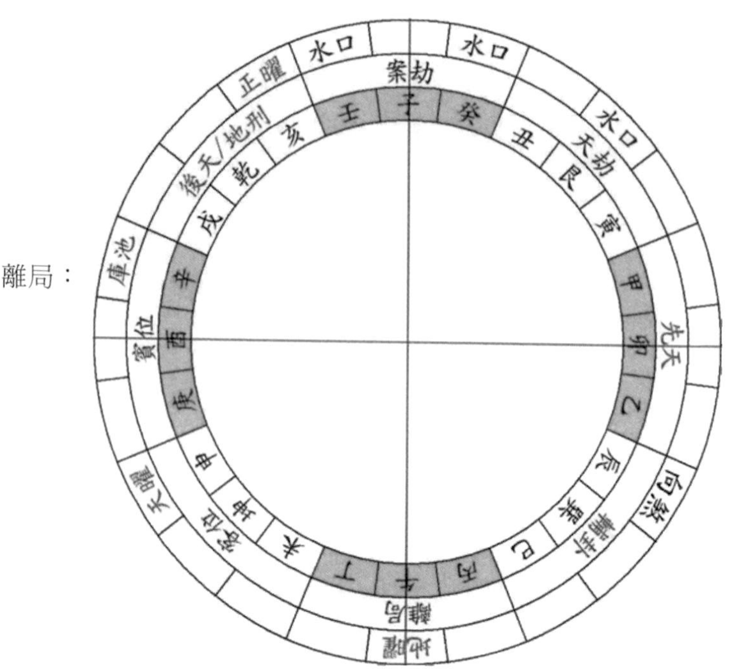
水口
水口
案劫
正曜
水口
壬
子
癸
後天/地刑
亥
丑
天劫
乾
艮
寅
戌
庫池
辛
甲
賓位
酉
卯
先天
庚
乙
申
辰
向煞
天曜
坤
巽
分位
輔佐
未
巳
丁
午
丙
離局
地曜

兌局：

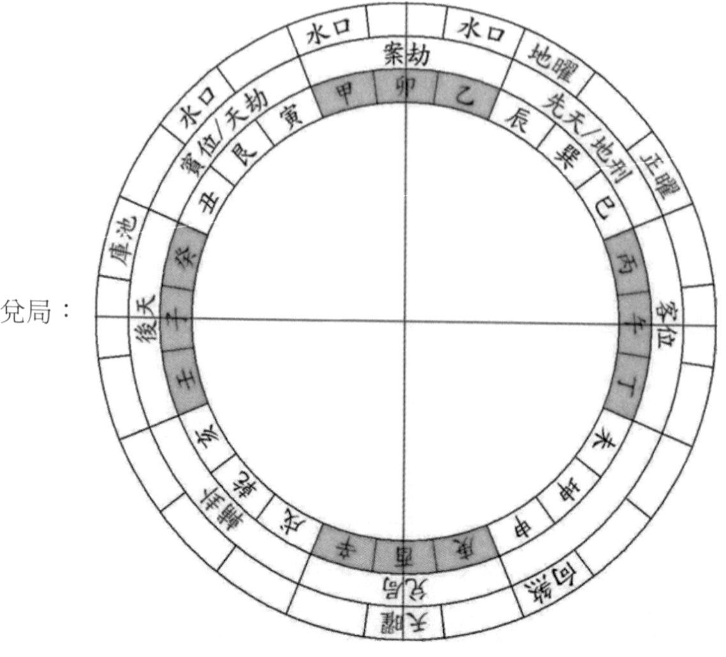
水口
水口
案劫
地曜
甲
卯
乙
水口
賓位/天劫
寅
辰
先天/地刑
艮
巽
正曜
丑
巳
庫池
癸
丙
後天
子
客位
午
壬
丁
亥
未
乾
坤
輔佐
戌
申
辛
酉
庚
向煞
兌局
天曜

✧ 論桃花水

得財桃花：後天水過堂，內含子午卯酉山。主人緣好，得財。

損財桃花：後天水流破，內含子午卯酉山。桃花惹禍，破財。

得丁桃花：先天水過堂，內含子午卯酉山。兒子帥，有人緣。

損丁桃花：後天水流破，內含子午卯酉山。男丁桃花招災。

沖心桃花：子沖午、午沖子、卯沖酉、酉沖卯。

剪刀桃花：斜水進，內含子午卯酉山。即四隅卦之天劫水過堂。

風聲桃花：寅申巳亥方驛馬水過堂，主交際應酬型桃花。

一般桃花：子午卯酉桃花相生，主應男人。

遊魂桃花：子午卯酉桃花相剋，主應女人。

特別遊魂桃花：子刑卯，主女人犯色情。

陽桃花子午：流出主男人外跑，流入主男人來勾引。

陰桃花卯酉：流出主女人外跑，流入主女人來勾引。

✧主應身份

陽宅：陽宅的地氣影響住在該屋之人。身份屬主，宜先後天水朝堂；屬客，則宜賓客水朝堂，但破賓客位，對客屬之影響並不大。

陰宅：陰墳地氣靈動以直系血親爲主，一個祖父母的墳墓無論它有多少個子孫，都會受其影響，但卻不受其叔伯之影響。

✧ 論變局

1.論甲庚兼寅申局者，乃與震山同卦，宜水出辛口、乾山及庚。

2.論寅申兼甲庚局者，亦與震山同卦，宜水出辛口或出庚方。

3.論乙辛兼辰戌、辰戌兼乙辛，此二字皆是屬巽卦山乾卦向，宜收先後天水到堂，庭水宜放出乾，外局宜放癸口及壬口。

4.論丙壬兼巳亥、巳亥兼丙壬，此二字皆是屬離卦山坎卦向，宜收先後天水到堂，宜放水出辛口或庚口亦妙。

5.論丁癸兼未丑、未丑兼丁癸，此二字皆是屬坤卦山艮卦向，宜收先後天水到堂，水宜出甲口或出庚口。

6.論辛乙兼戌辰、戌辰兼辛乙，此二字皆是屬乾卦山巽卦向，宜收先後天水到堂，水宜出辛口或乙口皆妙也。

7.論壬丙兼亥巳、亥巳兼壬丙，此二字皆是屬坎卦山離卦向，宜收先後天水到堂，出水放出巽口或乙口。

8.論癸丁兼丑未、丑未兼癸丁，此二字皆是屬艮卦山坤卦向，宜收先後天水到堂，出口宜從坤口或出丁口也。

9.論庚申兼申寅、申寅兼庚甲，此二字皆是屬兌卦山震卦向，宜收先後天水到堂，出口宜從甲口或出艮口也。

※ 此等之局，謂之變局，而立向雖是變局，而水法皆是正局之水法。在這一段文字的口訣中，所謂的「兼」係指在兩山交界空亡線上左右各3度內，即論爲變局，深思一下，這6度內的變化，在唐朝沒有羅盤的年代，邱延翰可以創得出來嗎？實務上能夠應用嗎？

變局之法，不合乎學理，也不合乎科學，更無實用性，談不上任何學理依據，只是規定而已。因爲阿璽老師在前著作中談到乾坤國寶時已有詳細評論，在此不贅敍，有興趣者可參閱。值得一提者，台灣許多號稱該名師者以此開派授徒，桃李天下，貽害四方，真相更是難明了。

✧ 論反局

反局法者，水來反射破先天或後天者，宜有大埤聚庫，不見去水爲妙；雖是先凶，若水運行到聚庫之年，反大發財丁，爲最妙之局也。若無聚大埤湖者，先後天皆破有大凶事也。

※ 反局人的定義有二個，第一是要水流破先後天位；第二是要流破後聚水成埤池。這其實只是另一個規定而已，沒有學理可言，談不上什麼道理，如果硬要探討一下，馬上會發現問題。

一、 如果流破賓客位、輔卦位後，再聚池，算不算反局水，如果不算，那會產生什麼效果？

二、 這個聚池要多大才有效力，如果只有2平方米可以嗎？如果流入大海或大湖中，算不算？太大可不可以？

三、反局水的有效範圍多遠？3公里外的聚池可以嗎？50米、100米、300米的聚池，效果有何差異？

四、 河流千百里，總有聚池或沼澤，是否我只要找個聚池上游一點地方，就會形成反局，有機會讓第二代大發特發？

反局水法，是很奇怪的一種水局理論，乾坤國寶的記述只有規定，而且很不週延，不難推出清初創派的人實務經驗並不足，對山川大地情勢的瞭解淺薄，才會有這種不週延的水法規定。

國家圖書館出版品預行編目(CIP)資料

易經≠風水，你知道嗎?
/林明璽著. -- 一版. -- 臺北市 : 速熊文化有限公司, 民112.1
面 ; 14.8 x 21　公分
ISBN 978-626-95037-4-2(平裝)
1.CST: 堪輿
294　111018422

書名：易經≠風水，你知道嗎?

著者：林明璽

出版者: 速熊文化有限公司

地址：臺北市中正區忠孝東路一段49 巷17號3 樓

電話：(02)3393-2500

出版年月：112年1月

版次：一版

定價：台幣980

ISBN：978-626-95037-4-2

代理經銷: 白象文化事業有限公司

401 台中市東區和平街228 巷44 號

電話：(04)2220-8589 傳真：(04)2220-8505